現代行政法

Administrative Law

現代行政法

橋本博之
Hiroyuki Hashimoto

岩波書店

はしがき

本書は、行政に関する法(行政法)を、「憲法の定める基本的価値を具体化する法の体系」としてとらえ、骨太に叙述することを意図しています。行政法は、行政の仕組み、公権力の構造、公共政策の執行過程を視野に収め、これらに関わるさまざまな法令について、あるべき制度論・立法論まで踏み込みながら分析する学問領域です。本書は、行政に関する法という広大なフィールドについて、憲法的価値の実現という体系的思考により、ひとつの知的営為としてのまとまりを与えようという試みです。行政法は、明治憲法下のわが国において、権威主義・官僚主義に基づく国家統治の道具として形成されましたが、その技術性ゆえに、現在でもその残滓が見られます。本書では、このような要素を克服し、現代社会に適合した行政法の姿を探究します。

本書は、行政の規律・統制(主権者である国民による民主的規律と、司法裁判所による行政活動の裁判的統制が中心となります)のあり方を分析・検討して、その充実・強化をできるだけわかりやすく論じてゆきます。多くの方々に、行政法の基本的な「考え方」を知っていただき、その面白さを実感していただけるよう、心から願っています。

2017年7月

橋本博之

目　次

凡　例

判例集の略称

民集…最高裁判所民事判例集
刑集…最高裁判所刑事判例集
行集…行政事件裁判例集
下民集…下級裁判所民事裁判例集
訟月…訟務月報
判時…判例時報
判タ…判例タイムズ
判自…判例地方自治

法令名等の略称

空家対策特別措置法(空家等対策の推進に関する特別措置法)
行政機関個人情報保護法(行政機関の保有する個人情報の保護に関する法律)
景表法(不当景品類及び不当表示防止法)
原子炉等規制法(核原料物質、核燃料物質及び原子炉の規制に関する法律)
憲法(日本国憲法)
工場排水規制法(工場排水等の規制に関する法律)
公文書管理法(公文書等の管理に関する法律)
個人情報保護法(個人情報の保護に関する法律)
水質保全法(公共用水域の水質の保全に関する法律)
情報公開法(行政機関の保有する情報の公開に関する法律)
独占禁止法(私的独占の禁止及び公正取引の確保に関する法律)
廃棄物処理法(廃棄物の処理及び清掃に関する法律)
風営法(風俗営業等の規制及び業務の適正化等に関する法律)
補助金適正化法(補助金等に係る予算の執行の適正化に関する法律)
明治憲法(大日本帝国憲法)

第1章　行政法の基礎

1　行政法とは何か

（1）行政法というフィールド

行政法の素材は、行政に係わる多種多様な法律です。思いつくまま例を挙げると、福祉、環境、情報、街づくり、災害対策、交通、教育、警察、租税など、さまざまな行政活動が、何かしらの法律によって規律されています。これら行政活動に関連する多数の法律は、共通の「原理」に基づいており、その全体を行政法というひとつの「法体系」としてとらえることができます。行政法という科目では、行政法規群に共通する「原理」をくくり出して、法的な分析・検討を行います。

わが国の法制度は、憲法を頂点として、行政法・民事法・刑事法という主要な３つの領域から成り立っています。その中で、行政法は、公共の利益を実現するための法領域であり、私たちの市民生活を支える身近な問題に広く関わります。また、行政法は、国家権力の行使を正面から扱う法領域として、わが国の統治システムの仕組みや、公権力を法的にコントロールするための手段を考察対象とします。行政法は、政策の実現、行政の仕組み、公権力の構造、公共空間の創造をフィールドとする学問領域です。

（2）「行政法」の意味

「**行政法**」とは、①行政の組織・作用・救済を規律し、②行政主体と国民の関係にかかわる法領域をいいます。

下線①にいう「**行政**」とは、立法・司法・行政の三権（国家の統治権を分立させて抑制・均衡を図る**権力分立**に基づく）のひとつである行政を意味します。行政法は、主権者である国民の代表で構成される国会（立法権）がある政策を法律というかたちで制定し、政府（行政権）が法律に基づいてその政策を実行する、さらに、裁判所(司法権)は政府が法律に照らして活動しているかをチェックする、という「法律」を軸とする政策実現を理論的なモデルとします。

他方、わが国では、国民主権とは「建前」に過ぎず、政策を法案化し執行する場面で、強力な中央官庁(いわゆる「霞ヶ関」)が主導的役割を果たす官僚支配となっている実態があります。わが国の行政法は、「霞ヶ関の共通言語」として、官僚による統治のツールに過ぎないという見方もあります。これを克服してゆくためには、行政法について、憲法の定める基本原理(国民主権、権力分立、地方自治、法の支配など)を正しく踏まえ、行政活動を法的に規律・統制する道具として精緻化・現代化する努力が欠かせません。

下線②にいう「**行政主体**」とは、国や地方公共団体など行政活動を行う法主体を指し、「**国民**」とは、行政主体と対置される私的法主体(私人)を意味します。行政法は、行政(政策の実現)に関わる法的現象を、行政主体と国民という法主体間の法律関係としてとらえる思考方法(法学的方法)をベースとして成り立っています。行政主体は、国民(私人)に対して、法律に基づいて公権力を行使します。行政法は、民事法のように対等な法主体間の法律関係ではなく、上下のある法律関係を扱います。行政主体が、国民(私人)との関係で、公権力の主体として「上」に立つ局面があるということは、行政主体の活動について、その法的根拠・法的限界・法的統制を論じる必要性が大きいことを意味します。そうでなければ、行政主体は、国民に対して恣意的に権力を振りかざす存在になりかねません。ここからも、行政活動を法的に規律・統制する理論体系としての行政法の意義が導かれます。

本書は、その全体を通して、行政の規律・統制(主権者である国民による民主的規律と、司法裁判所による行政活動に対する裁判的統制が、大きな柱です)のあり方を分析・検討し、その充実・強化を論じたいと思います。

2　行政法の体系

(1) 組織法・作用法・救済法

上記の定義(下線①)が示すように、行政法は、**行政組織法**・**行政作用法**・**行政救済法**という3つの要素から構成されます。**行政組織法**とは、行政主体の組織編成・ガヴァナンスに関する法、**行政作用法**とは、行政主体が国民に法的な働きかけをする局面での法、**行政救済法**とは、国民の側から行政主体を統制し、救済を求める局面での法、ということができます。組織法・作用法・救済法という３つの要素は、それ自体、行政主体と国民の法的関係を分析するという行政法特有の思考方法を反映しています。

（2）行政組織法

行政組織法とは、行政主体(国や地方公共団体)の内部組織に関する法です。国や地方公共団体はそれ自体が大きな組織体なので、その内部組織(＝行政組織)について法的な規律が必要です。また、行政主体について、主権者である国民による民主的統制が十分に及び、公正さ・透明性が確保され、その上で効率的な業務遂行をすることが要請されます。行政組織法は、行政機関が合理的に編成され、統一的に機能するための法的仕組みを内容としますが、国民主権に基づく民主的統制が機能すること、さらに、国民との関係で説明責任を果たす等のガヴァナンスが効くことが要請されます。

行政主体と国民(私人)をモデル的に対置する伝統的行政法には、行政主体相互の関係について、行政主体 vs 国民という関係(外部法の関係)ではなく、行政内部の法関係として行政組織法に含めるという考え方があります。しかし、たとえば、国と特殊法人(国が設立した行政主体)の法関係について、一律に国民とは無関係の内部法として扱うのなら、独立した法人格を持つ特殊法人と国との法関係の透明性が大きく損なわれます。他方、現代行政法では、行政主体と民間の法的主体が協働して公益を実現することが要請されますし、国と地方公共団体の法関係を内部法と割り切ることもできません。行政の内か外かという単純な二分法によって行政組織法をとらえるべきではなく、行政と国民との法関係の動態を踏まえた考察が要請されます。

判例　**成田新幹線訴訟**

国の主務官庁が、監督下にある特殊法人に対して行った認可について、行政組織内部の法関係であり国民との関係で法的効果(外部効果)を持たないとした判例があります。新幹線の建設予定地の住民らが、運輸大臣(当時)が旧日本鉄道建設公団に対してした工事実施計画認可の取消しを求めた訴訟において、最高裁は、この認可は行政機関相互の内部行為であって、国民の法的地位に関わりを有するものでなく、認可は取消訴訟の対象になり得ない、として訴えを却下する判断をしました。

この判例は、行政主体間の法関係を内部法と割り切り、国民から司法的チェックを求めることを否定する、伝統的行政法の思考方法をよく示しています。しかし、①国と公団は別の法人であること、②新幹線建設を巡る周辺住民との紛争を裁判手続により解決することそれ自体を否定してしまうことから、判例の解釈は疑問です。

（最判昭和 53 年 12 月 8 日民集 32 巻 9 号 1617 頁）

（3）行政作用法

行政作用法は、行政主体が国民（私人）に対してどのような働きかけ（＝作用）をするか、という法関係に関わります。そこでは、行政が国民に働きかける態様を類型化し（行為形式）、行為形式ごとに、それらの法的特徴と、働きかけを受ける国民の側から法的な規律・統制を十分に効かせる上での問題点を明らかにします。さらに、行政は、様々な行為形式を組み合わせて政策を実現しますから、行為形式ごとの分析・検討に加えて、複数の行為形式から成るメカニズム全体を考察する必要もあります。

行政作用法では、①**法治主義**、②**適正手続**、③**基本的人権の尊重**、の 3 つが基本原理となります。

①の**法治主義**とは、法治行政、法律による行政などとも呼ばれ、行政活動は法律に従って行われなければならないとする基本原理です（一定の行政活動は、法律の根拠に基づくことまで求められます）。ここでの「法律」は、国会が制定する成文法という形式的意味に限定されず、実質的に法的規範全体を意味します。

②の**適正手続**とは、行政活動は適正・公正な手続に従って行われなければならないとする考え方であり、国民の側から行政作用を法的に統制する基本原理として、現代行政法で重要性を増しつつあります。

③の**基本的人権の尊重**は、法律に根拠があれば公権力を行使して国民の権利・利益に制約を課すことができるという行政活動の性質に照らすと、行政活

動において必ず守られるべき基本原理であることが理解できると思います。

（4）行政救済法

行政救済法は、国民(私人)が行政主体に対抗するための法的手段であり、行政作用法とは表裏の関係(作用に対する反作用)をなしています。主として問題となるのは、行政活動により国民の権利利益が侵害された場合に国民の側から侵害行為の是正を求める、あるいは、被ってしまった損害・損失の補塡を求める、という局面です。行政救済法は、裁判所に司法的救済を求める仕組みが中心となりますが、行政機関に対して救済を求める仕組みもあります。また、行政活動により国民の権利利益が侵害される、あるいは、負担を課される前の段階でこれを防ぐという、事前救済の方法を用意することも必要不可欠です。

行政救済法は、司法権による行政活動のチェックという部分で権力分立の反映であり、裁判所により国民の権利利益救済を図るという部分で憲法上保障された「裁判を受ける権利」とかかわります。また、行政活動の法的な規律・統制を制度的に担保し、単なる「絵に描いた餅」とさせないという意義を有します。

（5）本書の構成

本書では、前半(2章から9章)を行政作用法、後半(10章から16章)を行政救済法にあて、その全体をとおして、行政活動を法的に規律・統制するための行政法を骨太に描き出すよう努めたいと思います。行政組織法については、補章において、基本的な事項をコンパクトに説明します。

＊行政法の歴史性

行政法は、中央集権的な近代国家において、官僚支配の国家体制を支える基盤として誕生しました。行政法は、19世紀半ばのフランスで誕生し、ドイツを経由して、明治憲法(1889年発布)下の日本に導入されました。1895年には、日本で初めての行政法体系書(織田萬『日本行政法論』)が刊行されます。織田の理論体系は共和制下のフランスに範をとるものでしたが、1903年に美濃部達吉がドイツの行政法学者オットー・マイヤーの書物の翻訳(『独逸行政法』)を刊行するに至り、ドイツ法が継受され、日本に定着します。この伝統的行政法は、当時の立憲君主制を前提に、国家主権を有する君主＝行政権の活動を「法律」という形式により縛りをかけ、国家権力から私人の自由や財産を防御しようとするものでした。さらに、明治憲法61条は、行政に関する紛争を行政裁判所(司法権でなく行政権に属する)にゆだねることを定めており、伝統的行政法は、行政裁判制度の存在を前提としていました。

その後、わが国は、日本国憲法の下、国民主権に基づく民主主義国家となり、行政裁判制度も廃止されて行政活動の司法的チェックが行われるようになりました。しかしながら、憲法構造の変化にもかかわらず、行政法理論の根幹において、明治期に継受した伝統的行政法のそれが維持された部分が残っています。行政法は、官僚による国家統治の道具として技術的な要素が極めて強いため、抽象的な理念が変わっても、具体的中身において現状維持的になりがちです。一度確立してしまった行政法の基盤は、非常に硬直的なのです。

行政法を学ぶ際には、その内容が歴史的に規定されていることを自覚し、現代社会と適合的であるか、適合的でないならどのように改革すべきか、という問題意識を持ち続ける必要があります。

3　行政法の存在形式

（1）行政法の法源

本章の最初に、行政法は多様な個別法を素材にすることを説明しました。個別法とは、建築基準法、国税通則法、行政手続法のように、国会が「法律」という形式で制定したものをいいますが、行政法における考察の対象は、法律に限られるものではありません。法律以外の形で存在する法的規範も、行政法の主要な構成要素です。

行政法の存在形式を、行政法の**法源**と呼びます。法源として認められる規範は、法的拘束力を有するものとして、解釈論上重要な役割を果たします。以下、その全体像を示します。

（2）成文法たる法源

① 憲法

憲法は、国家の基本法として行政権のあり方を定め、より具体的に、財政や地方自治など行政に関する事項を規律しています。また、憲法による基本的人権の保障は、行政法においても、極めて重要な役割を果たします。行政法は「憲法の定める基本的価値を具体化する法」というべきものであり、憲法は行政法の法源として第一にあげるべきものです。

② 条約

条約は、国際法上の法形式ですが、国内法として効力を有する場合には、行政法の重要な法源となります。日本国内での立法措置によることなく国内法として効力をもつ自動執行条約と、条約を踏まえた立法措置による国内法によって日本国内で効力をもつものがあります。

③ 法律

法律とは、日本国憲法の定める方式に従い、国会により「法律」として制定される法をいいます。現在、行政法領域にかかわるものとして、約1900の法律があります。

④ 行政機関の命令

命令とは、行政機関によって制定される成文法の形式をいいます。具体的には、内閣による政令(憲法73条6号、内閣法11条)、内閣総理大臣による内閣府令(内閣府設置法7条3項)、各省大臣による省令(国家行政組織法12条1項)、各委員会・庁の長官・会計検査院・人事院による規則(内閣府設置法58条4項、国家行政組織法13条1項、会計検査院法38条、国家公務員法16条1項)等がこれに該当します。命令は、法律の下位にある法源です。命令は、法律を具体化し、日常の行政活動のよりどころとして、重要な働きをしています。

法律と命令を合わせて、「法令」と呼びます。

⑤ 地方公共団体の条例・規則

地方公共団体がその自治権に基づいて制定する法形式(自主法)として、**条例**と**規則**があります。条例とは、地方公共団体がその議会の議決を経て制定する法をいいます(憲法94条、地方自治法14条1項)。規則とは、地方公共団体の長が、その権限に属する事務に関して発する命令をいいます(同法15条1項。委員会の定める規程につき同法138条の4第2項)。

条例と規則を合わせて、「例規」と呼びます。

（3）不文法たる法源

① 慣習法

慣習法とは、慣習のうち、人々の法的確信を得るにいたったものをいいます。行政法では、慣習法は、補充的役割を果たすにとどまります。公権力行使の根拠付け・統制という場面において、慣習法が法源となる余地はほとんど認められません。

② 判例法

判例法とは、裁判所による判決の蓄積によって生まれる法源です。行政法で判例法が法源となるか議論が分かれますが、実際上、判例法が重要な役割を果たすことは明らかです。

（4）法の一般原則

行政法の法源として重要なものに、**法の一般原則**があります。法の一般原則は、不文法源である**条理法**(社会通念)とも考えられますが、以下に掲げるものは、いずれも成文法である憲法や民法の規定から導くことができることに留意する必要があります。

① 比例原則

比例原則とは、行政が達成しようとする目的とそのための手段に合理的な比例関係(バランス)がなければならないという原則であり、憲法13条に由来します。比例原則には、行政が規制目的との関係で過剰な規制をしてはならないという側面(過剰規制の禁止)と、規制目的との関係で必要な行政介入をしなければならないという側面(過小規制の禁止)の両面があります。

② 平等原則

平等原則とは、行政が同じ条件にある国民を合理的な理由なく差別してはならないとする原則(平等取扱いの原則)であり、憲法14条に由来します。

③ 信義誠実の原則

信義誠実の原則は、民法1条2項に規定された一般原則ですが、行政法の法源としても機能します。信義誠実の原則は、行政活動に対する国民の信頼を一定の場合に保護するという**信頼保護原則**として議論されることもあります。

④　権利濫用禁止の原則

権利濫用禁止の原則は、民法１条３項に由来する行政法の法源です。行政権の側が国民との関係で権限を濫用した場合にこの原則が機能するのは当然ですが(最判昭和53年5月26日民集32巻3号689頁)、国民の側が行政に対する申請権を濫用するケースにおいてこの原則が機能することも考えられます。

《判例》選挙による政策変更と信頼保護原則

選挙により村長が交代した結果、前村長が誘致していた工場が村への進出を断念し、工場側が村に対して損害賠償請求をした事例があります。最高裁は、住民自治の原則により村が政策を変更することを認めつつ、一定の場合に地方公共団体と私人の間で信頼保護原則が働くとし、社会観念上看過することのできない程度の積極的損害を被る場合に、損害の補填などの代償的措置を講じることなく政策変更することは、やむを得ない客観的事情がない限り、当事者間に形成された信頼関係を不当に破壊するものとして違法となるとして、村の工場に対する損害賠償責任を肯定しました。法の一般原則としての信頼保護原則が、行政法の法源として機能するリーディング・ケースです。
(最判昭和56年1月27日民集35巻1号35頁)

第2章　行政作用の基本原理

1　法治主義(法律による行政)

(1)権力分立との関係

法治主義(法律による行政)とは、「行政は法律に基づき、法律に従って行われなければならない」ことを内容とします。これは、行政作用法のみならず、行政法という学問領域を支える最も基本的な考え方です。

「**法律**」は、主権者である国民を代表する国会によって、立法権の行使として、憲法の定める手続に従って制定されます。行政を法律に従わせることによって、間接的ではありますが、主権者(国民)が行政活動をコントロールできます。さらに、法治主義は、行政活動が法律に整合することに加えて、行政活動の正当性の根拠が法律にあるという趣旨を含みます。行政権は、国民に対して公権力を行使して命令や強制をすることができ、また、公益を代表して国民の間の利害調整を行います。なぜ、主権者であるはずの国民が、行政による権力行使や利害調整に従うのでしょうか?　それは、主権者が、法律という形式により、自らの意思で、行政の公権力性・公益性を認めているからなのです。

一方、行政側が法治主義を守らず、法律に反する(＝違法な)行政活動を行ったらどうなるのでしょうか?　その場合に、違法な行政活動により不利益を受けた国民は、裁判所に訴えを起こして、行政活動をただすことができます。この原理は、行政と司法との相互関係にも関わります。結局のところ、法治主義は、立法・行政・司法に関する権力分立を行政法のフィールドに映し出す思考といえます。

＊法治主義(法律による行政)と「法の支配」

法治主義(法律による行政)は、立憲君主制下のドイツから明治期に輸入されたものであり、その原型は、「法律」という形式によって国家主権(君主権)を制約し、私人の活動の自由を確保しようとする理論モデル(「法治国」思想)です。しかし、このような古典的理論では、法律という形式さえあれば公権力行使ができることになり、内容面での歯止めがかからないおそれがあります。また、行政による私人への介入を最小限とする消極的国家観に傾斜し、行政が国民生活に積極的に介入することを是とする福祉国家モデルと整合しません。さらに、行政活動は、「法律」のみでなく、憲法、命令、法の一般原則など「法」に規律されることが適切に表現されないという問題もあります。

現代行政法において「法律による行政」という場合、法律を単なる形式としてではなく、憲法原理(国民主権、基本的人権の尊重、法の支配、地方分権等)を具体化した内容をもつものととらえる必要があります。本書において、「法治主義」ないし「法律による行政」というときは、上記のように実質化された意味で「法律」概念をとらえ直すことを前提としています。

なお、憲法の基本原理である「法の支配」については、ドイツ法に由来する「法治国」思想との関係も含め、様々な議論があります。その詳細は憲法学の書物を参照していただくこととして、行政法を「憲法の定める基本的価値を具体化する法」ととらえる本書では、当然、「法の支配」を踏まえた行政法が探求されます。たとえば、行政作用法の基本原理として①「法」による行政、②適正手続、③基本的人権の尊重の3つを掲げること、「法の支配」の担い手である司法裁判所による行政活動に対する裁判的統制の充実・強化を論じることなどが、それにあたります。

（2）法律による行政の内容

法律による行政について、古典的な行政法学説は、①**法律の法規創造力**、②**法律の優位**、③**法律の留保**、という3つの原則を指すとしました。

法律の法規創造力とは、国民の権利義務に関わる規範(＝法規)は議会(国会)が制定する法律に独占されている、とする原則です。法規を定立するのは、国会の専権であるという考え方です(憲法41条)。この原則から、行政権には法規を生み出す権限がなく、行政権が法規性のある規範を定めるためには、法律の委任が必要であるという法理が派生します。

法律の優位とは、法律が存在する場合に、行政活動は法律に違反して行われてはならない、という原則です。主権者の意思(＝国会の定めた法律)は行政権の判断(＝行政活動)に優先するのであり、法律に違反する行政活動は「違法」となり許されません。

法律の留保とは、一定の行政活動には法律の根拠(授権)が必要である、という原則です。「留保」とは、国会が法律という形式であらかじめ同意する必要がある、という意味です。ここで重要なのは、法律の留保が該当する範囲、すなわち、法律の根拠が必要となる行政活動の範囲です。上述した法律の優位原則は、行政活動全般に該当し、基本的に全ての行政活動につき法律違反は許されません。これに対して、法律の留保は、一定範囲の行政活動について該当すると考えられており、法律に留保された領域では法律に根拠がない行政活動は許されない、と解釈されます。

＊法律の留保にいう「法律」

法律の留保の議論は、「法律」を3つの類型に分ける考え方を前提としています。すなわち、法律を、①**組織規範**(行政の組織に関する定め)、②**根拠規範**(行政作用の要件・内容に関する定め)、③**規制規範**(行政作用のあり方を規制する定め)に類型化し、法律の留保については、②の根拠規範を問題とします。具体的には、○○省設置法のように行政機関の権限や内部組織を定めるものが組織規範、警察官職務執行法のように行政機関がどのような場合に何をするか定めるものが根拠規範、行政手続法のように行政活動のルールを定めるものが規制規範です。

（3）法律の留保に関する学説

法律の留保に関して、行政活動のどの部分に法律の根拠が必要か？　という点について、①**侵害留保説**、②**全部留保説**、③**権力留保説**、④**重要事項留保説**が対立しています。①が最も有力で、②③④はこれを批判する対抗説です。

①の**侵害留保説**とは、行政活動のうち、国民の自由と財産を侵害するものにつき法律の根拠が必要とする説です。行政権が国民の自由・財産を侵害するのであれば、どのような場合にどのような侵害活動ができるのか、あらかじめ法律という形式で授権することが立法権に「留保」されている、というわけです。

侵害留保説によれば、公共サービスの提供や金銭の交付など個々の国民にとってプラスになる行政活動(これらを「給付行政」と呼びます)は、法律の留保の範囲外になります。また、行政指導のように非権力的な行政活動も、法律の根拠を必要としません。侵害留保説は、法律という形式により行政が国民生活に過度に介入することを制限することに着眼しており、古典的な「法律による行政」と整合する説です。

②の**全部留保説**とは、日本国憲法により民主主義原理が採用された以上、全部の行政活動に法律の根拠が必要とする説です。あらゆる行政活動について、主権者の意思である法律による裏付けを求めるという点で説得力に富むものですが、あらかじめ法律が定められていないと行政は何も活動できないとすると、行政が国民のニーズに応えられないことになりかねません。全部留保説に立つと、行政に対して包括的な授権をする法律が増えてしまうだけで、結局のところ法律による行政の規律が緩くなるという指摘もあります。

③の**権力留保説**は、侵害留保説よりも法律の留保の範囲を拡大することを意図して、権力的な行政活動につき法律の根拠が必要とします。この説のねらいは、侵害留保説のように、国民に対して侵害的な行政活動か否かに着目するのでなく、行政の行為形式において権力的手法が用いられているか否かに着目するものです。公共サービスの提供であっても、国民の法的地位を一方的に変動させる行政処分によるのであれば、法律の根拠が必要と考えるわけです。しかし、権力留保説に対しては、①「権力」性の基準が不明確である、②侵害留保説によっても行政処分には法律の根拠が必要であり、行為形式の権力性に着目しても法律の留保の領域は広がらない、との批判ができるでしょう。

④の**重要事項留保説**は、ドイツの学説を参考に、議会による事前承認が必要な重要事項(本質的事項)につき法律の根拠が必要とするものです。ドイツの憲法裁判所の判例により発展した理論を日本に導入しようとする見解ですが、日本には憲法裁判所がなく、判例法の展開が期待できないという問題があります。

以上のように、諸学説にはそれぞれメリット・デメリットがあり、行政実務が依拠する侵害留保説に取って代わるだけの決定的なものは見あたりません。現代行政法においても、公権力による侵害から国民を防御する意義が失われたわけではないので、侵害留保説を基本としつつ、「侵害」の概念を柔軟にとらえる(形式論理でなく実質的に解釈する)ことが望ましいと考えられます。本書では、実質的にとらえ直した侵害留保説を採ることとし、これを「**侵害留保原則**」と表現します。

判例　**緊急措置と侵害留保原則**

住民の生命・財産など重要な法益を保護するため、行政が法律の根拠なしに侵害行為をすることは一切許されないのでしょうか？　ある町長が、漁港内に違法に設置されていたヨット係留用の鉄杭を、住民の危難等を回避する緊急措置として、法令に基づくことなく強制撤去したケースで、最高裁は、町長の行為を違法と判断しました。判決は、たとえ緊急の措置であっても、法的権限を欠く侵害行為はそれ自体違法であり、侵害留保原則は破られないとの立場を明確に示しています。

他方で、判決は、鉄杭撤去行為は「やむを得ない措置」であるとも述べて、当該行為について町の経費として支出したことは適法としました。鉄杭撤去行為それ自体は違法であるが、町の損害賠償責任の有無というレベルでは公金支出を違法と判断しない、という解決方法が採られたのです。

(最判平成3年3月8日民集45巻3号164頁)

2　適正手続の保障

(1) 行政手続への関心

法律による行政を基盤とする伝統的行政法は、法令が定める行為要件に適合するという意味で、行政活動の「内容」の正しさを重視します。このように、実体としての適法性を重視するのは、ヨーロッパ大陸法に系譜をもつ行政法の特色です。これに対して、アメリカ法では、違法な行政決定がなされないよう、行政が意思決定をする手続(**行政手続**)の法的規律を重視する考え方が発達しました。アメリカ行政法は、1946年に制定された行政手続法(Administrative Procedure Act)を基盤としています。行政決定がなされるプロセスで、利害関係を有する国民が自分の権利利益を手続的に防御すれば、誤った行政活動による権利利益の侵害を未然に防ぐことができます(**行政手続の自由主義的側面**)。また、多様な利害が関わる規制制定(rule making)について、事前手続を踏むことにより、国民の合意形成を図ることも可能です(**行政手続の民主主義的側面**)。

日本でも、第二次大戦後、憲法31条に示されている法定手続の保障が行政活動にも妥当する基本原理であることが、次第に認識されるようになります。今日では、行政活動は内容的(実体的)に正しいだけではなく、意思決定のプロセスにおいて公正さ(fairness)が求められ、手続の公正さに独自の価値が認められています。公正な手続による**適正手続の保障**は、法律による行政と並び、現代行政法を支える基本原理と位置付けられます。

(2)事前手続と事後手続

行政手続は、行政が国民に対して行う具体的な作用(行政処分など)の前・後により、**事前手続**と**事後手続**に分けることができます。

事前手続とは、行政の意思決定に先立つプロセスについて、公正性・適正性の観点から仕組まれた手続的規律をいいます。行政の行為形式に対応して、行政処分手続、行政指導手続、命令制定手続、計画制定手続、行政調査手続などが該当します。わが国では、事前手続を行政手続と呼ぶのが通例であり、平成5年に、事前手続の一般法として**行政手続法**が制定されました。行政手続法は、行政運営の公正の確保と透明性の向上を図り、もって国民の権利利益の保護に資することを目的とし、行政処分手続、行政指導手続、命令制定手続に関する基本的ルールを規定しています。

事後手続とは、行政が意思決定をした後、国民が行政機関に対して不服や苦情を申し立て、当該決定につき再考を求める手続をいいます。事後手続の典型は、**行政不服審査法**の規律する行政不服審査(不服申立て)であり、苦情処理制度や行政型ADR(Alternative Dispute Resolution)などもこれに該当します。

以下、本書では、行政手続という用語は事前手続を指すものとし、事後手続については、事後救済手続として行政救済法の中で扱います。

(3)行政手続の憲法的基礎

行政手続は、公正・透明な事前手続を求めるものであり、行政手続の制度趣旨が憲法的価値を具体化するものであることは明らかです。他方で、行政決定過程の公正・透明という要請に関する憲法上の根拠については、①**憲法31条説**、②**憲法13条説**、③**手続的法治国説**、という3つの説が提示されています。①説は、憲法31条の定める適正手続保障が刑事手続のみならず行政手続にも適用ないし準用されるとします。②説は、憲法13条により適正手続を求める権利を根拠付けるとします(13条・31条併用説も見られます)。③説は、憲法が法治国原理を採用していると解釈した上で、法治国原理を手続的側面まで拡充(実質化)して、国民の権利利益の手続的保障を要請していると説明します。

判例は、基本的に①説を採ります。最高裁は、事前手続を欠く不利益処分を定めた法律の合憲性が争われた成田新法訴訟(最大判平成4年7月1日民集46巻5号437頁)において、「憲法31条の定める法定手続の保障は……行政手続については、それが刑事手続ではないとの理由のみで、そのすべてが当然に同条による保障の枠外にあると判断することは相当ではない」とします。さらに、行政手続に係る手続的保障について、より一般的に、「行政処分による権利利益の制限の場合に限られるものではなく、広く行政手続における憲法31条の保障に関する」とする判例(最判平成15年11月27日民集57巻10号1665頁)も現れます。

②説は、刑事手続との類比可能性を離れ、新しい人権として適正手続保障を位置付けようとします。しかし、憲法13条は直接「手続」に言及していない一方、そもそも同条の裁判規範性に疑問があることから、②説を採ったとしても、適正手続保障の解釈論的拡充につながらないとの批判が成り立ちます。

③説は、法治国原理を手続面で実質化し、行政過程において要請されるべき手続的仕組みを根拠付けるものです。日本国憲法には法治国に関する明文はありませんが、③説は、憲法が統治の基本原理として法治国(ないし法治主義)を定めているとし、この統治の基本原理に立論の根拠を求める、学説上の有力な説です。この説は、行政手続を立法的に整備しようとする際に、その理由付けとして有利に働きます。わが国で、一般法として行政手続法を整備してゆく場合に、憲法の人権規定(31条、13条など)から法整備が要請されると説明するならば、その時点での実定法が憲法違反の状態にあることを正面から認めることになりかねません。これに対して、行政手続の憲法上の基礎を抽象的な統治の基本原理に求めるなら、行政手続を立法によって順次整備して行く必要性について、個別法の所管官庁とのフリクションを生じさせることなく、幅広い説得力

を持たせることが可能です。③説は、わが国で立法論を展開する戦術面で、メリットのある見解です。

（4） 行政手続の3要素

行政手続において、国民の手続的保障を図るためには、*1* 告知・聴聞、*2* 理由の提示、*3* 意思決定基準の設定・公表、という3つの要素が不可欠です。

1 告知・聴聞

告知・聴聞とは、行政決定の事前手続として、決定の相手方に対して、予定される決定の内容および理由を知らせ（告知）、その上で相手方の主張を聞く（聴聞）ことをいいます。告知・聴聞の手続によって、行政の判断が独断に陥ることを防ぐとともに、相手方は自己の防御権を行使することができます。

個別法に告知・聴聞の規定が置かれていない場合に、憲法から直接、告知・聴聞の必要性を導き出せるか、という論点があります。最高裁は、工作物の使用禁止命令につき事前手続が置かれていない法律の合憲性が争われたケースで、憲法31条による法定手続の保障が行政手続にも及ぶことに言及したものの、いかなる処分にどのような事前手続が必要かは総合較量により決まると述べるにとどまり、具体的な基準を提示するには至りませんでした（成田新法訴訟判決・前出）。この判例を踏まえると、憲法から具体的な行政手続のあり方を直接的に導き出すことには困難があり、立法により、行政手続法制を整備することが要請されます。

なお、聴聞に際して、予定される処分の相手方としては、その案件について行政側が持っている文書等を閲覧すること（**文書閲覧**）が重要な意味を持ちます。文書閲覧をすることにより、聴聞において、適切な反論をすることができるからです。文書閲覧という手続的仕組みも、聴聞の実質化に資するものとして、行政手続の基本的な内容といえます。

2 理由の提示

理由の提示とは、行政決定に際して、行政機関がその理由を処分書に付記するなどして、相手方に知らせることをいいます。行政決定には必ず理由があるはずで、それを相手方に明確に知らせることにより、行政機関の意思決定が慎重かつ合理的になり(判断の慎重・合理性担保機能)、恣意を抑制する(恣意抑制機能)ことが期待されます。また、予定される処分の相手方は、理由を知ることにより、行政不服申立てなどの事後的な争いをしやすくなります(争訟便宜機能)。

行政手続法の制定前、個別法により理由の提示が法定されていれば、その手続的機能(慎重合理性担保・恣意抑制機能、争訟便宜機能)を重視し、理由の提示に不備があれば行政処分それ自体が取り消されると解釈されていました(最判昭和38年5月31日民集17巻4号617頁)。行政手続法も、行政処分手続において理由の提示を重視しており、理由の提示は行政手続の最も基本的な要素のひとつとなっています。

理由の提示については、行政機関の側がいかなる内容の理由を提示するかという、理由の提示の程度という論点もあります。判例は、一般旅券(パスポート)の発給拒否処分について、その理由として根拠条文のみ(旅券法○条○項○号に該当するというもの)を付記したのでは不十分であり、いかなる事実関係に基づき、いかなる法規を適用して拒否処分がされたかを、申請者においてその記載自体から了知し得るものでなければならない、としました(最判昭和60年1月22日民集39巻1号1頁)。この判決は、理由の提示の制度趣旨に照らし、申請に対する処分の理由の提示について、相当程度具体的な記載を求めるものとなっています。

さらに、判例は、不利益処分において処分基準が設定・公表されている場合の理由の提示について、いかなる理由に基づいてどのような処分基準の適用によって当該処分が選択されたか、知ることのできる程度の内容が必要としています(最判平成23年6月7日民集65巻4号2081頁)。行政手続の基本的要素として、理由の提示の重要性は、ますます高まっているということができます。

3　意思決定基準の設定・公表

意思決定基準の設定・公表とは、行政機関が意思決定を行う際によるべき基準をあらかじめ設定し、事前に公にすることをいいます。これにより、行政機関は、決定に際して恣意的判断・独断的判断をすることが困難になり、相手方たる国民は、行政機関がどのような決定を下すのか予測可能性を得ることができます。行政手続法は、意思決定基準について、申請に対する処分につき審査基準、不利益処分につき処分基準と名付けて、規定を整備しています。

〖判例〗 個人タクシー事件

最高裁は、「多数の者のうちから少数特定の者を、具体的個別的事実関係に基づき選択して免許の許否を決しようとする行政庁としては、事実の認定につき行政庁の独断を疑うことが客観的にもつともと認められるような不公正な手続をとつてはならない」とした上で、法律の規定する免許基準が抽象的である場合、審査を行う行政内部であらかじめ具体的な審査基準を設定し、これを公正かつ合理的に適用するため、申請人に主張と証拠提出の機会を与えなければならない、としました。この判決は、個人タクシー事業の免許申請に関するケースであったため、個人タクシー事件として知られています。行政手続法が制定される前、個別法の意見聴取規定を手掛かりとして審査基準の設定の必要性を導き出し、申請人が公正な手続により免許の許否につき判断を受ける法的利益を認めたことは、その後の行政手続法理の発展に大きな影響を与えました。（最判昭和46年10月28日民集25巻7号1037頁）

第3章　行政基準

1　行政基準とは

（1）行政機関による規範の定立

行政活動は、法律に基づき、法律に従って行われます(**法律による行政**)。ただ、法律の規定は、ある程度抽象化された内容にとどまることが多く、行政機関により法律の内容を具体化した規範を定立することが、広く行われています。このように、行政機関によって定立される一般的規範を、**行政基準**と呼びます。行政基準は、行政活動の広い領域をカバーするとともに、実際の行政活動を詳細に規律し、国民生活に大きな影響を与えています。

国会が法律を策定し、行政が法律を執行するという図式は、権力分立をモデル的に示すものに過ぎないため、実際の行政活動のありようとは乖離しています。行政機関が自ら定立する行政基準は、政治的機関である国会と専門技術性・政治的中立性をもつ行政との役割分担を前提に、国民の行政ニーズに適時・適切に応えてゆく上で、重要な機能を果たします。加えて、行政基準は、行政機関の行動規範をあらかじめ詳細に定めることから、行政の裁量判断に縛りをかけ、国民の予測可能性を高めるための法的ツールになっていることも見逃せません。

（2）法規命令と行政規則

行政基準は、さまざまな形式で存在しますが、理論的には、①国民の権利義務に関わる規範である**法規命令**と、②行政組織内部のみで効力を持ち、国民の権利義務に関わらない規範である**行政規則**に、二分されます。**法規命令**とは、法規(国民の自由を制約し義務を課すことを内容とする規範を意味します)たる命令(行政機関が定立する一般的規範⇒1章3(2)④)という趣旨です。**行政規則**とは、行政基準のうち、法規命令を除いたもの一般を指しています。また、法規命令は、行政の外側に存在する国民に関わるという意味で**外部法**、行政規則は行政組織内部においてのみ妥当するという意味で**内部法**といわれます。

行政機関の策定する命令は、法源性を有するがゆえに、基本的に法規命令にあたると考えられます。国の行政機関が定める命令として、**政令**、**内閣府令**、**省令**、**規則**等がこれに該当します。また、地方公共団体について、長が定める**規則**、委員会が定める**規則・規程**は、基本的に、法規命令です。条例は、地方公共団体の自主法とされますから(⇒1章3(2)⑤)、通常は法規命令ではないと考えられますが、法令の委任に基づく条例(**委任条例**⇒補章4(4))は法規命令として扱われます。

行政規則の典型は、法律の解釈指針として行政内部で示される**通達**です。通達は、法律の解釈運用に関わる行政実務上のマニュアルであり、理論的には国民を法的に拘束しないのですが、実際上は、非常に大きな役割を果たします。たとえば、税務行政において、通達は、実際に課税を行う行政機関ないし職員の法解釈を決定的に左右するのですから、課税される側の国民から見て、実際の影響力は法律と変わりません。このように、行政規則が国民の権利義務に影響を与える現象を、**内部法の外部化現象**と呼びます。

＊告示

告示とは、行政機関の意思決定や一定の事項を国民に周知させるための形式(通常は官報や公報への掲載)をいいます。告示は、それ自体は単なる形式の呼び名ですから、告示される内容により、その法的性質が決まります。告示は、単なる事実行為(事実を明らかにして、国民に情報を提供するもの)、法規命令、行政処分など、多様な法的性質を持ちます。

告示が法規命令とされる例として、次のようなものがあります。生活保護法8条に基づいて厚生労働大臣が定める保護基準は、毎年官報で告示されますが、法規命令であると解されています。また、文部大臣(当時)が告示した学習指導要領について、法規としての性質を認めた判例があります(最判平成2年1月18日判時1337号3頁)。後述するように、行政手続法2条1号は、「法令」の定義として「法律、法律に基づく命令(告示を含む。)」等と定め、命令(すなわち法規命令)と解される告示があることを明示します。

（3）行政手続法による定義

行政手続法は、行政基準の策定に係る事前手続として、命令等を定める場合の**意見公募手続**を規定していますが(⇒本章4(2))、意見公募手続の対象となる「命令等」について、次のように定義します。すなわち、同法2条8号は、命令等について、①法律に基づく命令(処分の要件を定める告示を含む)または規則、②審査基準(申請により求められた許認可等をするかどうかをその法令の定めに従って判断するために必要とされる基準)、③処分基準(不利益処分をするかどうか、または、どのような不利益処分とするかについてその法令の定めに従って判断するために必要とされる基準)、④行政指導指針(同一の行政目的を実現するため一定の条件に該当する複数の者に対し行政指導をしようとするときにこれらの行政指導に共通してその内容となるべき事項)、の4種類を定めます。

上記①は、基本的に、法規命令に相当します。①にいう「法律に基づく命令」とは、政令、内閣府令、省令、(外局の)規則等をいい、処分要件を定める告示を含みます。①にいう「規則」とは、地方公共団体の執行機関の定める規則を意味します。他方、上記②③④は、いずれも、行政規則に分類されます。そもそも、行政手続法が「命令等」という場合の「等」は、この②③④を指しています(命令＝法規命令、等＝行政規則、と整理されます)。

2　法規命令の実体的統制

（1）法律による行政と法規命令

法律による行政のうち「法律の法規創造力」原則により、行政機関が法規命令を定めるためには、**法律の委任**が必要です。法律の委任によらない法規命令(いわゆる独立命令)を制定することは、許されません(憲法41条)。法律の委任の範囲を超えた法規命令は、その法律との関係で、違法・無効となります。また、法律による行政のうち「法律の優位」原則により、法規命令は、法律に違反することが許されません。法律に違反する法規命令は、違法・無効(憲法違反であれば違憲・無効)です。

法規命令は、法律による行政に基づき、法律との関係で上記のような縛りがかかります。さらに、行政手続法は、命令等を制定する行政機関の側に、命令等についてその根拠となる法令の趣旨に適合させる義務(38条1項)、制定された命令等を社会経済情勢の変化に即してその適正を確保する努力義務(同条2項)を課しています。同法38条は、法律による行政により一般的に導かれる法的規律について、実定法化して明確にしたものと考えられます。

(2) 委任する法律側の問題——白紙委任の禁止

法規命令の実体的統制という観点から、①法規命令の制定を委任する法律の側における委任の仕方と、②法律の委任により行政機関が制定した法規命令の内容、という2つの問題が生じます。

上記①は、法律による委任の仕方が「法律の法規創造力」原則に反し、その法律が憲法41条違反となるのはどのようなケースか、という解釈問題です。憲法41条は、国会が「国の唯一の立法機関」と定める一方、憲法73条6号には、内閣の事務として「法律の規定を実施するために、政令を制定すること」との規定があります。憲法上、法律の委任により行政機関が法規命令を定めることが許される一方で、実質的に白紙委任、すなわち、「○○については、すべて政令の定めることによる」というような、本来国会が果たすべき立法任務を放棄するかのような法律を定めることは許されません。これに対して、委任を定める法律において、法規命令に委任する事項が個別・具体的に定められていれば、憲法の枠内で認められる委任の方法によると判断できます。

判例　白紙委任の禁止

国家公務員法102条1項は、国家公務員の「政治的行為」の禁止について、その具体的内容を人事院規則に委任しています。判例は、これが憲法上禁止される白紙委任に当たらないことは明らかであるとします。

人事院の独立性から、法規命令である人事院規則を定めるにつき人事院に広い裁量を認める委任方法が許されるとして判例を支持する見解もありますが、法律による行政に照らして、法律による委任には十分な明確さが求められるのであり、国家公務員の規定ぶりには問題があると思われます。

(最判平成24年12月7日刑集66巻12号1722頁)

なお、法規命令の相互間で、上位の命令から下位の命令へと再委任すること

(政令により省令に委任するなど)も、許されると考えられます。

(3)委任を受けた法規命令側の問題

法律により委任を受けた行政機関は、その委任の趣旨に従って、法規命令を策定します。この場合、法律による委任の趣旨をどのように具体化するかについて、行政機関には一定の裁量判断の余地が認められます。その上で、①法規命令を策定する行政機関の裁量権の範囲内であればその法規命令は適法、②法規命令が法律による委任の趣旨に反する(委任の範囲を逸脱する)と解釈されればその法規命令は違法、というかたちで司法審査(裁判所による実体的統制)が行われます。

法規命令を制定する行政機関の裁量を広く認めると、法規命令の内容に関する司法審査は緩やかなものになります。たとえば、銃砲刀剣類所持等取締法の定める登録制度をめぐり、登録規則(省令)において、法律には規定がないにもかかわらず、登録対象を日本刀に限定したケースにおいて、最高裁は、当該規則は法の委任の趣旨を逸脱しないとしました(最判平成2年2月1日民集44巻2号369頁)。このケースでは、危険物(武器)の所持規制という仕組みの中で、法規命令を制定する行政機関の側の専門技術的裁量を広くとらえて、法規命令を適法(有効)としたものと考えられます。自分の所有物を所持することそれ自体は国民の重要な権利ですが、武器や危険物のように内在的制約がある所有物の所持規制について、行政機関の裁量を広くとることに法的問題が少ないからです。

これに対し、法規命令の内容が国民の基本的人権を正面から制約するケースでは、行政機関の裁量を安易に認めるべきではなく、法律に置かれた委任規定の趣旨を厳格に解釈し、法規命令の実体的統制の密度を高める必要があります。たとえば、刑事施設において、被勾留者と幼年者の接見(面会)を原則として禁止し、例外的に所長の裁量でこれを許すことを定めていた(旧)監獄法施行規則(省令)について、(旧)監獄法の委任の範囲を超え無効とした判例があります(最判平成3年7月9日民集45巻6号1049頁)。このケースでは、在監者であっても原則として一般市民としての自由が保障されるとの解釈を前提に、法律は接見の時間・手続等の制限を法規命令に委任しているのであり、その一律禁止まで委任する趣旨ではなく、この施行規則は、法律によらずに被勾留者の接見の自由を著しく制限するものであり、違法・無効としたのです。基本的人権の制約である以上、法律により委任がなされているか、厳密に法律を読み取ろうとする裁判所の解釈態度がうかがわれます。

これと同様の解釈態度は、児童扶養手当の支給対象を限定する施行令を違法・無効とした判例(最判平成14年1月31日民集56巻1号246頁)、解職請求代表者の資格制限を定める施行令を違法・無効とした判例(最大判平成21年11月18日民集63巻9号2033頁)などにも見られます。前者は、婚姻外で生まれた児童のいる母子家庭に手当を支給することを定める中で、父から認知された児童を除くという施行令(政令)が、法の委任の範囲を逸脱して無効とされました。これは、平等原則に関わるケースにおいて、法律による委任の趣旨を厳密に解釈したものと読み取れます。後者は、解職請求(リコール)という参政的権利に関わるケースにおいて、委任元である地方自治法の趣旨を厳密に解釈して、これを制約する施行令(政令)を違法としています。法規命令により国民の基本的人権を制約するのであれば、法律による明確な委任が必要なのです。

判例　医薬品ネット販売事件

医薬品のインターネット販売を行っていた事業者が、法改正に伴って改正された施行規則(省令)により一部医薬品のネット販売を禁止されたため、この省令が違法・無効であり、ネット販売をすることができる地位の確認を求めた訴訟があります。最高裁は、法規命令による販売規制が営業の自由を新たにかつ相当程度強く制約する場合には、法律による授権の趣旨が「規制の範囲や程度等に応じて明確に読み取れること」が必要であるとの判断基準を示し、法規命令によるネット販売の一律禁止は、法律の委任の範囲を逸脱した違法なものとして無効であるとしました。

この判例は、国民の重要な権利利益を規制する場合や、規制の程度が強い場合には、法律に置かれた委任規定の趣旨は厳密に解釈されるのであり、法規命令による安易な規制が許されないことをはっきりと示しています。
(最判平成25年1月11日民集67巻1号1頁)

3　行政規則の諸相

（1）行政規則をめぐる問題状況

行政規則は、法規性を有さず、行政の内部的な規範にとどまります。ゆえに、①行政機関は法律の根拠なく行政規則を自由に定めることができ、②行政規則には法源性がなく、行政規則違反を裁判所で争うことは困難である、ことになります。

判例　墓地埋葬通達事件

墓地、埋葬等に関する法律は、墓地の管理者は「正当の理由」がなければ埋葬の求めを拒んではならないと定めています(違反に対する罰則も定められています)。この「正当の理由」の解釈について、厚生省(当時)の通達により、宗派が違うことは含まないとされました。それ以前は、宗派が異なる人の埋葬を適法に拒否できたところ、この通達により、拒否することが許されなくなったのです。

これに対し、墓地を管理する寺院が、通達の取消しを求めて出訴したケースがあります。最高裁は、①通達は原則として「法規の性質」を持たず、行政組織内部における命令に過ぎないから、一般国民を拘束するものではない、②裁判所は法令の解釈適用にあたって通達に示された解釈とは異なる独自の解釈をすることができると述べて、通達は取消しの対象とならないと判断しました。通達が行政規則であることを示した判例ですが、通達のもつ現実の機能に照らして、何らかの司法的救済の受け皿が必要と考えられます(⇒14章1(2))。
(最判昭和43年12月24日民集22巻13号3147頁)

他方、行政規則は、行政内部の基準として策定されているにもかかわらず、行政実務上、国民との関係で直接的な影響を及ぼすことがあります(内部法の外部化現象)。そこで、行政規則についても、国民の権利利益に対する事実上の影響を踏まえて、法的な規律・統制を及ぼすための解釈論上の工夫が図られています。

（2）行政規則の存在形式

行政基準のうち、行政規則に分類されるものは、行政実務上さまざまな形式で存在します。典型として、**訓令・通達**(内閣府設置法7条6項、国家行政組織法14条2項)があり、**訓令**とは行政の一体性を確保する観点から行政組織内部で出される命令、**通達**とは訓令を書面化したものを意味します。さらに、要綱、ガイドラインなどの名称のものが見られます。

行政規則は、①行政組織に関する基準、②行政機関の行動に関する基準、③行政内部の関係を規律する基準に分類されます。①の例として行政内部に有識者会議を設置する要綱など、③の例として公共施設の利用規則(いわゆる営造物規則)などが挙げられます。②の例としては、*1*法律の解釈を示す基準(解釈基準)、*2*行政裁量の行使の基準(裁量基準)、*3*補助金や融資の基準(給付基準)、*4*行政指導の基準(行政指導指針)があります。以下、*1*〜*4*を個別に取り上げて、内容面での司法審査のあり方を検討しましょう。

1　解釈基準

行政機関は法令が定める行為要件・行為内容に即して活動しますが、法令の規定には解釈の幅があるのが通常ですから、行政機関がよって立つ解釈をあらかじめ準備しておく必要があります。**解釈基準**とは、行政機関が定める法令解釈の基準をいいます。解釈基準の典型は、上級行政機関が下級行政機関に対して法令解釈の基準を伝える**通達**です。

【判例】**パチンコ球遊器事件**

(旧)物品税法は、物品税の課税対象として、「遊戯具」を定めていました。パチンコ球遊器(いわゆるパチンコ台のこと)は、当初、物品税を課税されていませんでしたが、ある年、当局がパチンコ球遊器は「遊戯具」にあたるという内容の通達を出し、その年から課税処分が行われました。このことが、租税法律主義に違反するとして争われたケースがあります。最高裁は、パチンコ球遊器が「遊戯具」に含まれるという法解釈を示し、通達が「法の正しい解釈に合致する」以上、本件課税処分がたまたま通達を機縁として行われたものであっても、それは「法の根拠に基く処分」であると判断しました。

（最判昭和33年3月28日民集12巻4号624頁）

上記のパチンコ球遊器事件判決は、行政内部の効力しか有さない通達の性質に関し、形式論理としては筋が通っています。しかし、問題の本質は、税務行政の実際において、解釈基準に過ぎない通達が非常に大きな役割を果たしており、租税法律主義が形骸化していることへの評価であると考えられます。従来は非課税であったものを新たに課税対象とするのであれば、国民に対して、行政実務を変更する理由を十分に説明する必要があります。また、国民の側に課税されないという信頼が生じているのであれば、法の一般原則である信頼保護（⇒1章3(4)）という観点から、通達による新規課税につき法的問題が生じる余地もあります。最高裁の判例にも、税務行政の領域において、通達には行政機関による法令解釈の変更を国民に周知し、定着させる機能があることに言及したものがあります（最判平成18年10月24日民集60巻8号3128頁）。

2　裁量基準

行政機関が法令を執行する場面において、法令を機械的に適用すれば足りる場合と、法令が行政に一定の裁量の余地を認めており、行政機関による裁量権の行使がなされる場合が区別されます。実際には、法令の定める行為要件・行為内容の両面で、行政機関の側に何らかの裁量が認められる例が多いと考えられます。**裁量基準**とは、裁量権をどのように行使すべきかについて、行政機関が定める基準です。

行政手続法は、申請に対する処分について**審査基準**（5条）、不利益処分について**処分基準**（12条）に関する規定を置き、これらを行政処分手続において国民の手続的権利利益を保障するための重要なツールとしています（⇒5章2(2)・3(2)）。ここでの審査基準・処分基準は、申請に対する処分・不利益処分に裁量が認められる場合、裁量基準にあたります。

＊解釈基準と裁量基準の区別

解釈基準と裁量基準は、概念的には裁量の有無によって判別できるのですが、実際には区別が難しいことがあります。行政手続法の定める審査基準・処分基準は、裁量基準であるのが普通です。多くの場合、行政機関の側には何らかの裁量の余地が認められるからです。裁量の余地がなければ、解釈基準になります。課税に関する通達は、租税法律主義に基づき、税金の賦課について法律の根拠が厳密に求められるため、解釈基準と考えられます。また、「墓地埋葬通達事件」の通達も、犯罪の構成要件となる「正当の理由」をどう解釈するかという内容ですから、罪刑法定主義に照らして行政裁量の余地はなく、解釈基準と考えるべきでしょう。

行政手続法は、審査基準・処分基準をあらかじめ定め、公表することによって、恣意的な裁量権行使を防ぎ、国民の予測可能性を高めることを趣旨としています。したがって、審査基準・処分基準は、その性質上裁量基準であるとしても、設定・公表された以上、具体的な案件の処理に際して、特段の事情がない限り行政自身を拘束すると解釈されます(**行政の自己拘束**)。判例も、不利益処分につき処分基準が設定・公表されている場合に、その処分基準は行政裁量を縛る(羈束する)としました(最判平成27年3月3日民集69巻2号143頁)。

他方で、裁量基準はあくまでも行政機関の裁量権を前提としたものであり、裁量基準を定めた以上、これに厳格に拘束され、そこから外れた判断をすることが許されなくなるのではありません。裁量基準は、行政の判断を公正・透明にする趣旨で設定・公表されるのであり、これを機械的に適用することにより、行政機関に裁量の余地を認めて事案に応じた判断を可能ならしめた立法者の意思に反することは適切ではありません。また、裁量基準は、法律の委任なく行政機関が策定しますから、裁量基準が法令と同様の機能を果たすことは、法律による行政に違背します。個別案件の処理にあたり、合理的な理由があれば裁量基準を離れた個別判断が要請されるのであり、この点で、裁量基準はなお行政内部の基準(行政規則)としての性格を保っているのです。

3　給付基準

補助金交付や公的融資などの給付行政は、侵害留保原則が及ばず、法律や条例の根拠が要求されません。ゆえに、給付行政について、行政実務上、法律・条例に根拠をもつものとそうした根拠をもたないものがあります。後者については、行政規則として補助要綱、交付規則、融資基準等が定められていることがあり、こうした基準を**給付基準**と呼びます。給付基準は、理論的に見て、裁量基準にあたります。

給付基準に関して、行政内部の規則として定められた給付基準に基づき、国民が給付を求めて拒否された場合に、その国民にはどのような救済手段があるか、という論点があります。給付基準は法令ではないため、給付の求めは「申請」と解釈されず、給付拒否決定も行政処分にあたりません。他方で、給付基準が法規性を持たない以上、国民の側に給付を求める請求権があると解釈することも難しいと考えられます。しかし、行政による給付である以上、平等原則(憲法14条)等の規律は及ぶのですから、訴訟類型を工夫して司法統制を及ぼす必要性があると考えられます(⇒11章3(4)3)。

4　行政指導指針

行政手続法は、行政指導の基準について、「**行政指導指針**」と呼び、「同一の行政目的を実現するため一定の条件に該当する複数の者に対し行政指導をしようとするときにこれらの行政指導に共通してその内容となるべき事項」と定義しました(2条8号ニ)。行政実務上は、「指導要綱」ないし「要綱」などと呼ばれています。

行政機関の側は、行政指導指針をあらかじめ定めること、特別の支障がない限りこれを公表することが義務付けられます(同法36条)。行政指導指針は、行政指導のあり方を公正・透明なものにする上で、大きな意味を持ちます。行政指導指針が作成・公表されていれば、国民はどのような行政指導が行われるのか予測可能となり、恣意的・濫用的な行政指導を防ぐことに役立ちます。国の行政機関が定める行政指導指針は、意見公募手続の対象になることも重要です。

4　行政基準の制定手続

（1）手続的統制の必要性

行政機関が行政基準を制定する事前手続は、行政基準の制定に関する裁量権の行使を公正・透明なものにし、利害関係者の合意形成を図るため、重要な意味を持ちます。行政基準については、個別法において、審議会への諮問、公聴会の開催、他の行政機関や関係する団体からの意見聴取などの事前手続が定められる例が見られます。他方で、平成5年に成立した行政手続法には、行政基準に関する事前手続の規定は置かれていませんでした。

その後、平成11年の閣議決定により、行政基準の事前手続として、「規制の設定又は改廃に係る意見提出手続」（いわゆる**パブリックコメント**）が導入されます。パブリックコメントとは、行政機関が行政基準を制定しようとする場合に、事前に案を公表して広く意見を求め、提出された意見を考慮する仕組みをいいます。パブリックコメントは、行政による案と各種資料のホームページへの掲載⇒電子メールによる国民からの意見提出⇒結果の公表、という手続的手法として、行政実務上広く普及します。この実績を踏まえ、平成17年の行政手続法の改正により、命令等の制定手続に関する一般的ルールとして、**意見公募手続**が新設されました。

＊行政手続法第6章

平成17年の改正により、行政手続法には、第6章「意見公募手続等」が追加されました。これにより、命令等を定める場合の事前手続として意見公募手続が法定されたのですが、章の見出しには「等」とあります。この「等」は、6章の冒頭に置かれた38条が、「命令等を定める場合の一般原則」として、命令等を定める場合（同条1項）および命令等を定めた後（同条2項）における命令等制定機関の行為義務・努力義務を定めていることを指しています。38条は、命令等に関する実体法上の規律（ルール）であり、意見公募手続に関する定めではありません。

このように、法律を読み解くには、「等」が何を意味しているのか、吟味することが求められます。意見公募手続の対象となる「命令等」の「等」が行政規則に相当する審査基準・処分基準・行政指導指針を意味することについては、本章1(3)で説明しました。

（2）意見公募手続の内容

行政手続法の定める意見公募手続の対象となるのは、「命令等」(2条8号)です。ただし、同法3条2項・4条4項に適用除外が定められています。

意見公募手続のプロセスは、**①命令等の案・関連資料の公示⇒②一般からの意見・情報の公募⇒③提出された意見・情報の考慮⇒④結果の公示**、というものです。

命令等制定機関は、命令等を定めようとする場合には、当該命令等の案および関連資料をあらかじめ公示し、意見(情報を含む)の提出先および意見の提出のための期間(意見提出期間)を定めて広く一般の意見を求めなければなりません(同法39条1項)。意見を提出できるのは、国民一般に限らず外国人や外国政府なども含まれ、本人の利害と関係なく誰でも意見を提出できます。公示する命令等の案は、具体的かつ明確な内容のものであって、かつ、当該命令等の題名および当該命令等を定める根拠となる法令の条項が明示されたものでなければなりません(同条2項)。意見提出期間は、公示の日から起算して30日以上必要です(同条3項)。なお、同条4項は、公益上緊急に命令等を定める必要があるために意見公募手続を実施することが困難な場合など、例外的な扱いができるケースを規定します。

命令等制定機関は、やむを得ない理由があるときは30日を下回る意見提出期間を定めることができますが、この場合、案の公示の際にその理由を明らかにしなければなりません(同法40条1項)。委員会等の議を経て命令等を定める場合に、当該委員会等が意見公募手続に準じた手続を実施したときは、命令等制定機関が自ら意見公募手続をしないことができます(同条2項)。また、命令等制定機関は、意見公募手続を行うにあたって、必要に応じ、手続実施の周知・関連情報の提供につき努力義務が課されています(同法41条)。

命令等制定機関は、意見公募手続を実施する場合、意見提出期間内に提出された当該命令等の案についての意見(提出意見)を十分に考慮しなければなりません(同法 42 条)。そして、命令等を定めた場合には、当該命令等の公布(公布をしないものにあっては、公にする行為)と同時期に、①命令等の題名、②命令等の案の公示の日、③提出意見(提出意見がなかったときはその旨)、④提出意見を考慮した結果(意見公募手続を実施した命令等の案と定めた命令等との差異を含む)およびその理由、を公示しなければなりません(同法 43 条 1 項)。

第4章　行政処分

1　行政処分の概念

（1）行政処分の定義

行政処分とは、行政主体の意思決定・意思表示をする機関である行政庁が、法律(ないし条例)に基づき、国民に対する一方的行為(公権力の行使)として行う、行政作用に特有な行為形式です。行政処分は、行政法の基本的制度を定める法律(行政手続法、行政不服審査法、行政事件訴訟法など)において、「行政庁の処分」あるいは単に「処分」と呼ばれます。

判例は、「行政庁の処分」について、「公権力の主体たる国または公共団体が行う行為のうち、その行為によつて、直接国民の権利義務を形成しまたはその範囲を確定することが法律上認められているもの」と定義します(最判昭和39年10月29日民集18巻8号1809頁)。行政事件訴訟法における「処分性」の解釈問題では、この定義が、大きな役割を果たします(⇒11章3)。

上記の定義は、①行政庁が、②法律に基づき、③公権力の行使として、④直接・具体的に国民の法的地位(権利義務関係)を規律する行為、という要素から構成されます。

①について、行政庁とは、行政主体のために意思決定を行い、それを外部に表示する権限をもつ行政機関のことをいいます(⇒補章1(3))。行政庁は行政主体のために法律行為をなす機関ですが、行政庁の最も重要な役割は、行政処分をすることです。

②について、行政処分は、国民の法的地位を一方的に変動させるのですから、法律による行政、なかでも侵害留保原則に照らして、法律(条例)の根拠が必要です。行政処分の要件・内容(どのような場合に、どのような処分をするか・しないか)は、あらかじめ法律に定められている必要があります。処分要件・処分内容は、法律という形式で、主権者(国民)による授権が求められるのです。

③について、行政処分は、行政庁の一方的判断によって国民(行政主体の外にある法主体)の法的地位を決定するものであり、相手方の同意を要する行政契約と対比されます。なお、国民の側からの申請を受けて行政庁が許可や認可をする行政処分であっても、行政庁が申請に対する応諾の決定をし、それにより法的効果が生じるのですから、当事者間での意思の合致により法的効果が生じる契約とは性質が異なります。

④について、行政処分は、国民の法的地位を変動させる法的効果を有することから、事実行為(たとえば行政指導)と区別されます。また、行政処分は、個別具体的に法律関係を規律する効果を有するという点で、一般抽象的な法律関係を規律する法規命令と区別されます。

＊民間主体の行う行政処分

上述した判例の定義によるなら、行政処分を行う主体は、国・公共団体(行政主体)に限定されるように思えます。しかし、民間の法主体(私人)が行政処分をするという仕組みが法律に定められていれば、その私人が「行政庁」と解釈され、行政処分をすることになります。たとえば、建築基準法は、国土交通大臣または都道府県知事の「指定」を受けた民間主体(指定確認検査機関)が建築確認をすることができる仕組みを定めています。指定確認検査機関の行った建築確認は、建築主事の行った確認とみなされます(同法6条の2第1項)。これは、民間主体による行政処分を、公の事務を民間委託するという政策を実現するための法的仕組みとして規定する例と考えられます。

（2）法令に見られる行政処分

上述したように、行政処分は、行政手続法・行政不服審査法・行政事件訴訟法では「行政庁の処分」ないし「処分」と定められています。しかし、行政作用を規律している法令群(個別法や個別行政法令などと呼ばれます)では、許可、認可、免許、命令、禁止、更正、決定、裁決など、さまざまな用語で表現されます。指示、勧告のように、それが定められている法律によって、行政処分か否か解釈が分かれるものもあります。

行政処分に関する解釈論は、個別法が定める様々な行政処分について、(1)

で説明した行政処分の基本的性質を前提としながら、それらの根拠となる法令の具体的な定めに即して展開することになります。

＊「処分性」という解釈問題

行政処分は、個別法上、さまざまな名称で規定されています。しかし、多くの場合、法律で定められている行為が行政処分であるか否かという解釈問題は生じません。行政実務上も、行政処分か否かについての取扱いが問題になる例は限られていて、立法者による解説書や、法令を所管する官庁・役所のHPを調べれば解決するのが普通です。

他方、多様に存在する行政の行為(意思決定)について、行政事件訴訟法3条2項・3項の定める「行政庁の処分」にあたるか否かの解釈(⇒11章3。処分性と呼ばれる論点です)は、行政の行為をめぐって生じた紛争をどのような種類の訴え(訴訟類型)により裁判所で争うかという実益を伴った、難しい問題として知られています。

これは、行政事件訴訟法の定める「処分」概念が、国民の側が裁判的救済を求める受け皿を画定する機能を有しており、行政作用により侵害された国民の権利利益をどのように救済すべきか、さらに憲法の定める「裁判を受ける権利」の保障に漏れがないか、行政救済法に固有の観点から細密な検討が必要なことによるものです。形式的で杓子定規な解釈によって、国民の「裁判を受ける権利」が奪われる、あるいは、本来必要な行政活動に対する司法的チェックが機能しない、ということは許されません。行政事件訴訟法の「処分」については、裁判による権利利益救済の実効性を高める観点から、行政処分概念の外縁を柔軟に拡大する解釈技術が求められるのです(同法の条文上、「行政庁の処分その他公権力の行使に当たる行為」と書かれていることもひとつのポイントです)。

行政処分をいかに定義し、解釈するかは、行政作用法の中心課題のみならず、行政救済法の重要なテーマでもあるのです。

2　行政処分の分類

(1) 学説上の分類

行政処分は、行政法学説上、さまざまに分類されています。まず、学説上の分類の中で、特に重要と考えられるものについて、整理しておきます。

1　下命・禁止

国民に作為(何かをすること)を命じる行政処分が「**下命**」です。例として、建築基準法9条1項に基づく、違法な建築物の所有者等に対する是正命令が挙げられます。国民に不作為(何かをしないこと)を命じる行政処分が「**禁止**」です。例として、食品衛生法55条1項に基づく、営業禁止命令が挙げられます。

2　許可

国民が本来持っている自由を、法律により一般的に禁止した上で、行政庁が個別に解除する行政処分を、「**許可**」と呼びます。国民に課されている不作為義務を解除するもの、と説明することもできます。車・バイク等の運転免許は、行政処分の分類論でいう「許可」の典型です。また、食品衛生法52条に基づく営業許可、風営法3条1項に基づく風俗営業の許可など、営業の自由を規制するための仕組みとしての許可制度の多くも、この「許可」にあたります。

許可は、社会公共の秩序・安全を維持する目的(消極目的、警察目的とも呼ばれます)により、国民が本来持っている自由をあらかじめ禁止し、行政庁に対する申請があれば、法令の定める要件に適合するか否かを判定した上で、許可(禁止の解除)をする行政処分です。本来は自由な行為が法令で規制されているのですから、行政庁が許可をするか否かに係る裁量の幅(法令のあてはめについて行政庁が独自に判断する余地)は狭いと解釈されます。元々国民が持っている自由について、法令が明確に規制していないのに、行政の裁量判断によって禁止されるいわれはありません。

許可は、社会公共の秩序・安全を維持する目的に基づく法的規制ですから、許可に違反して行われる行為について、法的制裁をもって抑止する必要があります。他方で、許可を受けずになされた行為を、法律上無効と扱う必要は必ずしも高くありません。無許可で飲食店を経営した者については、罰則が用意されていますが(そうでなければ、不衛生で国民の健康に被害を与える店が営業することを抑止できません)、無許可の飲食店で食事をした場合に代金を支払わなくてよいということにはなりません。

3　特許

「**特許**」とは、行政庁が、本来は国民の自由に属していない特権(特別の権能)を私人に与える行政処分です(特許法上の特許とは別概念です)。たとえば、法人格を付与する行政処分、日本国籍を与える行政処分がこれにあたります。

特許は、しばしば、上述した許可と対比して論じられます。特許を与えるか否かは、国民の本来的自由にかかわらないため、行政庁の側に裁量があると解釈できます。行政庁は、誰にどのような観点から特権を与えることが法の趣旨・公益目的に照らして最適か、判断する余地が認められるのです。他方で、行政庁は、特許を受けた私人に対して一定のコントロールをする必要が高く、監督措置をとる、あるいは、特許に附款(⇒本章6)を付す等がなされます。また、特許を受けずに私人が行為を行ったとしても、その行為をする権能がないのですから、その行為は無効と解釈されます。

4　認可

国民が行った行為の法的効果を補充し、完成させる行政処分を、「**認可**」といいます。たとえば、農地を売買した場合に、農地法上の許可を得ないと、その農地の所有権は移転しません。私人間の契約のみでは所有権が移転せず、行政処分があってはじめて契約の法的効果が完成するのです。農地法の条文では「許可」と定められている行政処分が、ここでいう学問上の「認可」にあたります。

認可は、私人間の法律行為を前提としているので、行政庁が私人間の合意を勝手に修正することはできません。また、前提となる法律行為が無効であれば、認可により有効になることもありません。

5　確認

行政処分のうち、行政庁が特定の事実や法律関係の存否を認定したことを対外的に示す行為で、そこに一定の法的効果が与えられるものを、「**確認**」と呼びます。行政庁がある事実を認定すれば、そのことが法律によって定められた法的効果をもたらす、というわけです。行政庁が客観的な認定をすれば、法定された効果が自動的に生じるのですから、確認について行政庁による裁量判断の余地は狭いと解釈されます。

＊学問上の分類と法令上の用語法

上記に紹介した分類法は、学問上のものであり、実際の法令の用語法とは一致しません。法令上、「許可」と呼ばれるものは、学問上の許可である場合もありますが、特許、認可などと解釈されるケースも多くあります。

行政処分を理論的に分類する作業は、行政裁量の幅を見定める、行政処分に違反する行為の法的効力の有無を判断するなど、解釈論において一定の「目安」になります。しかし、単なる抽象的な分類論は、それほど役に立つわけではありません。「許可」の法的性質、「認可」の法的性質といっても、結局のところ、「許可」なり「認可」なりの根拠法令の仕組みによって定められるからです。大切なのは、個々の法令の仕組みに照らした解釈作業です。

判例 **ストロングライフ事件**

毒物及び劇物取締法という法律があります。その下位法令である毒物及び劇物指定令(政令)で「劇物」に指定された催涙剤の充塡された護身用具(商品名ストロングライフ)を、ある業者が日本に輸入しようとしました。この場合、同法に基づき、ストロングライフの輸入につき厚生大臣(当時)による輸入業の登録が必要です。同大臣は、ストロングライフが使われ方によっては人に危害を生じるおそれがあると考え、法令の明文上の拒否要件がないにもかかわらず、登録を拒否する行政処分をしました。そこで、業者が、登録拒否処分の取消し等を求めて出訴したケースがあります。

最高裁は、この登録拒否処分を違法と判断しました。その根拠は、法令による毒物劇物輸入業の規制は、登録業者の設備の面のみを登録要件としているので、それ以外の判断要素(輸入品の使用による人体への危害発生のおそれ)によって登録拒否処分をすることは「同法の趣旨に反し、許されない」というものです。最高裁は、登録という行政処分の分類論ではなく、登録の根拠となる法令の趣旨から、法定された登録要件外の要素に基づく拒否処分が許されるか、判断しています。

この判例は、行政処分の解釈論について、その処分の根拠法令の規定の趣旨(制度趣旨)に重心が置かれるべきことを示唆しています。

（最判昭和56年2月26日民集35巻1号117頁）

（2）行政手続法における分類

行政手続法は、行政処分について、①**申請に対する処分**、②**不利益処分**に大別した上で、それぞれの事前手続を整備します。

①の**申請に対する処分**とは、国民が法令に基づいて行政庁に許認可等を求め、これに対して行政庁が諾否の応答をする処分です。

行政手続法は、「申請」の定義として、「法令に基づき、行政庁の許可、認可、免許その他の自己に対し何らかの利益を付与する処分……を求める行為であって、当該行為に対して行政庁が諾否の応答をすべきこととされているもの」と定めています(2条3号)。ここから、申請とは、行政庁に応答義務がある(国民に申請権がある)こと、さらに、自分以外の第三者に対する処分を求めるものが除外されること、が読み取れます。なお、申請は、行政手続法が別に定義している「**届出**」とも区別されます(⇒5章1(3))。

②の**不利益処分**とは、行政庁が、法令に基づき、特定の者を名あて人として、直接に義務を課し、または権利を制限する処分です(2条4号)。なお、同法は、不利益処分から除外される処分類型を定めています(同号イ〜ニ)。たとえば、申請拒否処分は、申請に対する処分であって、不利益処分ではありません。

行政手続法は、処分の相手方(名あて人)の手続的保障に着眼した法制度ですから、不特定の者を名あて人とする行政処分(一般処分と呼ばれます)は、視野に収められていません(一般処分は、不利益処分には含まれません)。また、国民からの申請によらず、行政庁が直接職権で行う授益処分も観念されますが、相手方の手続的保障を考慮する必要がないため、行政手続法には規定がありません。

3　行政処分の効力

（1）拘束力(規律力)

行政処分は、法令に基づく行政庁の一方的な判断により、国民の法定地位(権利義務関係)を変動させる効力を持ちます。このことから、行政処分が有効に成立した時点で、その相手方は、行政処分の内容に従うよう法的に拘束されます。同時に、行政庁の側も、行政処分の内容に拘束されます。このことを、行政処分には**拘束力**がある、と言います(**規律力**とも呼ばれます)。

＊行政処分の成立

通常、行政処分が相手方を拘束する効力は、その行政処分が相手方に到達したときに生じます。行政処分の通知がされるケースでは、相手方が行政処分について了知するか、了知することができる状態になった時点で、拘束力が発生します。他方で、行政処分について、告示や公示の方法で効力が生じることが法定されるケースもあります。

（2）公定力

行政処分は、それが違法であったとしても直ちに無効とならず、国家機関によりその効力を否定されない限り有効なものとして扱われます。通常の法律行為であれば、違法であれば当然に無効です。行政処分には、仮にそれが違法であっても、正式に取消し等がなされるまで、何人(国民・行政機関・裁判所)もその効力を否定できない、という法的現象が認められるのです。この現象について、行政処分には**公定力**がある、と呼ばれています。

違法な行政処分を取り消すためには、①行政庁が自ら取り消す(職権取消し)、②国民からの不服申立てにより行政庁が取り消す、③国民からの訴えの提起により裁判所が判決により取り消す、という3つの方法があります。①との対比で、②と③をまとめて争訟取消しと呼ぶことができます。

たとえば、課税処分を通知された人が、その課税処分には理由がなく違法だと考えたとしても、納税を拒否することはできません。課税処分に対し、不服申立てないし取消訴訟を提起して取消しを争わない限り、納税を拒否すると行政側から滞納処分を受けてしまいます。国民がアクションを起こし取消訴訟で勝訴する等しない限り、行政処分は、行政機関や裁判所によって有効なものとして扱われるのです。

＊公定力の根拠

行政処分の公定力と呼ばれる法的現象は、行政処分の効力を裁判所で争う(行政処分の取消しを争う)手続が、行政事件訴訟法の定める取消訴訟に限定されること(取消訴訟の利用強制ないし取消訴訟の排他的管轄と呼ばれます)により根拠付けられると説明されてきました。行政処分の取消しを争うための特別な訴訟類型(取消訴訟)が法定されている以上、それ以外の方法で、行政処分の有効性を裁判で争うことは原則としてできない、と考えるのです。

違法な行政処分について、行政庁が、職権により、あるいは、不服申立ての結果として、これを取り消すことはできます。しかし、これは、行政処分を行った行政側の判断によるという限界があります。裁判所で争うための手続が限定されていることをもって、公定力という法的現象が説明されるのです。

公定力とは、行政処分の効力の問題ですから、それを超えて拡大することはありません。たとえば、ある土地の所有権をめぐり、AとBの間に争いがあったとしましょう。この土地にAが建築物を建てることを意図して建築確認を申請し、行政庁から建築確認を得たとします。建築確認という行政処分の効力は、申請者(A)が、適法に建築行為を行うことができるというものです。したがって、Aに建築確認が出されたからと言って、土地の所有権に関するA・B間の紛争には何らの法的影響も及ぼさないことになります。

同様に、行政処分の公定力(取消訴訟の排他的管轄)は、刑事訴訟に影響しないと解釈されています。行政処分に違反したことを理由に刑事責任を問われる裁判で、被告側がその行政処分を取り消しておかなければ有効と扱われて有罪になる、という考え方は採られません。行政処分が関わるとしても、犯罪の構成要件該当性について、刑事裁判の中で争われることに問題はありません。

また、行政処分を原因とする損害賠償請求が裁判で争われる場合も、行政処分の法的効果それ自体ではなく、損害賠償責任が成り立つ要件として行政処分の違法が問題となるのですから、行政処分の公定力は問題になりません。損害賠償請求をするために、あらかじめ、原因となる行政処分を取消訴訟で争う必要はないのです(最判昭和36年4月21日民集15巻4号850頁)。

判例 **課税処分に起因する国家賠償と公定力**

最高裁は、固定資産税に係る登録価格について、地方税法が予定する不服申立て(固定資産評価審査委員会への審査の申出)⇒取消訴訟という手続を経なくても、固定資産税が過大であったことを理由とする過納金相当額の国家賠償請求をすることができる、と判示しました。判決は、金銭納付を直接の目的とする課税処分について、直ちにその違法を理由とする国家賠償請求を認めると、結果的に不服申立て・行政事件訴訟法により課税処分を取り消した場合と同様の経済的効果が得られることから、課税処分につきあらかじめ不服申立て・取消訴訟で取り消さないと国家賠償請求はできないという解釈を明確に否定しています。国家賠償請求との関係で、行政処分の公定力が問題にならないことを改めて確認した判例と評されます。
(最判平成22年6月3日民集64巻4号1010頁)

公定力との関連で、行政処分における**違法性の承継**、という論点があります。複数の行政処分が連続する場合に、先行処分が違法であることを、後行処分の取消訴訟において主張できるか、という問題です。先行処分について出訴期間を徒過すると、後行処分の取消しを求めて出訴するしか方法がなくなります。そのようなケースにおいて、後行処分の取消訴訟の中で、先行処分が違法であることを後行処分の取消事由として主張できるか、先行処分には公定力があるためそのような主張はできないか、という解釈問題です。

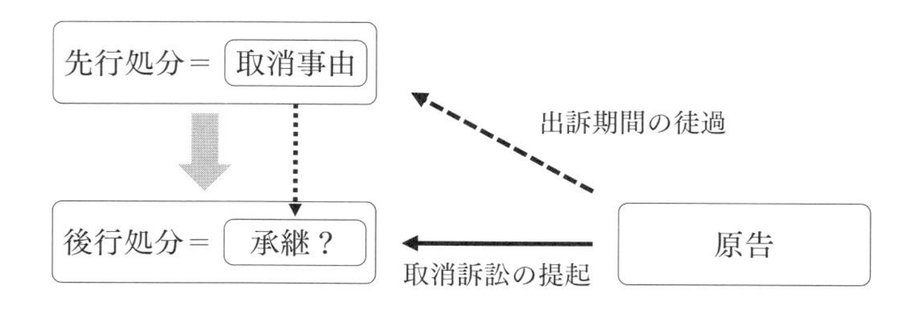

違法性の承継は、租税に関する課税処分と滞納処分のように、目的・効果の両面で独立性の高い行政処分の間では認められない一方、土地収用に関する事業認定と収用裁決のように、目的・効果の両面で一連の過程ととらえられる行

政処分の間では認められます。先行処分と後行処分が、同一の目的を達成するために行われ、同一の効果を発揮するものである場合に、違法性の承継が認められるのです(**同一目的・同一効果基準**)。

もっとも、同一目的・同一効果基準は、実際にこれをあてはめるのが難しいとの指摘があります。2つの行政処分が連鎖している以上、目的・効果が同一か否かといっても程度問題であり、違法性の承継が認められるか否かについて、明快な線引きはできません。結局のところ、先行行為の効果を早期に確定させて法的安定性を図ることと、後行処分の段階で先行処分の違法を主張して裁判的救済を可能にすることとのバランス(較量)によって判断するしかありません。

最高裁は、違法性の承継の可否を判断する基準として、①同一目的・同一効果基準と並んで、②訴訟手続における原告の権利利益救済の実効性、を提示しました(「たぬきの森」マンション事件)。違法性の承継について、実体法上の基準である①に加えて、手続的観点に基づく②を基準として用いることにより、柔軟に認めることを可能にしたものと考えられます。

判例　「たぬきの森」マンション事件

建築物を建てるには、建築確認という行政処分を受ける必要があります。その際、敷地が一定の幅で道路に接していることが要件となりますが(接道義務)、あらかじめ安全認定を受けていれば、接道義務が緩和される仕組みがあります。最高裁は、安全認定を経て建築確認を受けたマンションの建設工事に反対する周辺住民らが建築確認の取消しを求めた訴訟において、先行する安全認定(出訴期間を過ぎていました)が違法であるとの主張を認め、安全認定の違法を理由として建築確認の取消しを認めました。

最高裁は、違法性の承継を肯定するにあたって、①安全認定と建築確認という2つの行政処分は、同一目的を達成するためになされ、両者が結合して同一の効果を発生する、②周辺住民が安全認定の時点で直ちに争わず、建築確認の段階まで訴訟提起をまつことは不合理でない、という理由付けをしました。②が手続的観点によるものであり、安全認定は周辺住民に周知されないこと(建築確認は掲示により周知されます)、安全認定の段階では周辺住民がどのような不利益を被るか分からないこと(建築確認により不利益が現実化します)等が指摘されています。

近時の判例は、行政処分であること(処分性)を柔軟に解釈する傾向を持っています。この結果、先行処分と後行処分の違法性の承継が問題となる局面が増加しました。上記のケースでも、安全認定を行政処分と解釈したことから、違法性の承継の問題が生じました。最高裁は、このような問題状況に対応するため、違法性の承継を一定程度柔軟に解釈する基準を提示したと考えられます。(最判平成21年12月17日民集63巻10号2631頁)

(3) 不可争力

行政処分には公定力が観念されますから、国民の側から行政処分の効力を打ち消す(取り消す)ためには、取消訴訟の提起等をする必要があります。ところが、行政事件訴訟法は、取消訴訟について出訴期間を定めており(14条1項・2項)、出訴期間を徒過してしまうと、国民の側から行政処分の効力を争うことができなくなります(行政不服申立てについても、不服申立期間が定められています)。このように、一定期間を経過すると、行政処分についてその効力を争うことができなくなる効力を、行政処分の**不可争力**と呼びます。

行政処分が無効の場合(⇒本章4(2))には、出訴期間の縛りはかからず、不可争力も生じません。また、出訴期間の経過により行政処分に不可争力が生じても、行政機関の側から職権でこれを取り消すことは妨げられません。

(4) 執行力

行政処分の内容について、行政側が自力で実現できる効力を、**執行力**(自力執行力)と呼びます。私人には自力救済が禁じられており、行政処分に執行力が認められるなら、大きな特権となります。

もっとも、法律による行政(とりわけ侵害留保原則)により、国民が行政処分により課された義務を履行しない場合に、行政が自ら強制的にその内容を実現するためには、行政処分とは別に法律の根拠が必要です。したがって、行政処分の執行力は、行政処分が国民に法的義務を課すものであり、加えて、法律により行政的執行が根拠付けられる場合に限って観念されます。

行政的執行に関する一般法としては、行政代執行法および国税徴収法があります(⇒8章1(2)1)。これらの法律により、行政代執行ないし強制徴収ができる行政処分であれば、執行力を観念することができます。

（5）不可変更力

紛争を解決する性質(争訟裁断的性質)を持つ行政処分について、その行政処分をした行政庁は、自らこれを変更できなくなる効力が認められます。これを、行政処分の**不可変更力**と呼びます。行政処分一般に認められるものではなく、審査請求に対する裁決など、紛争の裁断を制度趣旨とするものに限って観念されます。

4　行政処分の瑕疵

（1）違法と不当

行政処分は、法令および公益目的に適合していなければなりません。そうでない場合、すなわち、法令に適合しない(**違法**)、あるいは、公益目的に適合しない(**不当**)とき、行政処分に瑕疵(きずという意味です)がある、といいます。

行政処分に違法な瑕疵がある場合には、法律による行政に照らして、これを是正する必要があります。違法な行政処分については、行政機関が自らこれを是正することに加え、裁判所もこれを正します。不当な瑕疵とは、ある行政処分が違法とはいえないが、行政判断として適切でないという状態ですから、適法・違法を審査する裁判所がチェックすることはできません。行政処分の不当な瑕疵は、行政機関が自らこれを是正する局面でのみ、問題になります。

（2）取消事由と無効事由

行政処分は、違法の瑕疵があっても、裁判所等で取り消されない限り、原則として有効と扱われることは、すでに説明しました(**公定力**)。行政処分に違法の瑕疵があれば裁判所等で取り消されるのですから、違法の瑕疵は行政処分の取消事由である、と表現できます。取消事由たる瑕疵については、取消訴訟の出訴期間を徒過すると、国民の側から争えなくなることも、すでに説明しました(**不可争力**)。

しかし、行政庁が違法な行政処分をしておきながら、それにより権利利益を侵害される国民が一定期間内に裁判等を提起しなければ、国民は瑕疵のある行政処分に従うのみということでは、あまりにも不合理です。そこで、瑕疵の程度が大きい場合に、国民の側から取消訴訟を提起しなくても当然に無効として扱う、**無効事由たる瑕疵**という解釈技術が生まれました。無効事由たる瑕疵のある行政処分は、誰でも・いつでもそれが無効であると主張できますから、取消訴訟の利用強制が及ばず、公定力・不可争力という現象も生じません。

このように、行政処分の瑕疵は、取消事由たる瑕疵と無効事由たる瑕疵とに分けられます。無効事由たる瑕疵について、判例は、重大かつ明白な瑕疵とする説(**重大明白説**)を採ります。すなわち、行政処分の瑕疵について、重大性と明白性が両方とも認められるとき、無効事由たる瑕疵があると判定され、その行政処分は無効と扱われます。重大性要件は、個別具体のケースにおいて瑕疵の程度が大きいという量的基準であり、事案に即した利益考量により判定されます。明白性要件は、誰から見て明白かという基準を設定して判断するという質的基準であり、判例は、誰が見ても同一の結論に達する程度に明らかであるという基準(外観上一見明白説)を採ります(最判昭和36年3月7日民集15巻3号381頁)。

＊重大明白説への批判

無効事由たる瑕疵の基準となる重大明白説については、より柔軟に行政処分の無効を認めることを意図して、いくつかの批判説があります。

明白性要件について、判例の採る外観上一見明白説は厳格に過ぎるとして、行政庁の調査義務違反をもって明白性要件を満たすとする見解もあります。誰が見ても瑕疵が明白というのではなく、行政庁に通常要求される調査をすれば瑕疵が生じないと認定できる場合に、明白性要件を満たすとする立場です。

常に明白性要件を求める必要はないとする説(明白性補充要件説)もあります。明白性要件は、行政処分により形成された法律関係の安定性を重視するものですが、行政処分の存在を信頼する第三者の保護を考慮する必要がないケースでは、重大性要件による利益考量的判断のみにより無効を認定して良いとする立場です。課税処分の無効について、明白性要件に言及せずに判断した判例もあります(最判昭和48年4月26日民集27巻3号629頁)。

行政処分の無効は、取消訴訟の出訴期間の経過後（不服申立前置の場合は不服申立期間の経過後）に裁判所が当該行政処分の効力を否定できるとする解釈技術であることから、無効事由の判定は、出訴期間等を過ぎてしまった原告の司法的救済の必要性と、当該行政処分に関する法的安定性・第三者保護の必要性とを、具体的に考量して結論を導くことが最も合理的と考えられます。

（３）例外的な取扱い

司法審査において、行政処分に違法の瑕疵が認められても取消事由としないという、例外的な解釈技術が用いられることがあります。

第１に、実質的に法の趣旨目的に反するといえない**軽微な瑕疵**は取消事由としない、という解釈技術があります（最判昭和49年12月10日民集28巻10号1868頁）。

第２に、行政処分がなされた時点では法令上の要件を欠く違法なものであったが、事後的にその要件が追完されたことにより瑕疵の治癒を認める、という解釈技術（**瑕疵の治癒**）があります（最判昭和36年7月14日民集15巻7号1814頁）。

第３に、瑕疵ある行政処分について、別の行政処分と扱うことにより適法な行政処分と扱う解釈技術（**違法処分の転換**）もあります（最判昭和29年7月19日民集8巻7号1387頁）。

これらは、行政処分に瑕疵があった場合でも、その効力をなるべく維持するためのテクニックです。これらが正当化されるのは、単に行政側にとって都合がよいということではなく、行政処分の相手方のデメリットが小さいという状況が前提になります。しかし、行政側は瑕疵のない合理的な意思決定をすべきであり、瑕疵ある行政処分を例外的に救うことには慎重であるべきです（訴訟段階での問題について、12章3(3)を参照）。

5　行政機関による取消しと撤回

（１）取消しと撤回

瑕疵ある行政処分について、国民から行政不服申立て・取消訴訟を提起して取り消す場合（**争訟取消し**）と、上級行政庁（監督庁）や処分庁など行政機関が自ら取り消す場合(**職権取消し**)とが区別されます。このうち、職権取消しは、それ自体が、もとの行政処分とは別個の行政処分となります。

職権取消しと区別されるものに、行政処分の**撤回**があります。職権取消しは、成立時点で瑕疵のあった行政処分について、その効力を遡及的に失わせて、本来あるべき正しい法律関係を回復させる行政処分です。これに対して、撤回とは、行政処分が正しく成立した後、後発的事情によってその行政処分を維持することが適切でなくなった場合に、将来に向けて効力を失わせる行政処分です。

＊取消しと撤回の区分

行政処分の取消しと撤回の区分は、学説上のものです。したがって、論者により見解の相違があり、行政処分の成立時点で瑕疵がある場合についても、事後的に撤回を認める学説もあります。また、撤回の効果について、遡及効を認める立法例(補助金適正化法 18 条)や判例(最判平成 24 年 3 月 6 日判時 2152 号 41 頁)があります。

また、法令に取消し・撤回の根拠規定が置かれる場合には、学説上の取消し・撤回の区別なく、すべて「取消し」と表記されるのが通常です。条文で「取消し」、「取り消す」等の表現が出てきた場合に、学説上の取消し・撤回のどちらに相当するか、個々に判別する必要があります。

(2) 職権取消しの論点

1 職権取消しの権限

職権取消しをすることができるのは、行政処分を行った行政庁(処分庁)と、その上級行政庁です。このうち、上級行政庁については、行政組織法上の指揮監督権限によって取消権限があると考えられますが、無条件で職権取消しができるとすることについては、否定的な見解があります。上級行政庁が職権取消しを行うためには、特別の法律の根拠があるか、そうでなければ、まず処分庁に職権取消しを命じること(その上で処分庁が職権取消しを行わないこと)が前提になると考えるべきでしょう。

2　法律の根拠の要否

法律に職権取消しができる旨の規定があれば、法定された要件を満たす場合に職権取消しができるのは当然です。問題は、法律に根拠がなくても、職権取消しが可能か、という点にあります。

法律による行政に照らすと、違法な行政処分が放置されるべきではなく、正しい法的状態を回復するため、特別の法律の根拠がなくても職権取消しができると考えられます。不当な行政処分についても、公益適合的な法律状態を回復させるという観点から、特別の法律の根拠がなくても職権取消しは可能と解するべきでしょう。

3　取消権の制限

上記のように、瑕疵のある行政処分について、処分庁等が職権取消しをすることができることは一応明らかです。他方で、ひとたび行われた行政処分が取り消されると、行政処分の相手方の権利利益を侵害したり、国民の信頼や法的安全性を害する結果が生じることがあります。このような場合には、行政処分の相手方に落ち度・帰責性があるか、職権取消しによりもたらされるメリット(公益性)はどの程度かなどの要素を利益考量した上で、職権取消しの効果を遡及させない(将来的にのみ無効とする)等の対応をすべきです。瑕疵ある行政処分をしたのは行政側なのですから、職権取消しにより国民側の権利利益が侵害される状況であれば、利益考量により取消権が制限されます。

（3）撤回の論点

1　撤回の権限

行政処分の撤回をすることができるのは、原則として、処分庁です。上級行政庁は、処分庁に撤回を命じることはできますが、特別の法律の根拠がない限り、自ら撤回する権限はないと解されます。

2　法律の根拠の要否

行政処分の撤回は、後発的な事情により、行政処分の効力を将来に向けて失わせる行政処分です。撤回につき法律の根拠規定があれば、撤回の可否はその法律の解釈問題となりますが、法律の根拠がない場合に撤回ができるか、学説は分かれます。

相手方に不利益を与える行政処分(侵害的処分)の場合は、その処分を維持する公益上の必要性が失われるのですから、原則として法律の根拠なく撤回できると考えられます。しかし、授益的処分を撤回すると、相手方が得ていた権利利益を奪うことになりますから、侵害留保原則に照らして、法律の根拠が必要という解釈も十分に成り立ちます。この点については、許可・免許など許認可等を受けた者が、事後的に当該許認可等を受けるための要件を欠くに至れば、明文の規定がなくても、当該許認可等の撤回を法律が許容していると解釈して、撤回を可とすべきでしょう。

このように、行政処分の撤回の可否は、その行政処分の法的性質(その制度趣旨や法的仕組み)、撤回により得られる利益と失われる利益の考量、撤回の原因となった事実などを総合的に判断して解釈されることになります。また、撤回についても、職権取消しと同様に、具体的なケースでの利益考量を踏まえた撤回権の制限が問題になります。

【判例】菊田医師事件

最高裁は、実子あっせん行為(妊娠中絶を希望した者に出産させ、生まれた子を他人の実子と偽って出生証明をする行為)で有罪となった産婦人科医に対する旧優生保護法に基づく「指定」処分の撤回の可否について、法令上明文の根拠がなくても可能としました。判決は、実子あっせん行為により指定医師としての適格性を欠くこととなり、指定の存続が公益に適合しない状態が生じたと認定した上で、実子あっせん行為の法的問題点、指定の性質等に照らし、撤回による相手方の不利益と撤回すべき公益上の必要性を考量すると撤回は可能と述べています。

判決は、撤回に関する利益考量を強調していますが、指定の性質にも言及することから、指定に関する法的仕組みが理由付けに組み込まれていることが読み取れます。

(最判昭和 63 年 6 月 17 日判時 1289 号 39 頁)

3　撤回と損失補償

行政処分を撤回した場合に、損失補償(⇒16章)が必要なケースがあります。特に、授益的な行政処分について、公益上の必要性から撤回する場面では、適切な補償が必要です。

国や地方公共団体の行政財産は、本来的に定められた公の目的に供用される物ですが、例外として本来の目的を妨げない限度で使用が許可されることがあります(目的外使用許可)。この目的外使用許可を得て行政財産を使用していたところ、事後的に本来の用途で使用する必要が生じたため、目的外使用許可が撤回されたとします。行政財産の目的外使用許可には、本来の用途で使うという公益上の必要が生じた時は使用できなくなるという制約が内在しているため、撤回は可能であると同時に、使用権の対価の補償も不要と考えられます。しかし、使用許可の期間内で撤回された場合には、移転費用など通常生ずべき経済的損失について、補償が必要となります。

判例　撤回と補償

卸売市場の敷地内で、行政財産の目的外使用許可を受けて飲食店を営んでいた者につき、卸売市場の拡張の必要から使用許可が撤回された事例において、「使用許可によつて与えられた使用権は、それが期間の定めのない場合であれば、当該行政財産本来の用途または目的上の必要を生じたときはその時点において原則として消滅すべきものであり、また、権利自体に右のような制約が内在している」として、権利の対価としての補償は必要ないと判断した判例があります。長年にわたり飲食店を営業していたところ、急に立ち退きを求められるため、一見すると使用権につき補償が必要なように思えますが、元々は公有地なのですから、撤回は内在的制約の範囲内とされています。

もっとも、判決は、使用許可につき支払った対価を未だ償却していない場合や、使用許可に際し別段の定めがあるなど「特別の事情」がある範囲で、補償があり得ることを留保しています。

(最判昭和49年2月5日民集28巻1号1頁)

6　附款

（1）附款の意義

行政処分には、処分庁により、法令に定められていない内容の**附款**が付されることがあります。附款は、行政処分をする際に、法令の規定による画一的な処理を超えて柔軟な対応を可能にするための法的技術です。たとえば、法律上は許可をする・しないという二者択一であるところ、許可にさまざまな「条件」を付すことにより、きめ細かな法的対応が可能になります。

附款は、根拠法令上、行政処分に「**条件**」あるいは「**期限**」を付すことができる旨の規定があれば、その解釈の範囲内で付すことができます。また、このような規定がなくても、本体の行政処分に裁量が認められる範囲で、附款を付すことができると考えられます。

さらに、附款が許容されるとして、具体的な内容面でどのような附款をつけることができるか、解釈問題となります。行政処分を規定する法令の趣旨目的に含まれない内容の附款を付すことは、法令の趣旨に照らして違法と解されます。また、行政処分の相手方に対して、行政処分の趣旨目的との関係で過剰な規制・制約となる附款は、比例原則違反により違法です。

（2）附款の種類

附款は、学説上、①**条件**、②**期限**、③**負担**、④**撤回権の留保**、に分類されます。上述したように、実際の法令では「条件」や「期限」と呼ばれており、学説上の分類とは対応しないことに注意する必要があります。

①の**条件**とは、行政処分の効力の発生・消滅を、発生不確実な事実にかからしめる附款をいいます。効力の発生に関するものが停止条件、消滅に関するものが解除条件です。

②の**期限**とは、行政処分の効力の発生・消滅を、発生確実な事実にかからしめる附款をいいます。効力の発生に関するものが始期、消滅に関するものが終期です。

③の**負担**とは、行政処分をする際、相手方に法令に規定された義務以外の特定の義務を命ずる附款をいいます。例として、運転免許に付された眼鏡使用等

の限定や、道路占用許可に付された占用料の納付があります。

負担は、行政処分の効力とは別に課されるものですから、負担による義務を履行しなくても、行政処分の効力には影響しません。もっとも、負担を履行しないことを理由とする行政処分の撤回はできます。また、負担として課される義務が行政処分の本質的な内容と抵触するようなケースについては、附款の限界を超えると解釈すべきです。たとえば、デモ行進の許可申請に対して日時・場所を変更した上で許可した場合、負担付きの許可処分ではなく、申請の全部または一部を拒否する処分として扱うべきです。

④の**撤回権の留保**とは、行政処分の効力を事後的に撤回できることを明文で留保する附款をいいます。もっとも、撤回の可否は、本章5(3)で説明した解釈論によって決しますから、撤回権の留保は、確認的な意味を持つにとどまります。

第5章 行政手続

1 行政手続法の目的と対象

（1）行政手続法の目的

行政手続法（以下、本章では、条文の引用にあたり法律名を略します）は、適正手続の保障に基づいて、行政の意思決定過程に関する手続的規律を定めた一般法です。早速、同法の１条１項を読んでみましょう。

> **１条１項** この法律は、処分、行政指導及び届出に関する手続並びに命令等を定める手続に関し、共通する事項を定めることによって、①行政運営における公正の確保と透明性（行政上の意思決定について、その内容及び過程が国民にとって明らかであることをいう。……）の向上を図り、もって②国民の権利利益の保護に資することを目的とする。

同項は、行政手続法の目的として、①行政運営における公正の確保と透明性の向上、②国民の権利利益の保護、を定めます。

上記①は、同法が、行政の意思決定過程における不公正・不透明を克服する必要があるという立法事実に基づいて制定されたことを示します。

行政運営の公正とは、恣意的・独断的でなく、偏りのない正しい情報に基づいて行政決定がなされることを意味します。透明性の定義については、条文のかっこ書きのとおりですが、ここでの「国民」は、基本的に、行政手続法が規律する手続に利害関係をもつ者を指すと考えられます。

公正性と透明性は、通常、両立するはずです（透明性の向上は、公正性の確保につながります）。しかし、透明性を高めることが、不公正につながるケース（たとえば、処分基準を公表すると、基準に至らない違法行為を助長することが想定されます）や、処分の相手方の権利利益の侵害になるケース（たとえば、処分の事前手続の中で企業秘密が明かされることが想定されます）など、公正性と透明性が両立しないことがあり得ます。このようなケースで、公正性ないし透明性のどちらかを絶対視することはできず、②の法目的である国民の権利利益の保護の枠内にあることを踏まえて、両者の合理的なバランスを探ることが求められます。

条文では、2つの法目的を、「①、もって②」というかたちで規定します。ここから、②が行政手続法の究極の制度目的である、という立法者意思が読み取れます。そして、②にいう「国民」は、広く一般公衆を意味するのではなく、同法が定める個々の手続に直接関わりをもつ者を指します。同法の解釈では、これらの者の権利利益を手続的に保障するという制度趣旨が最も重要なポイントになります。

＊「国民」の概念

行政法において、「国民」とは、理論的な含意によりさまざまに用いられます。行政法の基本構造を意識する場合には、行政主体と対置される法主体として「国民」という表現が使われます(行政処分の定義にいう「国民」もこの用語法です)。行政手続法では、個々の事前手続において権利利益が保障されるべき主体として「国民」が想定されます。これとは異なり、情報公開法では、広く主権者たる「国民」が含意されています(⇒9章3(1))。

(2) 行政手続法の対象

先に掲げた行政手続法1条1項は、同法の規律対象が、①**処分**、②**行政指導**、③**届出**、④**命令等制定**、の4種類の行為形式であることを定めています(それぞれの定義は、2条に規定されています)。それ以外の行為形式(行政計画、行政調査、義務履行確保など)について、同法は、直接規律していません。

行政手続法は、上記のように、処分・行政指導・届出・命令等制定に関する一般法ですが、これら4種類の行為形式についても、他の法律に特別の定めがある場合は、その法律(特別法)の規定に規律されます(1条2項)。また、処分・行政指導・届出・命令等制定であっても、一定の類型について、行政手続法の全部または一部の適用が除外されます(3条・4条)。行政手続法の具体的な適用関係については、行政手続法の規定と、手続の対象となる行為に関わる個別法の規定の双方を精査する必要があります。

＊地方公共団体の行為と行政手続法

地方公共団体の行政手続については、国レベルの法律である行政手続法で規律する必要性が認められる一方で、「地方自治の本旨」に照らし、各地方公共団体の条例等によって独自に規律すべきという要請も働きます。行政手続法は、規律対象となる行為形式の種類と、その行為が国の法令を根拠とするか否かにより、この問題を整理しています。

地方公共団体の処分・届出については、各地方公共団体の条例・規則を根拠とする場合に行政手続法は適用されませんが、国の法令を根拠とする場合には同法が適用されます。行政指導・命令等制定については、地方公共団体の機関がする場合には、行政手続法の規定は適用されません。

地方公共団体について、行政手続法の適用対象外となる場合であっても、公正・透明な行政運営の必要性は変わりません。そこで、同法は、地方公共団体が、同法の趣旨にのっとり、行政運営における公正の確保と透明性の向上を図るため必要な措置を講ずるように努めることを規定します(46条)。これを受けて、地方公共団体は、それぞれ行政手続条例を定めており、行政手続法の対象外となる行為については、これらの行政手続条例によって規律されています。

（3）行政手続法と行政処分

行政手続法2条2号は、「処分」について、「行政庁の処分その他公権力の行使に当たる行為」と定義します。これは、行政不服審査法1条2項、行政事件訴訟法3条2項にみられる「処分」の定義と同一であり、学説上の「行政処分」ないし「行政行為」とほぼ重なると考えられます。その上で、行政手続法は、処分を①申請に対する処分、②不利益処分に区分して、それぞれの事前手続を定めています(なお、36条の3は、行政処分の事前救済手続としての申出制度を規定します⇒7章3(4)2、10章1(2))。

行政処分は、権力的な行為形式の典型であり、国民から見て手続的な規律が強く要請されます。以下、本章では、行政処分に関する行政手続法の規律内容について、説明します(行政指導については7章3(3)、命令等制定については3章4を参照)。

＊届出

行政手続法は、申請と異なる概念として、「**届出**」を定義しています(2条7号)。申請は、国民が行政庁に対して一定の応答を求めるものであり、国民には申請権が、行政庁には申請に対する応答義務が、それぞれ観念されます。これに対して、届出は、国民が行政庁に対して一定の事項を通知する行為であり、届出人に対する行政庁の応答(届出書の受理・不受理など)は観念されません。届出は、基本的に、国民から行政側に情報を伝える法的仕組み(行政情報を収集する手段⇒9章1)なのです。

行政手続法は、届出に関する手続として、届出は、法令に定められた形式上の要件に適合していれば、それが提出先の行政機関の事務所に到達したときに、当該届出をすべき手続上の義務が履行されたものとするという規定を置いています(37条)。届出は、国民の側が、形式上の不備なく届出をすればそれで手続は完了し、それ以上に行政側は介入できない(届出書の受理を留保したり、返戻したりできない)ことが法定されたのです。

2　申請に対する処分の手続

(1) 手続の基本構造

申請に対する処分の手続は、**申請⇒申請の審査⇒処分の決定**、という流れで進行します。国民が行政に対して許認可等の申請をした場合に、申請から決定に至る行政側の意思決定過程を公正・透明にし、法に従った迅速な手続により、申請者の権利利益を保護することを制度趣旨とします。

行政手続法は、申請に対する処分について、行政機関の行為義務として①**審査基準の設定・公表**(5条)、②**申請に対する審査・応答**(7条)、③**申請拒否処分における理由の提示**(8条)の3つを行為義務として課しています。行政側がこれらの行為義務を正しく履践しなければ、行政手続法違反という意味で違法と評価されます。これに加えて、同法は、④**標準処理期間**(6条)、⑤**情報の提供**(9条)、⑥**公聴会の開催**(10条)、⑦**共管事務の迅速処理**(11条)について、行政機関の努力義務を定めています。

（2）審査基準

審査基準とは、「申請により求められた許認可等をするかどうかをその法令の定めに従って判断するために必要とされる基準」です(2条8号ロ)。行政庁は、申請に対して判断するための審査基準を定め(5条1項)、行政上特別の支障があるときを除いて、申請の窓口に備え付ける等の方法で公にしておかなければなりません(同条3項)。また、審査基準は、許認可等の性質に照らしてできる限り具体的なものでなければなりません(同条2項)。審査基準を定め、これを公にすることにより、行政機関による恣意的・独断的な判断を防ぐことができるし、国民は行政決定につき予測可能性を得ることができます。

審査基準は、行政規則(裁量基準ないし解釈基準)に分類され、行政外部の国民との関係では法的効力をもちません。しかし、裁判所が行政処分の違法性を審査するにあたって、審査基準の合理性を手がかりとするケース(最判平成4年10月29日民集46巻7号1174頁)が見られますし、公にされた審査基準と異なる判断をする場合、行政機関の側はその合理的理由を提示しなければならないとする学説も有力です。審査基準は、それが合理的と解釈される限りで、行政機関の判断を拘束する効果を持ち、その限りで、国民に対しても外部効果を持つというべきでしょう。

なお、審査基準を「公に」するとは、申請者や一般国民からの問い合わせがあれば閲覧できる状態にすることを意味しており、行政側による積極的な周知まで要求するものではありません。

＊「公に」・「公表」・「公示」

行政手続法は、「公に(する)」、「公表」、「公示」、という言葉を使い分けています。「公に」するとは、知りたい者に対して秘密にしないという意味、すなわち、国民から求めがあれば閲覧できる状態にあることを意味しており、窓口への備付けなどの適当な方法が想定されます(5条、6条、12条)。これに対して、「公表」とは、インターネットや掲示板等を使って、行政側が積極的に周知を図ることを意味します(36条。行政指導指針の公表)。「公示」は、意見公募手続(39条以下)に関して用いられており、国民一般が知り得る状態にすることを意味するとともに、公示の方法についても法が規律しています(45条。

インターネット等の利用が定められています)。

(3) 申請に対する審査・応答

行政庁は、申請がその事務所に到達した場合、遅滞なく、審査を開始しなければなりません。また、申請が形式要件を満たしていない場合、速やかに、申請者に補正を求めるか、申請を拒否する処分をするか、どちらかの対応をしなければなりません(7条)。行政手続法は、**申請に対する審査・応答義務**を定めることにより、申請書の受付拒否・返戻や、申請に対する応答の留保が違法であることを明確にしています。

＊「直ちに」、「速やかに」、「遅滞なく」

法文上の用語として、「直ちに」が、最も時間的即時性が強いとされます。「速やかに」が、それに次ぎます。「遅滞なく」は、正当ないし合理的な遅滞は許されるという趣旨を含んでおり、前二者よりも時間的即時性が弱くなります。

(4) 理由の提示

行政庁は、申請により求められた許認可等を拒否する処分をする場合は、申請者に対し、同時に、その処分の**理由を提示**しなければなりません(8条1項本文。同条ただし書きに例外が規定されています)。処分を書面でするときは、理由の提示も書面によります(同条2項)。処分の理由とは、その処分が正しいことの事実・法令・裁量に照らした根拠を意味します。理由の提示には、①行政機関の判断の慎重と公正・妥当を担保して恣意を抑制する(公正妥当担保・恣意抑制機能)、②処分の相手方が行政不服申立て等により争う場合の便宜となる(争訟便宜機能)、という2つの機能があると考えられています。なお、申請を認容する処分について、理由の提示は要求されません。

理由の提示について、①提示される理由の内容・程度、②提示した理由の追完・差替えの可否、という論点があります。①について、判例は、いかなる事実関係につきいかなる法規を適用して申請拒否処分がされたかを、申請者においてその記載自体から了知しうるものでなければならない、とします(最判昭和60年1月22日民集39巻1号1頁)。原則として、単に処分の根拠となる条文を示すだけでは不十分であり、違法です。②については、理由の提示の機能に照らして、行政過程の中で、一度提示した理由を事後的に変更することは許されません(もっとも、裁判手続にまで進んだ場合には、処分理由の差替えが許されると解釈されます⇒12章3(3))。

判例　申請拒否処分の理由の提示

一般旅券の発給の申請に対して、外務大臣が、「旅券法13条1項5号に該当する」との理由を付して発給拒否処分をしたケースについて、最高裁は、理由付記が違法であるとして処分を取り消す判断をしました。判決は、理由付記の制度趣旨につき、「拒否事由の有無についての外務大臣の判断の慎重と公正妥当を担保してその恣意を抑制するとともに、拒否の理由を申請者に知らせることによつて、その不服申立てに便宜を与える趣旨」と述べた上で、この制度趣旨に鑑み、「一般旅券発給拒否通知書に付記すべき理由としては、いかなる事実関係に基づきいかなる法規を適用して一般旅券の発給が拒否されたかを、申請者においてその記載自体から了知しうるものでなければならず、単に発給拒否の根拠規定を示すだけでは、それによつて当該規定の適用の基礎となつた事実関係をも当然知りうるような場合を別として、……理由付記として十分でない」としています。

この判例は、行政手続法が制定される前の事案で、理由付記を規定する旅券法の制度趣旨から、付記すべき理由の内容につき解釈しています。現在では、一般法として行政手続法が存在しており、上記の判例は、行政手続法に基づく理由の提示についても妥当すると考えられます。

(最判昭和60年1月22日民集39巻1号1頁)

＊標準処理期間

行政庁は、申請が事務所に到達してから処分をするまでに通常要すべき標準的な期間を定めるよう努め、これを定めたときは、申請先の事務所での備付けその他の適当な方法により公にしておかなければなりません(6条)。標準処理期間の設定は行政庁の努力義務であり、設定しなくても違法とはなりませんが、標準処理期間があれば、申請人にとって処分を受けるまでの期間を予測できます。なお、標準処理期間は、あくまでも「目安」であり、これを徒過しても、その不作為が直ちに違法と評価されるわけではありません。

3　不利益処分の手続

（1）手続の基本構造

不利益処分の手続は、**名あて人への通知⇒名あて人からの反論⇒処分の決定**、という流れで進行します。不利益処分では、名あて人(相手方)の権利利益が侵害されますから、名あて人が反論を行い、自身の権利利益の手続的防御を尽くす必要があります。

行政手続法は、不利益処分の手続を、処分が名あて人に与える不利益の程度に応じて、①**聴聞**(以下「聴聞手続」といいます)、②**弁明の機会の付与**(以下「弁明手続」といいます)の2種類に分けて規定します。聴聞手続は、原則として口頭での審理が行われるなど名あて人の手続的保障が厚く、弁明手続は、原則として書面でやりとりをする略式の手続です。

（2）不利益処分に共通する手続

行政手続法は、不利益処分に共通する手続原則として、①**処分の通知**(15条・30条)、②**処分基準**(12条)、③**理由の提示**(14条)の3つを定めています。

処分の通知は、不利益処分の名あて人となるべき者に対して、予定される不利益処分の内容・根拠となる法令の条項、不利益処分の原因となる事実、聴聞手続の場合は聴聞の期日・場所等、弁明手続の場合は弁明書の提出先・提出期限等を、書面で通知することをいいます。処分の通知は、不利益処分の名あて人が手続的防御をするために不可欠の前提となるものであり、行政機関の行為義務として規定されています。

処分基準は、不利益処分をするかどうか・どのような不利益処分とするかについて、法令の定めに従って判断するために必要とされる基準、と定義されてます(2条8号ハ)。処分基準を定め、これを公にしておくことは、行政機関の努力義務とされています(12条1項)。不利益処分の場合、個別具体的判断が必要であらかじめ画一的基準を定めるのが難しいケース、処分基準があることにより限度ぎりぎりの違法行為を誘発するケースなどが想定されますから、合理的な理由により処分基準を策定していなくても違法ではありません。

処分基準は、審査基準と同様、行政の内部基準(行政規則)であり、行政外部への法的効果を持ちません。しかし、行政手続法が、不利益処分の名あて人の手続的保障を趣旨として処分基準を位置付け、設定されれば公にすべき旨も定めていることに照らすと、処分基準には一定の外部効果があるととらえるべきでしょう。

判例　処分基準と訴えの利益

風営法に基づいて40日間の営業停止処分を受けたパチンコ業者が、処分の取消訴訟を提起した事案において、営業停止期間が経過した後においても、過去に処分を受けたことを理由に将来の処分の量定を加重することを定めた処分基準の存在を理由として、当該処分の取消しを求める訴えの利益を認めた判例があります。処分基準には、過去3年以内に営業停止命令を受けた事業者に対してさらに営業停止命令を行う場合には量定を加重する旨が定められており、最高裁は、処分後3年の期間内について、取消訴訟を提起できると判断しました。

判決は、行政手続法12条1項による処分基準について、「単に行政庁の行政運営上の便宜のためにとどまらず、不利益処分に係る判断過程の公正と透明性を確保し、その相手方の権利利益の保護に資するために定められ公にされる」という制度趣旨を述べた上で、行政庁が処分基準の内容と異なる取扱いをした場合には、裁量権の行使における公正かつ平等な取扱いの要請や基準の内容に係る相手方の信頼の保護等の観点から、特段の事情がない限り、裁量権の逸脱・濫用に当たるとし、本件において、「行政庁の後行の処分における裁量権は当該処分基準に従って行使されるべきことがき束されており、先行の処分を受けた者が後行の処分の対象となるときは、上記特段の事情がない限り当該処分基準の定めにより所定の量定の加重がされることになる」と述べています。

行政手続法に基づく処分基準について、原則として行政庁の裁量権行使を縛る効果を持つことを示した判例として、注目されます。
（最判平成27年3月3日民集69巻2号143頁）

理由の提示は、行政庁の行為義務として定められていますが、「差し迫った必要がある場合」には免除されます(14条1項)。不利益処分を書面でするときは、理由の提示も書面によらなければならなりません(同条3項)。理由の提示の程度は、行政庁の判断の慎重・合理性を担保して恣意を抑制し、処分の名あて人に争訟に関して便宜を与えるという制度趣旨に照らして、十分な内容でなければなりません。不利益処分の名あて人が、どのような事実関係に基づきいかなる法令が適用されて不利益処分を受けるか、具体的に理解できるだけの理由が提示される必要があります。なお、処分基準が定められ公にされている場合には、処分基準の適用関係まで含めて不利益処分の理由が提示されることが必要です。

判例 処分基準と理由の提示

ある一級建築士が、建築物の設計において耐震偽装を行ったとして免許取消処分等を受け、これを取消訴訟で争ったケースがあります。建築士に対する行政処分についいは、詳細な処分基準が公にされていたのですが、耐震偽装については想定されておらず、免許取消処分に付された理由には処分基準の適用関係が十分に提示されず、最高裁は、このことをもって、行政手続法14条1項に違反するとして処分を取り消しました。

判決は、行政手続法14条1項の定める理由の提示について、「行政庁の判断の慎重と合理性を担保してその恣意を抑制するとともに、処分の理由を名宛人に知らせて不服の申立てに便宜を与える趣旨」であるとした上で、提示される理由の程度は、当該処分の根拠法令の規定内容、処分基準の存否・内容、処分基準の公表の有無、当該処分の性質・内容、当該処分の原因となる事実関係の内容等を総合考慮してこれを決定すべきとしました。そして、本件の処分基準は、意見公募手続など手厚い手続を経た上で定められ公にされており、その内容は複雑であるから、「処分の原因となる事実及び処分の根拠法条に加えて、本件処分基準の適用関係が示されなければ、処分の名宛人において、……いかなる理由に基づいてどのような処分基準の適用によって当該処分が選択されたのかを知ることは困難である」と指摘しています。

行政手続法に基づく処分基準が定められている場合、処分基準の内容は、不利益処分の理由の提示と連動することにより、不利益処分の名あて方の手続的保護という点で重要な役割を果たすことが示唆されます。

（最判平成23年6月7日民集65巻4号2081頁）

（3）聴聞手続と弁明手続の振り分け

聴聞手続と弁明手続は、次のように振り分けられます。

聴聞手続をとる必要があるのは、①許認可等を取り消す不利益処分、②名あて人の資格・地位を直接に剝奪する不利益処分、③法人に対しその役員・従業員・会員の解任・除名を命ずる不利益処分です(13条1号イ～ハ)。名あて人に対する不利益の程度が大きな不利益処分をしようとする場合に、聴聞手続が要求されます。上記以外の場合であっても、行政庁が相当と認める場合には、聴聞手続によります(同号ニ)。なお、上記の振り分けにかかわらず、個別法により聴聞手続をとることが規定される例があります。

上記に該当しない不利益処分については、**弁明手続**となります。たとえば、営業停止命令は、営業することのできる地位を剝奪するものではありませんから、弁明手続によります。

（4）聴聞手続

聴聞手続の基本的な流れは、**予定される処分の通知⇒主宰者の下での聴聞(審理)⇒行政庁による決定**、というものです。**主宰者**とは、聴聞手続を主宰する行政庁の指名する職員(政令で定める者の場合もある)であり(19条1項)、行政庁と処分の名あて人(当事者)のあいだに立って、口頭審理を中心とする手続を進める役割を担います。主宰者について、一定の除斥事由があるものの(同条2項)、第三者たる特別の職ではなく、職能分離の仕組みはありません。

聴聞手続は、行政庁から処分の名あて人となるべき者への**通知**により始まります(15条1項)。通知において、行政庁は、相手方の手続上の権利として、聴聞期日における口頭意見陳述権、証拠書類等提出権、文書閲覧請求権があることを教示しなければなりません(同条2項)。通知は、聴聞手続において当事者が十分な手続的防御を準備するために、重要な意味を持っています。

聴聞手続の方式は、**口頭審理**により、原則として非公開ですが、行政庁の裁量判断によって公開とすることもできます(20条6項)。聴聞手続には、利害関係をもつ第三者が**参加人**として関与する仕組みがあります(17条1項。主宰者が参加につき判断します)。当事者・参加人は、聴聞期日に出頭して意見を述べ、証拠書類等を提出できるほか、主宰者の許可を得て行政庁の職員に**質問**することができます(20条2項)。また、当事者・自己の利益を害される参加人は、行政庁に対して、処分の原因についての**文書の閲覧を請求**することができます(**文書閲覧請求権**。18条1項)。当事者・参加人は、主宰者の許可を得て、**補佐人**(当事者・参加人を援助する者)とともに出頭することができます(20条3項)。

聴聞の審理が終わると、主宰者は、**聴聞調書**(各期日ごとの審理経過を記載するもの)と**報告書**(聴聞終結後に主宰者の意見を記載するもの)を作成します。報告書には、処分原因たる事実に対する当事者等の主張に理由があるかどうかについて、主宰者の見解が記載されます。不利益処分をする場合、行政庁は、聴聞調書の内容と、報告書に記載された主宰者の意見を、「十分に参酌」しなければなりません(26条)。「十分に参酌」とは、主宰者による事実認定に従った判断をするという趣旨であり、聴聞手続で取りあげられていない事実に基づいて処分をすることはできないと考えられます。

(5)弁明手続

弁明手続の基本的な流れは、**名あて人となるべき者への通知⇒名あて人となるべき者からの弁明書・証拠書類等の提出⇒行政庁による決定**、というものです。弁明手続は、不利益処分に関する略式の手続であり、書面審査を原則とします(**書面審理主義**)が、行政庁が認めれば口頭で弁明をすることができます。

弁明手続には、主宰者の制度がなく、相手方の文書閲覧請求権・口頭意見陳述権、参加人に関する規定もありません。

4　行政手続の瑕疵と行政処分の効力

（1）行政手続による行政処分の統制

ここまで見てきたように、行政処分の事前手続について、一般法である行政手続法を始めとするさまざまな法的規律が仕組まれています。ある行政処分において法令上要求される事前手続が正しく履践されていなければ、その行政処分には手続上の瑕疵があることになります。行政手続法を始めとする手続的規律は、行政処分を法的に統制するための道具として重要な機能を果たします。

他方、行政処分の手続上の瑕疵が直ちにその行政処分の取消事由となるか、すなわち、その行政処分を裁判所で争った場合に取消判決を得ることができるか、という点には、議論の余地があります。事前手続に瑕疵があるけれども、結果としてなされた行政処分それ自体が実体的に正しい場合は、手続的瑕疵により行政処分を取り消しても、事前手続をやり直せば同じ内容の行政処分が再度なされて紛争の解決につながらない、という問題があるからです。

この問題は、①行政手続それ自体が行政処分の法的統制の道具としての意義を持つという考え方、②行政手続は実体的に正しい行政処分を担保する手段に過ぎないという考え方のどちらに依拠するかによって、結論が変わります。①を重視すれば、行政手続が正しく履践されて初めて適法な行政処分が成り立つ、あるいは、国民には正しい行政手続が履践される手続的権利が保障されると解し、事前手続の瑕疵は直ちに行政処分の取消事由となるとの結論に至ります。②を重視すれば、行政処分が実体的に正しい以上、事前手続の瑕疵を理由に行政処分を取り消す必要はないとの結論になるでしょう。

（2）行政手続法制定前の判例

行政手続法制定前、判例は、瑕疵のある事前手続をやり直すことにより、行政庁の実体判断に影響を与える（行政処分の内容が変わる）可能性が認定できる場合にのみ、事前手続の瑕疵が行政処分の取消事由になるという解釈を示していました（最判昭和46年10月28日民集25巻7号1037頁、最判昭和50年5月29日民集29巻5号662頁）。

しかし、最高裁も、理由の提示に瑕疵のある行政処分については、直ちにこれを違法として取り消すという法理を確立していました(最判昭和38年5月31日民集17巻4号617頁、最判昭和60年1月22日民集39巻1号1頁)。判例は、行政処分に理由の提示が求められる趣旨について、①行政判断の慎重合理性担保・恣意抑制機能、②相手方の争訟便宜機能としており、この2つの制度趣旨に照らして、理由の提示に瑕疵があれば直ちに取り消す必要があるとしたのです。事前手続に瑕疵があっても内容さえ正しければ取消事由にならないと解釈したのでは、事前手続の制度的趣旨・目的を果たすことはできません。

さらに、一部の裁判例は、理由の提示以外の手続的瑕疵についても、事前手続が要求される趣旨・目的に反すると評価される場合に、直ちに行政処分の取消事由とする判断を示していました。

(3)行政手続法制定後の解釈論

行政手続法は、行政処分の手続について、さまざまな法的規律を整えました。同法の定める手続に瑕疵があった場合に、原則として当該行政処分の取消事由(ないし無効事由)を構成すると解釈できなければ、同法による規律の意義は大きく低下してしまいます。行政側から見て、手続さえやり直せば同じ内容の行政処分を打ち直せるということでは、手続を公正・透明にしようとするインセンティヴは減殺されるからです。

ゆえに、少なくとも、行政手続法の定める重要な手続についての不備・欠如は、当該行政処分の実体判断としての適否を問題とすることなく、取消事由として扱うべきと考えられます。裁判例にも、行政手続法の定める審査基準の公表(5条3項)および理由の提示(8条1項)の違反が問われた事案について、「行政手続法の規定する重要な手続を履践しないで行われた処分は、当該申請が不適法なものであることが一見して明白であるなどの特段の事情がある場合を除き、行政手続法に違反した違法な処分として取消しを免れない」としたものがあります(東京高判平成13年6月14日判時1757号51頁)。

それでは、「重要な手続」はどのように判別されるのでしょうか。行政手続法が行政庁の行為義務として課している手続、あるいは、国民の手続上の権利として保障する手続については、そこに瑕疵があれば、行政処分を取り消した上で改めて手続を履践し直すことが必要と考えられます。処分の通知、理由の提示、審査基準の設定・公表などはこれに当たるでしょう。また、不利益処分における聴聞手続・弁明手続において、名あて人の手続上の権利に係わる部分についても、同様と考えられます。これらの手続の瑕疵は、原則として、当該行政処分の取消事由になると解すべきです。

いずれにしても、行政手続法をはじめとする手続的規律は、行政処分の法的統制のツールとして有効に機能するように解釈する必要があります。

第6章　行政裁量

1　行政裁量の概念

（1）行政裁量の意義

行政裁量とは、法律(法律以外の行為規範まで含める場合もあります)の範囲内で行政機関に与えられた判断の余地を意味します。行政活動は法律により規律されますが(法律による行政)、多くの場合、法律は、行政機関に判断の余地を与え、一定の行動の自由を認めているのです。

たとえば、「①○○大臣は、②公益につき著しい支障があると認めるときは、③許可を取り消すことができる」という条文を仮定します。下線①の行政機関は、下線②に定める行為要件(処分要件)がみたされていると判断すれば、下線③に示された行為内容(行政処分)をすることができます。この場合、何が「公益」か、何が「著しい支障」か、条文のみから結論を導くことはできません。また、下線②の要件をみたしているとして、下線③では、必ず許可を取り消すとは書かれておらず、許可を取り消すか否かは○○大臣が判断することになります。上記の場合、立法者は、行為要件・行為内容の双方について、○○大臣が自ら判断し決定する余地を認めた(授権した)ものと解釈できます。

行政活動について事前に全て法律に規定しておくことは不可能であるばかりか、現実の必要に応じた適切な行政活動ができないという弊害が生じます。法律による行政といっても、行政活動を法律の機械的執行ととらえることには無理があります。行政裁量の存在を認めた上で、これを適切にコントロールする法的技術が必要なのです。

行政裁量は、行政処分に限らず、行政基準、行政契約、行政指導、行政計画などあらゆる行為形式で問題になります。しかし、行政処分の裁量は、従来から議論の中心であり、行政処分の法的規律・法的統制を高めるために不可欠の論点です。そこで、本章は、もっぱら行政処分に関する行政裁量を取り上げて、考察を加えます。

（2）対立法裁量と対司法裁量

行政裁量は、法律(立法者)が、その執行者である行政機関に対し、独自の判断の余地を認めた場合に生じる法的現象です。この意味で、行政裁量は、立法権と行政権の機能分担の問題です。他方、行政裁量が認められ、その範囲内で行政機関による自由な法解釈が許されるということは、裁量に関する司法審査が一部制約されることを意味します。すなわち、法律によって許容された裁量権の範囲内なら、行政機関の法的判断(事実認定と法の解釈)について、裁判所が改めて法律との適合性(適法・違法)をチェックすることが完全なかたちではできなくなるのです。

行政処分に裁量が広く認められれば、その行政処分について裁判所が適法・違法の審査をする範囲は狭くなり、逆に、行政処分の裁量が狭いと解釈されれば、その行政処分に関する司法審査の密度はより深まります。行政裁量の問題は、司法裁判所による行政処分の法的統制という点で、極めて重要な位置を占めます。本書では、行政裁量の問題を、もっぱら対司法裁量という観点から扱うこととします。

＊行政裁量(対司法裁量)の広狭

行政裁量の広さ・狭さは、司法審査の密度が高ければ行政裁量は狭く、司法審査の密度が低ければ行政裁量は広い、という逆比例の関係にあります。行政裁量が広いということは、対司法との関係で、司法審査が強く制約されることを意味しますから、これは当然の帰結です。

それでは、行政裁量の広狭(すなわち司法審査密度の程度)は、どのように判定されるのでしょうか？

第1の手がかりは、行政処分の根拠規定の文言(規定ぶり)です。上記(1)で例示したように、行為要件(処分要件)の規定ぶりが、抽象的・概括的で、かつ、行政機関による判断の余地(政治的政策的判断・専門技術的判断など)が認められれば、そこに裁量が認められます。また、行為内容の規定ぶりが、「……することができる」のように裁量判断を許すのであれば、裁量が一定程度広く認められます。逆に、行為要件が事実認定により一義的・客観的に判定できる規定ぶりである、あるいは、行為内容が「……しなければならない」、「……するものとする」など裁量を縛る規定ぶりであれば、裁量は狭いと解釈できます。

第2の手がかりは、行政処分が、国民の権利利益を侵害する性質であるか否かです。行政処分が国民の権利利益を侵害する(自由と財産を制約する)性質であれば、司法審査の密度が一定のレベルで確保される必要があり、裁量は狭いと解釈できます。逆に、行政処分が国民に権利利益を与える性質(学説上の「特許」が典型です)であれば、裁量は広いと解釈できます。

行政裁量の広狭は、上記2つの視点を総合的に考慮して判定することになります。いずれにしても、この問題は行政裁量に対する司法審査の密度の裏返しですから、理解を深めるためには、本章で後述する判例をしっかりと理解する必要があります。

(3)「適法・違法」と「当・不当」

ある行政処分が、法令(ないし法の一般原則)に適合しているか否かは、「**適法・違法**」の問題です。もちろん、法令に適合する行政処分は「適法」です。行政裁量の範囲内にあれば、その行政処分は「適法」であり、裁判所により取り消されることはありません。

しかし、ある行政処分に行政裁量が認められていても、裁量権の行使に逸脱・濫用があれば、その行政処分は「違法」として取り消されます(行政事件訴訟法30条)。裁判所は、**裁量権の逸脱**(裁量権の行使が客観的に見て裁量権の限界をこえる場合)・**濫用**(裁量権の行使が法の定める目的とは異なる不当な動機・目的で行われた場合)があれば、そしてその限度で、司法審査を及ぼすのです。行政裁量につき司法審査が及ばないのではなく、司法審査の方法について、裁量権行使の逸脱・濫用の有無という特別な技術が用いられるのです。

他方、行政裁量の範囲内であっても、行政機関がその案件の処理として最も適切で合理的な判断をしたか、問題になります。行政機関には、個別案件処理において、公益目的に照らして最善の判断をすること(合目的性)が要請され、公益目的に適合していなければ「不当」の瑕疵があると評価されます。これが、「**当・不当**」の問題です。裁判所は、適法・違法の審査のみを行い、行政処分の「当・不当」に踏み込んだ審査を行うことはできません。行政処分の「不当」は、行政庁による職権取消し、あるいは、審査請求の裁決など、行政機関によって正されるべき事項となります。

2　行政裁量の構造

（1）要件裁量と効果裁量

行政処分には必ず根拠法令が存在し、行政庁は、法令を解釈・適用して行政処分を行います。そのプロセスは、**①事実の認定⇒②処分要件へのあてはめ⇒③手続の選択⇒④処分内容の決定⇒⑤処分をする時の選択**、という5段階に分析できます。さらに、②の段階は、法令の定める処分要件の解釈⇒認定事実の処分要件へのあてはめ、④の段階は、どの処分をするかの選択⇒その処分をする・しないの選択、と分析されます。このプロセスの各段階について、行政裁量の有無・性質を論じることができます。

上記①〜⑤のうち、①の事実認定については、そもそも行政裁量を観念できるかについて議論があります(事実認定は裁判所の審査が完全なかたちで及ぶため、対司法の裁量は観念できないという考え方が有力です)。したがって、通常は、②〜⑤について、行政裁量が論じられます。

たとえば、国家公務員Aが酒気帯び運転をしたため、これを懲戒処分とするプロセスを考えてみましょう。懲戒権者は、まず、酒気帯び運転の事実の有無を調査して、事実を認定します(この段階で、行政裁量は認められず、司法審査が完全なかたちで及びます)。次に、認定した事実が、国家公務員法82条1項3号の定める処分要件(「国民全体の奉仕者たるにふさわしくない非行」)に該当するか、判断することになります。この段階で、法令上の要件の解釈・あてはめに関する**要件裁量**が問題となり得ます。懲戒権者は、処分要件にあたると判断すると、次は、Aに対してどのような手続を行うか、決定する必要があります。公務員の懲戒処分については行政手続法の適用除外であり、Aの言い分をどのように聴取するか等の部分で、**手続裁量**が問題となります。その上で、懲戒権者は、法定された処分(免職・停職・減給・戒告)のどの量定とするか、処分を実際にするか・しないかについて、決定をします。この段階で問題となるのが、**効果裁量**です。最後に、懲戒処分をいつするか、という**時の裁量**が問題になります。

（2）要件裁量の肯定

法令上の処分要件が抽象的・概括的なものであれば、常に要件裁量が広く認められると考えがちです。しかし、要件裁量を認めるということは、行政機関が法令の定める要件に事実をあてはめる解釈操作について、裁判所によるチェックが及ばない(行政庁の判断が優先される)ことを意味します。要件裁量を安易に認めてしまうと、事実認定と法の解釈によって紛争解決を図るという裁判所の機能が大きく失われ、行政処分について裁判所がチェックをする範囲が極端に狭くなってしまいます。

そこで、判例では、要件裁量を認めるとしても、行政機関による処分要件の解釈・適用について、①**政治的・政策的判断**、あるいは、②**専門技術的判断**が要請される場合に限られる、という解釈が採られています。

政治的・政策的判断が必要という理由付けにより要件裁量が肯定された判例として、マクリーン事件が知られています(最判昭和53年10月4日民集32巻7号1223頁)。この判決では、日本に在留する外国人による在留期間更新申請を不許可とした法務大臣の処分について、根拠法令の許可要件である「在留期間の更新を適当と認めるに足りる相当の理由」の該当性が争点となりました。最高裁は、外国人には憲法上在留の権利は保障されないという解釈を前提に、上記の許可要件の有無の判断について、法務大臣の要件裁量を肯定します。そして、法務大臣に広い裁量が認められる理由として、政治的・政策的内容を含む幅広い事情を総合的に考慮する必要性を指摘しています。行政処分による権利侵害という要素が小さい一方、政治的・政策的な行政判断が司法審査になじまないことから、広い要件裁量が認められたのです。

専門技術的判断が必要という理由付けにより要件裁量が肯定された判例としては、原子炉設置許可処分の違法性が争われた伊方原発訴訟があります(最判平成4年10月29日民集46巻7号1174頁)。原子炉等規制法は、許可要件について、原子炉設置者が「技術的能力を有する」か、原子炉施設の位置・構造・設備が「災害の防止上支障がない」か、という要件を定めていました。判例は、これらの許可要件に適合するという行政庁の判断について、①多方面にわたる極めて高度な最新の科学的、専門技術的知見に基づく総合的判断が必要であること、②各専門分野の学識経験者等を擁する原子力委員会の意見を尊重して行う仕組みになっていることを指摘し、専門技術的裁量を認めています。

＊専門技術的かつ政策的な裁量

最高裁は、行政基準や行政計画を策定する行政判断について、専門技術的要素と政策的要素の両方を指摘して、広い裁量(要件裁量)を認めることがあります。たとえば、都市計画における都市施設の規模・配置等の決定について、「当該都市施設に関する諸般の事情を総合的に考慮した上で、政策的、技術的な見地から判断することが不可欠である」として広い行政裁量を認めた判例(最判平成18年11月2日民集60巻9号3249頁)、生活保護法の定める「最低限度の生活」という要件を具体化する保護基準の改定について、厚生労働大臣による「専門技術的かつ政策的な見地からの裁量権が認められる」とした判例(最判平成24年2月28日民集66巻3号1240頁)があります。

近時、自衛隊基地における自衛隊機の運航差止訴訟において、防衛大臣が自衛隊機の運航を統括する権限の行使につき高度の政策的、専門技術的な判断を要する広汎な裁量を認めた判例(最判平成28年12月8日民集70巻8号1833頁)も現れました。最高裁は、防衛大臣による裁量権行使を適法としていますが、基地周辺住民の健康という重要な法益を侵害するものであるだけに、裁量の司法審査においては十分にバランスのとれた認定判断が求められるでしょう。

(3) 効果裁量と比例原則

効果裁量が認められる典型は、行政処分の根拠規定において、①処分要件を満たした場合になされる処分の幅・選択肢が示される、②処分要件を満たした場合に処分を「することができる」という規定ぶりとなる場合です。たとえば、国家公務員法82条1項は、「職員が、次の各号のいずれかに該当する場合においては、これに対し懲戒処分として、免職、停職、減給又は戒告の処分をすることができる」と定めます。判例は、法律で禁止された争議行為をしたため懲戒免職処分に付された国家公務員が免職は重すぎるとして争った事例において、「公務員につき……法に定められた懲戒事由がある場合に、懲戒処分を行うかどうか、懲戒処分を行うときにいかなる処分を選ぶかは、懲戒権者の裁量に任されている」として、効果裁量を認めています(最判昭和52年12月20日民集31巻7号1101頁)。

効果裁量について、法の一般原則である**比例原則**によってどの程度規律されるか、問題になります。比例原則は、行政処分について、その目的・必要性と手段・侵害の程度のバランス(比例関係)を要求します(憲法13条に基づく憲法原理という解釈もできます)。効果裁量が認められるとしても、比例原則による縛りがかかれば、裁判所による統制が強くなり、審査密度も高まります。この点について、上記の判例は、公務員の懲戒処分に関する効果裁量について、「社会観念上著しく妥当を欠き、裁量権を濫用したと認められる場合に限り違法」と述べています。原告側は、単に社会観念上妥当を欠くのでは足りず、それが著しいものと主張立証できなければ、勝訴できません。判例は、効果裁量を認めた場合に、比例原則による規律を弱め、「著しい」程度に至らないと統制しないという法理(著しさの統制)を示しました。行政裁量により、司法審査が制約される例と言えるでしょう。

近時、最高裁は、地方公務員の懲戒処分(減給処分)について、比例原則による効果裁量の統制を行い、「処分の選択が重きに失する」として違法とする判断を示しました。上記「著しさの統制」という判断枠組みは維持しつつ、司法統制の密度が高められています。以下、紹介しておきます。

判例　教職員国旗国歌訴訟

最高裁は、公立学校の教職員に対し、学校の式典で国旗に向かって起立して国歌を斉唱すること等を命じた学校長の職務命令に従わなかったことを理由とする減給処分について、「処分の選択が重きに失するものとして社会観念上著しく妥当を欠」いており、懲戒権者としての裁量権の範囲を超え違法と判断しました。判決では、効果裁量について、社会観念上著しく妥当を欠くかという裁量権逸脱・濫用審査の基準が掲げられていますが、加えて、懲戒処分の必要性を基礎付ける事情と、懲戒処分につき慎重な考慮の必要性を基礎付ける事情とを具体的に示した上で、両者のバランスを考量するという審査手法によって、司法審査の密度が高められています。

判決は、思想・良心の自由を間接的に制約する内容の職務命令への違反を理由とする懲戒処分について、比例原則をあてはめやすいかたちに具体化することにより、裁判所のチェック機能を強めています。国民の重要な権利の制約が問題となる紛争において、裁量統制の密度を高めた判例として、注目されます。(最判平成24年1月16日判時2147号127頁)

(4) 規制権限の発動(する・しない)の裁量

伝統的な行政法学では、行政機関に規制権限が与えられている場合、権限を発動する法定要件を満たしていても、その権限を発動する・しないについては行政裁量(効果裁量)が認められると考えられてきました。規制権限を発動しないことは、規制される側(国民)の自由を制約しないことを意味し、行政側の裁量判断に委ねても法的問題は少ないとされていたからです。

しかし、現代社会では、行政機関による権限の不行使により、国民の権利利益が侵害されることがむしろ普通になっています。行政による規制について、規制をする側とされる側という単純な二面関係ではなく、行政規制によりメリットを受ける者を含めた三面関係・多面関係としてとらえる必要性が増しているのです。その反映として、行政機関の規制権限の行使・不行使に関する法的統制、とりわけ、規制権限不行使における裁量統制が重要なテーマとなっています。たとえば、行政当局がアスベストを扱う工場内部の労働環境について十分な規制を行わなかったために従業員に重い疾病が生じてしまったケースなど、行政による規制権限の不行使について、事後的に裁判所による統制が求められる事例が生じています(最判平成26年10月9日民集68巻8号799頁)。

今日、行政機関の「する・しない」の裁量は、法が規制権限を与えた趣旨・目的から、誰のどのような法的利益を守ろうとしているかを正しくとらえ、適時・適切な権限行使を行うよう縛りをかけられていると解釈されるべきでしょう。効果裁量に縛りをかける比例原則についても、規制目的との関係で、**過小規制の禁止**が強調されるようになっています。

＊時の裁量

行政裁量の中で、行政処分をいつ行うのかという**時の裁量**とその司法統制が論じられることがあります。たとえば、マンション建築を巡って建築業者と住民の間で紛争が生じている場面で、業者側が工事用大型車両の通行に関する特殊車両通行認定(車両制限令 12 条)を申請したのに対して、地元自治体側が 5 か月以上にわたって認定処分を留保したという事案について、「行政裁量の行使として許容される」とした判例があります(最判昭和 57 年 4 月 23 日民集 36 巻 4 号 727 頁)。最高裁は、認定の留保について、住民と業者の実力による衝突の危険を回避するという理由によること、留保期間も 5 か月であることから、「時の裁量」の範囲内としたものと考えられます。

3　行政裁量の司法審査

（１）司法審査の方法

行政機関は、法律を解釈・適用して行政処分をするプロセスの各段階において、濃淡はありますが、何らかの裁量権行使を認められるのが通常です。他方で、行政機関による裁量権行使は、法の枠内で許されるのですから、裁判所による統制の対象となります。そして、行政事件訴訟法 30 条は、裁量処分について、裁量権の逸脱・濫用があった場合に限り、裁判所により取り消すことができる、と定めています。以上から、行政裁量に対する司法審査は、裁判所が行政機関に代わって法的判断を改めてやり直す方法(判断代置手法)は採られないものの、行政機関の裁量権行使がなされたことを前提に、裁判所によってその逸脱・濫用の有無をチェックする方法によることとなります。

＊裁判所による裁量統制

行政裁量の司法審査では、①全く事実の基礎を欠くか、または、②社会通念に照らし著しく妥当性を欠く場合に、裁量権の逸脱・濫用を認める、という判断基準が用いられます。

下線①の基準は、裁量権行使の前提となる行政調査が恣意的に行われ、根拠のない事実に基づいて行政決定がなされた場合などで適用されます(東京高判平成 17 年 10 月 20 日判時 1914 号 43 頁)。

下線②の基準は、著しくという上乗せもあり、この基準のみをあてはめても裁量権の逸脱・濫用を認定することは難しく、裁判所が行政判断を追認する

「枕詞」に過ぎないと思えるケースが多く見られます。②の基準を用いても、行政裁量に対する司法審査の密度は低いままであり、「最低限度の審査」などとも呼ばれます。そこで、②の基準の下によりあてはめやすい下位基準(他事考慮・考慮不尽・評価の過誤)を設け、これらの下位基準を用いて行政裁量に対する司法審査の密度を高める工夫が行われています((3)1 で後述します)。

判例・学説は、裁判所による裁量統制について、どのような場合に裁量権の逸脱・濫用を認定できるかを類型化し、判断基準を具体化するよう努めてきました。その結果、行政機関による裁量権行使の結果に着目して、実体法的な観点から違法の有無を審査するための基準が抽出されています(⇒(2))。

これらに加えて、判例は、行政機関が意思決定に至る過程(判断過程)の合理性に着目し、そこで考慮された要素(考慮要素)が適切か、行政機関の意思決定過程をトレースすることにより裁量統制を行う手法(判断過程審査、追試的統制手法などと呼ばれます)を発達させました。さらに、判断過程審査手法は、「社会通念に照らし著しく妥当性を欠く」という基準の下位基準(他事考慮・考慮不尽・評価の過誤)と融合し、司法裁判所による裁量統制の密度を高めるものとして、現在の判例で多く用いられています(⇒(3))。

(2) 司法審査の基準

1 事実誤認

行政処分は、正しい事実認定を前提として行われなければなりません。したがって、裁量判断の前提となる事実に誤りがあれば、裁量権行使は違法となります。判例も、行政機関が「全く事実の基礎を欠く」判断をした場合について、裁量権の逸脱・濫用となるという基準を提示しています。

2 目的違反・動機違反

行政処分が、その根拠となる法律の趣旨・目的とは異なる目的や動機によってなされた場合に、その行政処分は違法とされます(**目的違反・動機違反**)。この法理により、裁量権の根拠となる法律の趣旨・目的を逸脱した場合には、裁量権の行使も違法と判断されます。判例には、裁量処分が「恣意にわたることを得ない」という統制基準を述べたものがありますが(最判昭和52年12月20日民集31巻7号1101頁)、同じ趣旨と考えられます。

判例　個室付浴場事件

風俗営業である個室付浴場の開業を阻止するため、地元の県・町が連携して、個室付浴場に近接する場所に児童遊園施設を開設したことを違法とした判例があります。児童遊園施設から200mの範囲内では個室付浴場の営業が禁止されるため、開業に先んじて、町が町有地を児童遊園施設にすべく県知事に申請をし、知事は児童遊園施設の設置を認可しました。このため、開業した個室付浴場の経営者は、風営法違反により刑事起訴されます。これに対し、最高裁は、個室付浴場の営業の規制を主たる動機・目的とする申請を容れた認可処分は、行政権の濫用に相当する違法性があり、個室付浴場の営業を規制する効力がないとして、無罪とする判断を示しています。
(最判昭和53年6月16日刑集32巻4号605頁)

3　平等原則違反

平等原則違反も、司法裁判所が行政裁量を統制する道具となります。行政機関による裁量権の行使であっても、合理的な理由なしに差別的な取扱いをすることは、裁判所により違法と判断されます。また、行政機関が、あらかじめ裁量基準(行政手続法上の審査基準・処分基準など)を策定している場合に、特定の者に合理的な理由なく裁量基準と異なる行政処分をすれば、平等原則違反が問題になります。

4　比例原則違反

比例原則違反は、さまざまな局面で、行政裁量の司法審査の道具となります。行政機関に裁量権が認められた趣旨・目的と、裁量権を行使した結果生じる効果(行政処分の相手方に生じる不利益など)に着目して、全体として合理的と評価できるかという比例原則は、司法統制における基本的な視座のひとつとなっています。

5　その他の基準

上記 ***1〜4*** 以外でも、行政法において法源性のある「法の一般原則」は、裁量処分に対する司法統制の道具となります。たとえば、裁量処分であっても、その処分がなされた事実関係に**信義則違反**が認められれば違法と評価されます(最判平成 8 年 7 月 2 日判時 1578 号 51 頁)。また、行政裁量が認められる場合であっても、国民の権利・自由を不当に侵害することは許されませんから、「**基本的人権の尊重**」もまた、裁量統制の基準ということができます。このことは、国民の重要な人権を侵害・規制する行政処分について、司法裁判所による密度の高い裁量審査が求められるというかたちでも示されています。

(3) 判断過程審査

1　実体的審査と判断過程審査

(2)に掲げた司法審査の基準は、行政機関による裁量判断の結果をとらえ、それが違法であるかチェックする場面で用いられます。これとは異なり、裁判所が、行政機関の意思形成過程に着目し、その合理性という観点から裁量統制を行う審査手法(**判断過程審査**)も見られます。現在の判例では、この判断過程審査が、スタンダードな裁量審査の手法となるに至っています。

行政機関は、裁量権を行使する際、法により授権された枠内で、さまざまな具体的な要素・価値を総合的に考量して一定の判断を下しています。判断過程審査は、このことに着目し、行政機関が意思決定をする過程で、①考慮すべきでない事項を過大に考慮していないか(**他事考慮**)、②当然考慮すべき事項を十分に考慮していないのではないか(**考慮不尽**)、③考慮した事項に対する評価が誤っていないか(**評価の過誤**)、という判断基準を用いることによって、意思決定過程の合理性の有無をチェックしようとする解釈方法です。行政機関が裁量権を行使する判断過程について、判断要素・考慮要素をどのように選択したか、それらの要素を合理的に検討したかという観点からチェックすることにより、行政裁量に関する司法統制の密度を高める試みといえます。

上記①②③の基準は、判例上、「**社会通念に照らし著しく妥当性を欠く**」か否かという判断基準を具体的にあてはめるための下位規範として用いられます。「社会通念に照らし著しく妥当性を欠く」という基準を裸であてはめると、文字通りの「最低限度の審査」となり、司法統制の密度は低くなってしまいますが、判断過程統制のツールである①②③を用いて意思決定過程の合理性を細密にチェックすることにより、司法審査の密度を高めることができます。

【判例】 行政財産の目的外使用不許可処分と裁量

教職員組合が「教育研修集会」を開催するため、公立中学校の使用許可を求める申請をしたところ、教育委員会が不許可としました。不許可処分の理由は、集会に反対する街宣車等の妨害活動により、学校・地域を混乱させ、生徒に教育上悪影響を与えるおそれがある等です。

この不許可処分の取消しが争われた事件で、最高裁は、行政財産である学校施設の目的外使用許可をする・しないにつき行政裁量を認めた上で、①従前は同種の集会につき学校施設の使用が許可されていた、②妨害活動の具体的動きはなく、集会は土日開催であり生徒の登校は予定されていない、③集会により教育上の悪影響が生じるとは評価できない、④学校施設を用いることが集会にとって利便性が大きい、⑤本件不許可処分は教育委員会と教職員組合の緊張関係と対立の激化を背景としていた、という事実関係を指摘し、本件不許可処分につき、「重視すべきでない考慮要素を重視するなど、考慮した事項に対する評価が明らかに合理性を欠」き、また、「当然考慮すべき事項を十分考慮して」いないとして、「社会通念に照らし著しく妥当性を欠いたもの」と判断しました。

行政財産の目的外使用許可は、特定の者に行政財産の利用を許すという意味で「特許」的な性質を持ちますから、行政裁量は一定程度広いと考えられます。しかし、判例は、不許可処分の具体的な考慮要素に着目し、他事考慮・考慮不尽等により踏み込んだ裁量統制を行っています。この判例は、現在の標準的な裁量統制のあり方を示すものとして、重要な意味があると考えられます。

(最判平成18年2月7日民集60巻2号401頁)

2　考慮事項の「重み付け」

上記のように、判例は、裁量権行使に至る行政機関の判断過程について、そこで用いられる考慮事項に着目して統制するという手法を発達させました。そもそも、行政裁量は、行政機関がさまざまな事柄・事情を総合判断して決定を下すことを法が認めている(授権している)場面で生じる法的現象ですから、考慮事項に着目することは、司法統制のあり方として理にかなっています。行政手続法により理由の提示が求められていることから、行政処分をする際に考慮された事項を認定しやすくなっていることも、考慮事項に着目して法的統制を深めることが合理的である根拠となります。

他方で、判断過程審査における考慮事項の取り上げ方によって、司法審査の密度が異なることに注意する必要があります。考慮すべきことが考慮されない・考慮すべきでないことが考慮された、というのみでなく、裁判所が考慮事項について「重み付け」をして、重視されるべき事項が十分に考慮されない・過大に評価すべきでない事項が過重に考慮された、という規範を用いるなら、行政裁量に対する司法審査の密度はより向上します。行政処分が国民の権利利益を侵害するものであれば、そこに存在する行政裁量に対する司法審査の密度も一定程度確保される必要があります。このような場合、行政機関の判断過程における考慮事項を拾い上げ、それらが適正な「重み」で考量されたかという観点から判断過程の合理性をチェックする審査方法が望ましいと考えられます。

判例　日光太郎杉事件

裁判所が、行政機関の裁量権行使における考慮要素に「重み付け」をして、密度の高い裁量統制をした事例として、日光太郎杉事件の東京高裁判決があります。この裁判では、1964年の東京オリンピック開催に合わせた国道拡張のため、日光東照宮の杉並木を含む境内地を土地収用にかけることの違法が争われました。土地収用の前提となる事業認定の要件として、「事業計画が土地の適正且つ合理的な利用に寄与するものであること」と定められているところ(土地収用法20条3号)、日光東照宮側は、杉並木の保護・保全こそこれに該当すると主張して事業認定の取消し等を求めて出訴したのです。行政側は国道の整備・拡充が法定要件を満たすものであると主張し、裁判所による行政裁量(要件裁量)の審査のあり方が注目されました。

このケースについて、東京高裁は、土地収用法20条3号の要件に関する行政判断について、本来最も重視すべき諸要素、諸価値を不当、安易に軽視し、その結果当然尽くすべき考慮を尽くさず、または本来考慮に容れるべきでない事項を考慮に容れもしくは本来過大に評価すべきでない事項を過重に評価し、これらのことにより判断が左右されたものと認められる場合に、裁量判断の方法ないしその過程に誤りがあるものとして、違法となる、と述べます。その上で、本件事業認定は、かけがいのない文化的価値・環境の保全という本来最も重視すべきことがらを不当、安易に軽視し、オリンピック開催に伴う自動車交通量増加の予想という本来考慮に容れるべきでない事項を考慮に容れている等として、これを違法と判断しました。
(東京高判昭和48年7月13日行集24巻6=7号533頁)

3　諮問機関における判断過程の合理性

行政裁量の司法統制について、行政機関の意思決定過程に諮問機関(第三者的機関)が関与する仕組みになっていることに着目し、諮問機関の**判断過程の合理性**につき審査するというパターンがあります。その典型が、次に紹介する伊方原発訴訟判決です。

【判例】 **伊方原発訴訟**

伊方原発訴訟判決では、原子炉設置許可処分につき法定された許可要件について、専門技術的裁量を肯定しました。さらに、判決は、専門技術的裁量の司法審査(許可処分が適法か否か)について、現在の科学技術水準に照らし、①原子力委員会・原子炉安全専門審査会(当時)の調査審議で用いられた具体的審査基準に不合理な点があるか、②同委員会・同専門審査会の調査審議および判断の過程に看過し難い過誤、欠落があるか、という観点から行うとしました。原発の安全性それ自体を争点とするのではなく、原発を安全と判断した諮問機関で用いられた裁量基準の合理性と、諮問機関での判断過程の過誤・欠落について裁判所がチェックするという考え方が示されています。

上記の事件当時、原子炉を規制する法の仕組みは、原子炉を許可する要件を概括的・一般的に定める一方で、専門技術的な事項については基本的に諮問機関に「丸投げ」するものでした。このことを前提に、判決では、諮問機関の裁量基準に「不合理な点」があるか、諮問機関での調査審議・判断過程に「看過し難い」過誤・欠落があるか、審査するという審査手法がとられています。他方、東京電力福島第1原発事故を経験した現在、原子炉を規制する法の仕組みは大きく改正され、行政庁である原子力規制委員会が法規命令等への適合性を判断する仕組みになりました。上記の最高裁判決の射程が、今後どのように扱われるか、注目されるところです。
(最判平成4年10月29日民集46巻7号1174頁)

上記と類似する行政裁量の審査基準を用いた判例として、文部大臣(当時)による教科書検定の違法が争われたケースで、教科用図書検定調査審議会による判断過程の「看過し難い過誤」を挙げた判例(最判平成5年3月16日民集47巻5号3483頁)があります。また、厚生労働大臣告示による生活保護基準(法規命令に該当します)の改定について、「専門技術的かつ政策的な見地からの裁量権が認められる」とした上で、社会保障審議会専門委員会の意見を経て厚生労働大臣が決定したプロセスについて、「その判断の過程及び手続に過誤、欠落があると解すべき事情は」ないとした判例(最判平成24年2月28日民集66巻3号1240頁)もあります。後者の判例は、専門委員会の意見について、「統計等の客観的な数値等との合理的関連性や専門的知見との整合性に欠けるところはない」と述べており、裁量統制においても、審議会での調査・審議の公正性・透明性の確保が重要であることを示唆します。

＊行政機関の説明責任と裁量統制

行政裁量の司法統制について、行政決定に至る意思形成過程・判断過程の合理性が主要な争点となるケースでは、行政機関の「説明責任」という観点が重要になります。原発訴訟を例とするなら、原子力発電所の再稼働を許可する行政決定の違法を裁判で争うとして、行政機関(原子力規制委員会)の側が、許可の要件となる行政基準の合理性、あるいは、許可に至る行政判断の合理性について必要な論証を尽くすことが、司法の場における問題解決として望ましいと考えられます。行政機関による複雑な利害調整・高度の専門的判断が争点となる紛争では、行政決定に至るプロセスで行政側が必要な調査義務を尽くしたか、あるいは、行政決定の合理性につき行政側が十分な説明を尽くしたか、という観点から裁判所によるチェックが果たされるべきでしょう。

（4）手続的審査

裁量処分については、裁量権の逸脱・濫用の有無とは別次元で、事前手続の瑕疵という観点から司法統制を行うことも可能です。とりわけ、行政裁量が広く認められる場合に、手続的審査という方法は、裁量統制の有効なツールとなることがあります。リーディング・ケースとして、以下に紹介する個人タクシー事件判決があります(⇒2 章 2(4)3)。

判例　個人タクシー事件

事件当時、個人タクシーは台数が厳格に規制されており、限られた営業免許の枠に多数の申請者が集まっていました。免許の性質が「特許」的であり(特権付与型)、法定された免許の要件も概括的であったことから、免許に関する行政裁量は広いと解釈されます。しかし、個人タクシーの営業免許の拒否処分が争われた訴訟において、最高裁は、事前手続のあり方に着目して審査密度を高め、処分を取り消す判断をしました。

最高裁は、営業の自由の規制に関する免許制度において、多数者から少数特定の者を具体的個別的事実関係に基づき選択して許否を決する場合に、事実の認定について行政機関の独断を疑うことが客観的にもっともと認められるような不公正な手続をとってはならない、とします。最高裁は、行政機関の側に、内部的な審査基準を設定した上で、具体的審査基準の適用上必要な事項を申請人に対して示す義務があると判断し、この義務に反する審査手続による免許拒否処分を違法としました。行政裁量が広く認められる行政処分であっても、申請者の手続的権利の保障が重要であることが、強く示唆されます。

(最判昭和 46 年 10 月 28 日民集 25 巻 7 号 1037 頁)

（5）裁量基準への着目

裁量基準は、行政主体内部での法的効果しか持たない行政規則であり、形式論理の上では裁判規範にならないと考えられます。しかし、実際には、裁判所が行政裁量の統制をするにあたって、行政機関が策定した裁量基準が一定の役割を果たしています。裁量基準が合理的であれば、その裁量基準に則して行われた行政処分も原則として適法であるとされ、租税事件や原発訴訟において、裁量基準の合理性の有無が裁量審査の中心的な争点とされることがあります(最判平成10年7月16日判時1652号52頁、最判平成4年10月29日民集46巻7号1174頁)。より一般的に、裁量基準と異なる取扱いをすることは特段の事情がない限り裁量権の逸脱・濫用に当たるという趣旨を述べた判例もあります(最判平成27年3月3日民集69巻2号143頁)。行政手続法により、申請に対する処分における審査基準、不利益処分における処分基準というかたちで、裁量基準が法制度化されたことも、裁量統制における裁量基準の重要性を高めたものと考えられます。

裁量基準は、法規命令ではないため、裁量基準に違背する行政処分等を直ちに違法と評価することはできません。しかし、上記のように、裁量基準が合理的と評価されるなら、そこから外れた裁量権の行使は、原則として違法と考えることができます。また、裁量基準は、平等原則違反・比例原則違反を導く重要な手がかりになりますし、裁量基準の違背が動機の不当性を推認させることもあり得ます。反面、裁量基準に従う行政処分がなされたケースであっても、行政機関の側には、法令上の処分要件に照らして個別に審査をする義務(**個別審査義務**)があることにも留意すべきでしょう。

判例　三菱タクシー事件

タクシー(一般乗用旅客自動車運送事業)の事業者が運賃の値上げの認可申請をしたのに対して、裁量基準で定められていた原価計算方式と異なることを理由にした申請拒否処分の違法が争われた事件があります。法律上は、認可の要件として「能率的な経営の下における適正な原価を償い、かつ、適正な利潤を含むもの」と定められていたところ、裁量基準では同一地域同一運賃を前提とする原価計算方式が定められていました。

判決は、法律の定める要件に適合するか否かの判断につき裁量の余地を認め、上記の裁量基準も適法としました。他方、裁量基準とは異なる計算方式により申請がされた場合、行政庁は、当該申請について法律の定める要件に適合しているか否かを「個別に審査判断すべきである」とも述べています。

裁量基準が適法であるとしても、法律が処分要件(このケースでは認可の基準)を明示している以上、個々の申請につき処分要件該当性について個別の審査判断をする必要があるのです。
(最判平成11年7月19日判時1688号123頁)

第7章　非権力的行為形式

1　現代行政と非権力的行為形式

行政法は、元来、行政主体が国民に対して公権力を行使する局面に着目して形成されました。「法律による行政」とは、行政主体による公権力行使について、「法律」による授権と規律を貫徹させようとする考え方です。また、行政法の基本モデルも、法律⇒法規命令⇒行政処分⇒強制・制裁、という流れの中で、公権力行使に対する法的統制を機能させようとするものでした。しかし、行政主体と国民の法的なかかわり方が多様化・多元化した現代行政においては、行政処分を典型とする権力的行為形式のみならず、行政主体による非権力的行為形式についても、これを正面から視野に収める必要があります。

非権力的行為形式として第1に取り上げるのは、**行政契約**です。行政主体は、行政目的を達成するため、様々な場面で契約を締結します。ここでの契約は、基本的に私人間で締結されるものと同じ民法上の契約を意味しています。行政契約という行為形式は、相手方との意思の合致により法的効果を生じるものであり、行政処分のような権力性(一方的判断により法的地位が変動する性質)はありません。行政契約は、国民に対する便益の提供を特質とする給付行政の領域や、行政主体による物品や施設の調達・整備の領域で、多く活用されています。他方で、行政活動の一環として用いられる行政契約には、私人間の契約では問題とならない法的規律・司法統制が必要です。

非権力的行為形式として第2に取り上げるのは、**行政指導**です。行政指導は、そもそも相手方の法的地位に影響を与えない事実行為であり、法的効果をもつ行政処分などの行為形式とは区別されます。相手方の任意性・自発性を前提とするという意味で、行政指導は、非権力的な性質を持ちます。行政指導の法的性質について、ソフトな行政手法であるとか、インフォーマルである、と語られています。他方で、行政指導が強制の契機を持たないようにチェックする必要がありますし、行政指導について法的な規律・統制をすることも当然に問題となります。

加えて、本章では、補論として**行政計画**を取り上げます。行政計画は、行政機関が一定の目標を設定し、達成のための政策手段を定めるものですが、各種の行政手段を総合する性質をもち、権力的・非権力的という割切りが難しい行為形式です。他方で、現代行政法において行政計画の重要性は増しており、行政計画をめぐる論点を整理しておきたいと思います。

2　行政契約

（1）行政契約の意義

行政契約(行政上の契約)とは、行政主体が行政目的を達成するために締結する契約です。①行政主体と行政主体(国と地方公共団体、地方公共団体相互、国と特殊法人などが想定されます)の契約、②行政主体と私人の契約、の両方を含みます。具体的には、契約、協定、委託、申し合わせ、合意、協議などと呼ばれます。

行政契約は公権力性を持たない行為形式(非権力的行為形式)ですから、侵害留保原則は該当しません。すなわち、特別な法律の根拠がなくても、行政主体は行政契約を締結できます。しかし、行政契約も行政活動の一環であり、法律の優位原則が該当するため、法令に違反する行政契約は違法です(無効になるかについては、後述します)。

行政契約は、平等原則・信義誠実の原則など法の一般原則の規律が及び、個別法による様々な制約(入札制度や、公共サービスの提供義務など)が存在します。行政契約は、民法の規定に加えて、行政法に特有の法的規律が及ぶことがポイントです。

＊第三者効のある協定

行政契約には、私人間で協定を結んだ上で行政庁から認可を受けると、第三者に対して法的効果をもつタイプのものがあります。たとえば、建築基準法の定める建築協定は、街づくりのルールを定めた協定(土地の権利者が締結します)につき行政庁の認可を受けると、それ以降に土地を所有した者にも法的効力(第三者効)を持ちます。最初に、土地所有者が協定を締結し、住環境を維持するため法令・条例よりも厳格な規制を定めて認可を受ければ、その土地を分譲した後も協定による規制が及ぶというわけです。行政契約を公益実現のツールとして活用する工夫として、注目されます。

＊行政事務の委託

行政事務について、委託という契約によって他者に委ねるという法的仕組みがあります。この場合、行政主体が別の行政主体に事務を委託するタイプ(行政主体間の契約)と、行政事務を民間の主体に委託するタイプ(行政主体と私人の契約)とが区別されます。

行政主体間の契約の例としては、地方公共団体が事務を共同処理するために用いられる事務の委託(地方自治法252条の14)などがあります。この場合、受託者に法的権限が移ってしまうので、法律の根拠が必要と解されます。行政主体が民間に委託する例としては、市町村による一般廃棄物処理の委託(廃棄物処理法6条の2)などがあります。行政事務の民間委託の例は増加しており、受託者である民間事業者・私人が権力的な要素のある業務を行うタイプの事例も見られるようになりました。

(2) 調達行政における行政契約

行政契約は、物品を購入する、建築工事を委託するなど、行政主体が必要な物的手段を準備・調達する際に幅広く利用されています。これらは、民法上の契約ではありますが、行政法の観点から、会計法、国有財産法、物品管理法、地方自治法などが様々な規定を置いています。たとえば、国有財産のうち、行政目的に使用されない普通財産につき貸付契約をした場合、公共用(広く一般公衆が利用するため)ないし公用(特定の行政目的に利用するため)に供する必要が生じたときには、途中解除が認められ、損失があれば補償するというルールが定められています(国有財産法24条。地方自治法にも、公有財産について類似の規定があります)。契約の対象が公の財産であることから、行政法固有のルールが法定されたものといえます。

国・地方公共団体が契約を締結する手続・方法は、会計法・地方自治法等により、各種の規律が定められています。これらは、行政契約が公金の支出に関わり、公益性・公共性を実現する手段であることから、行政過程の透明性・公正性を保つ必要性があることに由来しています。

＊一般競争入札・指名競争入札・随意契約

国・地方公共団体が契約をする場合、原則として一般競争入札により、例外的に指名競争入札、随意契約等ができるとされています(会計法29条の3、地方自治法234条)。広く一般から入札に参加できる一般競争入札は、最も透明性が高い方法と言えますが、実際には、指名競争入札や、より簡略な随意契約によることも多くあります。

判例は、地方公共団体が公共施設の建設工事請負契約を締結する際に随意契約の方法が用いられたことの違法が争われた事案において、随意契約によることができる場合に該当するか否かの決定につき、契約担当者の合理的な裁量判断によるとしました(最判昭和62年3月20日民集41巻2号189頁)。他方で、地方公共団体が指名競争入札を行う際、特定の業者を「氏名外し」とした措置について、一定の裁量統制を行う必要性を示した判例も見られます(最判平成18年10月26日判時1953号122頁)。

なお、地方公共団体が法令に違反して随意契約を締結しても、その契約を無効としなければ随意契約の締結を制限する法令の趣旨を没却する特段の事情がない限り、契約は有効とした判例があります(最判昭和62年5月19日民集41巻4号687頁)。

（3）給付行政における行政契約

給付行政の領域では、政策手段として行政契約が多く用いられます。地方公共団体による水道事業、バス事業、公立病院などでは、基本的に契約手法が活用されています。これらの行政契約については、個別法において、政策目的(公共性)を踏まえた制約が課されることがあります。

＊水道法による給水契約締結義務

水道事業は、原則として市町村が行いますが(水道法6条2項)、給水契約の申込みを受けたときは「正当の理由」がなければ拒むことができません(同法15条1項)。行政契約として、契約締結の自由が制約されているのです。

最高裁は、水道事業者である地方公共団体が行政指導に従わないマンション事業者・当該マンション購入者からの給水申込みを拒んだ事例について、水道法15条1項の「正当の理由」に当たらず違法としました(最決平成元年11月7日判時1328号16頁)。他方で、大規模マンション開発による水の需要が過大で、地方公共団体の定めた水道の供給計画では対応できないことから給水契約の締結を拒否した事例については、「正当の理由」が認められ適法であるとした判例もあります(最判平成11年1月21日民集53巻1号13頁)。行政契約の締結拒否を別の政策目的の手段とすることが違法とされる一方(特に、国民の自由を規制する手段として流用することは厳格に戒められるべきです)、本来の法制度の枠内での合理的な対応であれば許容されることが、よく示されています。

（4）規制行政における行政契約

国民の自由・財産を制約する規制行政の領域では、侵害留保原則が妥当しますから、一般に行政契約の手法はなじまないと考えられてきました。規制行政をするためには法律の根拠が必要であり、行政主体が契約によって国民の権利利益を制約してしまうと、法律によって公権力を縛るという建前が崩れてしまいます。

他方で、地域の生活環境悪化を防止するため、地方公共団体と事業者の間で**公害防止協定**を締結し、法律・条例による規制の不備・不足を補うことが、しばしば行われ、成果を上げてきました。公害防止協定は、法律・条例の根拠なしに私企業の営業活動を規制するため、当初は、協定に法的拘束力を認めず、行政指導(相手方が任意に従う限りで法的効力が認められるもの)として位置付けられていました。しかし、公害防止協定については、①その目的が住民の生命・健康という重大な法益を守ることにある、②協定を結ぶ事業者側は経済活動が一部制約されるのみである、③事業者側は必ずしも弱者であるとはいえず自らの合理的判断により協定を締結できる、として、その法的効力を認める考え方が有力となり、最高裁も契約として法的拘束力を肯定しました。

判例 **公害防止協定**

ある産業廃棄物処理業者が、県知事(廃棄物処理施設の許可権限を持ちます)の行政指導により、自身が設置する最終処分場が立地する町との間で公害防止協定を締結しました。この協定には最終処分場の使用期限が定められていましたが、これを過ぎても処理業者が処分場の使用を止めないため、町が協定に基づく義務の履行(使用の差止め)を求めて出訴しました。この事案について、最高裁は、処分場の使用期限を定めることは廃棄物処理法に抵触せず、協定は契約として法的拘束力があると判断しました。

判決は、公害防止協定が法に抵触しない以上は契約として有効とし、協定の内容について相手方が履行しない場合、行政主体の側から民事訴訟を提起して義務の履行を求めることができることを示しました。

(最判平成21年7月10日判時2058号53頁)

3 行政指導

(1) 行政指導の意義

行政指導とは、「行政機関がその任務又は所掌事務の範囲内において一定の行政目的を実現するため特定の者に一定の作為又は不作為を求める指導、勧告、助言その他の行為であって処分に該当しないものをいう」と定義されます(行政手続法2条6号)。この定義から、以下のような行政指導の基本的な性格を読み取ることができます。

第1に、行政指導は、行政機関の任務・所掌事務の範囲内の行為であること、すなわち、組織法上の根拠が求められます。行政指導は、相手方に対して法的効果を持たない事実行為であり、侵害留保原則に照らして作用法上の根拠は不要ですが、組織法の定める任務・所掌事務の範囲を超えれば違法となります。

第2に、行政指導は、「一定の行政目的」のため「特定の者」に作為・不作為を「求める」行為です。行政側と国民とが対等の立場で協議する、あるいは、一般的に相談やアドヴァイスをすることは、行政指導に含まれません。また、行政による広報活動のように、特定人に具体的に働きかけないものも、行政指導ではありません。

第3に、行政指導は行政処分ではなく、相手方が自由意思により任意に協力すること(任意性)が前提となります。行政側から「特定の者」に働きかける行為でありながら法的効果はない、という行政指導の性質に照らして、任意性は、行政指導の重要な指標となります。

＊法令に根拠のある行政指導

行政指導について作用法上の根拠は不要ですが、これは、作用法の根拠なしに行われた行政指導が適法であるという趣旨であり、行政指導のうち個別法に規定があるもの(根拠法令のある行政指導)も多く存在します。行政手続法2条6号は、「指導」、「勧告」、「助言」という用語例を挙げていますが、これらの文言が個別法で用いられている場合には、通常、相手方の任意の協力を前提とする行為として行政指導にあたると考えられます。

もっとも、個別法上は「勧告」と規定される行為について、「行政庁の処分その他公権力の行使に当たる行為」に該当し、抗告訴訟の対象になるとした判例(最判平成17年7月15日民集59巻6号1661頁)があることに注意が必要です。行為の相手方が裁判を提起して争うことができるかという状況では、その相手方(原告)を裁判によって救済する必要性について考慮する必要がありますから、個別法上は行政指導と考えられる行為についても処分性を柔軟に解釈することがあり得ます(⇒11章3(7))。

(2) 行政指導の類型

行政指導は、行政処分に比べ、相手方に対するソフトな性格をもち、インフォーマルな手法という特質が指摘されています。さらに、行政指導は、法的には事実行為であり、多様な形態をとります。このように柔軟・多様な行政指導ですが、その機能に着目すると、①**規制的行政指導**(相手方の活動を規制するもの)、②**助成的行政指導**(相手方の活動を助成するもの)、③**調整的行政指導**(私人間の紛争解決・利益調整をするもの)に分類することができます。①**規制的行政指導**は、相手方にとって不利益に働きますから、任意性が崩されないことが重要になりますし(行政側からは実効性の確保が課題になります)、法的に規律する必要性が高いといえます。②**助成的行政指導**は、相手方の利益になるよう誘導するものですが、当初の想定通りの結果とならなかった場合の信頼保護が問題になるでしょう。③**調整的行政指導**は、相手方の立場の相違によりメリット・デメリットをもたらしますから、上記①②の要素を複合的に有します。

行政手続法は、行政指導に関する法的ルールを一般的に定め、行政指導のあるべき姿を明示するとともに(実体的規律)、行政指導に関する事前・事後の救済手続を規定します。同法は、行政指導について、申請に関連する行政指導(33条)・許認可等の権限に関連する行政指導(34条)に分けて実体的規律を定めています。また、同法には、複数の者を対象とする行政指導(36条)に関する規定が置かれています。さらに、同法の定める救済手続(36条の2、36条の3)において、その対象となる行政指導は、「その根拠となる規定が法律に置かれているものに限る」と定められており、法律に根拠のある行政指導(行政指導をする権限および要件が法律に定められているもの)とそれ以外の行政指導とが区別されています。

(3) 行政手続法による規律

1 行政指導の一般原則

行政手続法32条は、行政指導の一般原則として、行政機関の任務・所掌事務の範囲を逸脱してはならないこと、および、相手方の任意の協力によってのみ実現されることを規定します(同条1項)。この2点は、行政指導に携わる者が守るべき最低限のルールというべきものです。さらに、相手方が行政指導に従わなくても、そのことを理由として不利益に取り扱うことが禁止されます(同条2項)。行政指導の任意性を確保するため、行政指導に従わないことへの制裁としての措置が禁じられるのです。

2 申請に関連する行政指導

行政手続法33条は、申請の取下げ・内容の変更を求める行政指導について、申請者が行政指導に従う意思がない旨を表明した場合には、行政指導を継続するなどにより申請者の権利行使を妨げてはならないことを定めます。申請者の側は、申請権を行使できれば、仮に申請が認められなくても、行政の不作為ないし拒否処分をとらえて裁判等で争うことができます。しかし、行政指導により申請権の行使を妨げられてしまうと、申請者の側から争うことすら難しくなってしまいます。このような事態が生じないよう、申請に関連する行政指導については特に慎重な対応が求められます。

【判例】品川マンション事件

ある建設業者(X)が、東京都内にマンションを建設することを計画し、建築基準法に基づく建築確認申請をしたところ、東京都(Y)は、マンション建設に反対する周辺住民と話し合うよう行政指導をして、申請に対する応答を留保しました(同法は、建築確認申請の受理から21日以内に処分を行わなければならない、と定めています)。当初、Xは、Yの行政指導に従って住民との話し合い等を行っていました。しかし、Yが規制強化の方針を示していたことなどから、申請から約4か月後、Xは、建築確認申請に対する不作為を争う審査請求を提起します。その後、Xは金銭補償により周辺住民との紛争を収束させ、Y側も建築確認処分を行います。このような経緯の後、Xは、Yに対して、建築確認処分の違法な遅延による損害賠償請求を求める裁判を提起しました。

最高裁は、相手方が任意に同意するなど一定の場合には行政指導に伴う建築確認の留保が認められるとした上で、相手方が行政指導に応じないという意思を真摯かつ明確に表明した場合には、相手方の行政指導への不協力が社会通念上正義の観念に反するような特段の事情のない限り、行政指導が行われているとの理由だけで建築確認を留保することは違法になるとします。行政指導の相手方が、いったんは任意に行政指導に従ったケースであっても、任意性が失われた時点から、申請に対する不作為(処分の留保)は違法になることが示されています。この判例により、行政手続法33条の元となる法理が示されたと考えられます。

(最判昭和60年7月16日民集39巻5号989頁)

3　許認可等の権限に関連する行政指導

行政手続法34条は、行政機関が許認可権限を持っている場合、これらの「権限を行使し得る旨を殊更に示すことにより相手方に当該行政指導に従うことを余儀なくさせるようなことをしてはならない」と規定します。

民間人が許認可等を受けて活動する場合、行政機関は、許認可等の根拠法令に基づき、根拠法令に従って、その民間人に対して行政処分をすることができます。しかし、時として、処分権限を行使する法令上の要件を満たしていないのに、行政機関の側が、処分権限を背景とした事実上の影響力により行政指導に従わせることが起こり得ます。行政手続法34条は、このように許認可権限を濫用した行政指導(**権限濫用型行政指導**)を戒め、相手方の任意性を損なってはならないことを趣旨とします。

4　行政指導の方式

行政手続法35条1項は、行政指導に携わる者は、その相手方に対して、行政指導の趣旨・内容・責任者を明確に示さなければならない、と規定します(**行政指導の明確原則**)。行政指導の中身等が明確に示されれば、行政指導の相手方としても、行政指導に対してどのように対応するか適切に判断できるようになる、という趣旨と考えられます。

同条2項は、許認可権限をもつ行政機関が、その権限を行使し得る旨を示して行政指導を行う場合について、その相手方に対して、①当該権限の根拠となる法令の条項、②その条項が定める要件、③その要件に適合する理由、を示さなければならないと定めます。規制権限を背景に相手方の任意性をゆがめる行政指導(**権限濫用型行政指導**)を防ぐため、明確原則を特に具体化した規定であり、とりわけ③の理由は具体的に示される必要があります。

同条3項は、行政指導の相手方は、同条1項・2項の定める事項について、行政上特別の支障がない限り、**書面交付**を求める権利があることを定めています(例外として、同条4項)。行政指導の明確性を担保するため、行政指導に携わる者に書面交付の義務を課すことには重要な意義が認められますが、行政指導の相手方から書面の交付を求めることが必要とされています。

5　行政指導指針の設定・公表

行政手続法36条は、複数の者に対し行政指導をしようとするとき、行政機関は、あらかじめ**行政指導指針**を定め、行政上特別の支障がない限り公表しなければならないことを規定します。

（4）行政指導の争い方（その1・行政手続法）

行政指導は、相手方の任意を前提とする事実行為であり、行政処分とは異なるインフォーマルな行政手法です。しかし、実際には、行政指導により、その相手方に事実上の不利益を与えることが十分に起こり得ます。また、行政指導について、法律の根拠は不要ですが(侵害留保原則)、法律の優位原則は当然に該当しますから、行政指導が違法とされる事態が生じ得ます。上述した行政手続法による規律についても、これらに違反する行政指導は違法です。違法な行政指導については、これを法的に是正する方法が必要ですし、違法な行政指導により不利益を被るおそれがあればこれを防ぎ、権利利益を侵害されればこれを回復する法的手段が要請されます。

行政手続法は、①違法な行政指導について相手方から救済を求める手続(行政指導の中止等を求める申出。同法36条の2)、②広く一般から違法状態を是正するために行政指導をすることを求める手続(行政指導をすることを求める申出。同法36条の3)を定めて、行政指導に関する事前救済・事後救済の仕組みを用意しています。

1　行政指導の中止等を求める申出

行政手続法36条の2第1項は、法律に根拠をもち、かつ、法令に違反する行為の是正を求める行政指導の相手方が、その行政指導が法律に規定された要件に適合しないと思料するとき、行政指導をした行政機関に対してその旨を申し出て、行政指導の中止その他必要な措置をとることを求めることができる、と定めています。違法な行政指導がなされた場合に、その相手方から、行政指導の中止等の救済措置を求める手続です。

上記の手続の対象は、行政指導のうち、①法律に根拠があり、②法令(法律および法律の委任を受けた法規命令)違反の是正を求めるものに限定されています。①②を満たす行政指導が違法(法令違反)であった場合について、その相手方が被る悪影響(事実上の不利益)が類型的に大きく、手続的救済の必要性があることを根拠にするものと考えられますが、行政指導が多種多様な存在形態をとり得ることに照らすと、厳しく限定され過ぎているように思われます。

上記の申出を受けた行政機関は、必要な調査を行い、法令違反と認めるときは行政指導の中止その他必要な措置をとる義務を負います。違法な行政指導を中止するのはもちろん、行政指導への不服従に対する勧告や公表などを行っていたケースでは、これらを是正することになるでしょう。なお、「申出」は、申請ではありませんから、申出を受けた行政機関が申出者に何らかの返答をする義務はありません。しかし、この申出制度は、行政指導の相手方の権利利益を保護することを目的としたものですから、申出を受けた行政機関は、申出にどのように対処したか申出人に通知等をするよう努めるべきでしょう。

2 行政指導をすることの求め

行政手続法36条の3第1項は、何人も、法令に違反する事実がある場合において、その是正のためにされるべき行政指導(法律に根拠があるものに限ります)がされていないと思料するとき、当該行政指導をする権限をもつ行政機関に対し、その旨を申し出て、当該行政指導をすることを求めることができる、と定めています。法令違反の状態が生じているのに、それを是正する権限のある行政機関がこれを放置している場合に、国民の側から適切な権限行使を行うように申し出る手続です。法律に基づく行政指導をすることを求めることができるとともに、行政処分を求めることもできます(行政処分ないし行政指導による行政権限の発動を求める事前救済手続という位置付けです)。

この手続が特徴的なのは、「何人も」、すなわち、限定なしに広く一般人が申し出ることができることです。行政機関が法的権限を正しく行使するのは当然のことなので、誰でも行政権限の発動を求めることができるはずであるという趣旨によります。申出を受けた行政機関は、必要な調査を行い、その結果に基づき必要があると認めるときは、行政処分・行政指導をしなければなりません(同条3項)。行政機関の側から見ると、この申出を端緒として、適正な法的権限を行使することになります。ここでも、「申出」は申請ではありませんから、申出を受けた行政機関の側から申出人に対して何らかの応答をする義務は課されません。

(5) 行政指導の争い方(その2・裁判による方法)

上記のように、行政指導が違法な場合、あるいは、行政指導が違法になされない場合について、行政手続法による救済手続が用意されています。しかし、いずれも「申出」に止まるものですし、行政機関に救済を求めることには限界もあります。違法な行政指導については、裁判所による司法的救済が必要です。

司法的救済としてまず考えられるのは、行政指導の相手方が、その行政指導が違法であることの司法的チェックを求め、行政事件訴訟で争う方法です。しかし、行政指導は事実行為であり、行政処分ではないので(処分性が認められません)、取消訴訟を始めとする抗告訴訟の対象にはならないと考えられます(⇒11章3(2))。他方で、違法な行政指導がなされると、その相手方は事実上の不利益を被ることがあり、また、行政指導への不服従に対して公表などの措置がとられることは、相手方にとって大きなダメージになります。そこで、行政指導であっても、一定の場合に抗告訴訟の対象を拡大して、国民の司法的救済を可能にするための工夫が試みられています(⇒11章3(7)2)。また、行政指導が違法であることを裁判所の判決により確認することにより司法的救済を図るというアイディアから、当事者訴訟としての確認訴訟を活用すべきという提案もあります(⇒14章1(2)2)。違法な行政指導に関する法的紛争を、行政事件訴訟の中でどのような受け皿で対応すべきか、現在の重要な課題です。

司法的救済のあり方としては、違法な行政指導により生じた損害賠償を争う方法(国家賠償請求訴訟)も考えられます。行政指導の場合、相手方の任意性が前提となるので、行政指導により損害を被ったと主張しても、それは自分の意思で行政指導に従った結果であるとして因果関係を否定されかねません。しかし、違法な行政指導について司法的チェックが必要なことは当然ですし、相手方の任意性が失われて事実上の強制・強要と判断されるようなケースにおいて国家賠償責任が生じるのは明らかです。

判例　教育施設負担金の強制

地方公共団体が、マンション開発業者等に負担金の納付を求める行政指導について、裁判で争われるケースが見られます。たとえば、東京都武蔵野市(Y)が、マンションの建設を計画したXに対して教育施設負担金の寄付を求める行政指導を行い、Xは止む無くこれを支払ったのですが、その後、Yに対し損害賠償請求等を求めた裁判があります。最高裁は、①指導要綱(行政指導の内容をあらかじめ文書化したもの)において、行政指導に従わない場合の制裁を含めて、寄付金の納付を求めるルールが具体的に定められていたこと、②運用の実態が、任意の協力を求めるようなものではなく、行政指導に従わない者に対する制裁措置(上水道の給水契約締結の留保など)が実際に行われた先例もあったことをとらえて、Yは寄付を「事実上強制」しており、行政指導の限界を超えた違法があるとして損害賠償責任を認める判断をしました。
(最判平成5年2月18日民集47巻2号574頁)

判例　武蔵野マンション事件

かつて、多くの地方公共団体では、宅地開発・マンション建設等を規制する行政指導を行うため、その指針として指導要綱を作成していました。とりわけ、上記の判例にも登場する武蔵野市は、行政指導に従わない開発業者に対して、制裁として上水道給水契約締結拒否・下水道使用拒否等の強い姿勢を明確にしていました。そのような中、武蔵野市側が行政指導に従わないマンション業者・マンション購入者からの給水契約の申込みを受理せず、上水道の給水拒否をしたことから、市長が水道法違反の罪にあたるとして刑事起訴されるという事態が生じます。水道法15条1項は水道事業者が給水契約の申込みを受けたときは「正当の理由」がない限りこれを拒んではならないと定めていますが、最高裁は、行政指導に従わないことは「正当の理由」にはあたらず、給水契約の締結を拒むことは許されないとして、市長は有罪という判断を是とします。水道法上、水道事業者には給水契約を締結する義務があり、水道法とは直接関係のない行政指導に従わせるために給水を留保することが許されないのは当然といえるでしょう。
(最決平成元年11月7日判時1328号16頁)

〈補論〉　行政計画

(1) 行政計画の意義

行政計画とは、一定の時間軸のもとで定められる目標と、その目標を達成するための手順・手段を定める行為形式をいいます。行政計画について、行政機関が将来の活動をプログラムする行為形式であるとして、行政基準の定立行為に類似するものして位置付ける考え方もありますが、行政計画のありようは様々であり、行政基準・行政処分・行政指導などの行為形式を総合したものととらえることが、実態に適合すると考えられます。

行政法の観点からは、行政計画について、法律の根拠が必要か否かが問題になります。都市計画のように、国民の法的地位(権利義務)を変動させる行政計画であれば、法律の根拠が必要です(侵害留保原則)。裏返していえば、行政計画が法的拘束力を持つためには、法律の根拠が必要です。そうでない行政計画(将来の行政活動の指針を定める計画など)については、法律の根拠は不要ですが、民主的正統性という観点から法律の根拠があることが望ましいといえます。

(2) 計画裁量とその統制

行政計画の策定については、行政機関に広い裁量(**計画裁量**)が認められます。行政計画は、達成すべき目標とそのための手段を定める一方で、具体的にどのような行政活動を行うかについての規律は弱いからです。最高裁も、市町村長による清掃計画の策定につき自由裁量との考え方を示し(最判昭和47年10月12日民集26巻8号1410頁)、都市計画法上の都市施設の規模・配置に関する事項を定めることは、「諸般の事情を総合的に考慮した上で、政策的、技術的な見地から判断することが不可欠」であり、「これを決定する行政庁の広範な裁量にゆだねられている」と判示しています(最判平成18年11月2日民集60巻9号3249頁)。

もっとも、計画裁量が認められるとしても、裁判所による裁量統制は可能です。上記平成18年最判も、考慮要素に着目した判断過程審査手法を用い、①重要な事実に誤認があること等により重要な事実の基礎を欠く、②事実に対する評価が明らかに合理性を欠くこと、判断の過程で考慮すべき事情を考慮しないこと等により計画内容が社会通念に照らし著しく妥当性を欠く場合には裁量権の逸脱・濫用が認められて違法になると述べています。しかし、この判決は、実際に審査密度を高めるものとなっておらず、行政計画につき裁判所が裁量統制をすることの難しさを示しています。

このことを踏まえると、行政計画について実効的な法的統制をするためには、計画決定過程の事前手続(**計画策定手続**)を充実させる必要があると考えられます。行政計画の策定は、多様な利害関係の調整そのものであり、利害関係者の手続的参加・広汎な合意形成の仕組みを整備することが望まれます。

(3) 行政計画と抗告訴訟

行政計画(行政計画を決定する行為)について、処分性が認められれば、行政計画決定を取消訴訟等の抗告訴訟で争うことができます(⇒11章3(5)2)。判例では、市町村施行の土地区画整理事業に係る事業計画の決定・公告につき処分性を認めたものがよく知られています(最大判平成20年9月10日民集62巻8号2029頁)。行政計画決定の処分性が認められれば、当該計画決定により権利利益を侵害される国民から、当該計画決定の取消し・執行停止等を求めて裁判所で争うことができます。他方で、処分性が認められると、計画決定を裁判で争うためには、出訴期間など取消訴訟に固有の制約が生じることに注意しなければなりません。

行政計画決定に処分性が認められない場合には、当該計画を具体化する局面をとらえて取消訴訟を提起し、その中で先行する行政計画決定が違法であることを主張することが考えられます。たとえば、上述した平成18年最判は、都市計画決定の処分性が否定されることを前提に、都市計画事業認可の段階で取消訴訟が提起され、その中で、事業認可の前提となる都市計画決定が違法・無効であることが争われています。

(4) 金銭的救済

行政計画が途中で変更されたり、中止されたりした場合に、計画を信頼して行動した国民に対する金銭的救済が問題になることがあります(計画担保責任)。行政計画の変更・中止それ自体が違法と評価できなくても、それに代わる何らかの措置(代償的措置)なしに変更・中止することは、信頼保護原則に照らして損害賠償責任を生じるという解釈は可能です(⇒1章3(4))。また、行政計画の変更・中止が適法であるとしても、特定の者に特別の犠牲が生じたとして、損失補償による補塡を検討する余地もあります。

第8章　強制と制裁

1　行政上の強制執行

（1）3段階モデル

伝統的な行政法学は、行政主体が国民(私人)に公権力を行使するプロセスを、「法律による行政」に基づき、**①法律⇒②行政処分⇒③強制執行**という3段階構造で把握します(3段階モデル)。①の段階では、法律により、いかなる場合にどのように国民の法的地位(権利義務関係)が変動するか、一般的・抽象的に定められます。②の段階では、法律に基づいて、行政主体(行政庁)が国民に対して行政処分を行い、これによって特定の国民に具体的な法的義務が課されます(法的地位の個別的・具体的な変動)。③の段階では、行政処分の法的効果の実効性を確保するため、行政処分により国民に課された義務を強制する仕組みが発動されます。行政法学は、行政主体による公権力の行使を、抽象的規範の設定⇒法律行為による具体化⇒実力による執行・実現、というモデルで解析を試みたのです。

行政上の強制執行とは、上記モデルの最終段階、すなわち、あらかじめ国民(私人)に行政上の法的義務が課されていることを前提に、その義務が任意に履行されず、行政目的が達成されない場合に、義務の履行を確保するため、行政主体が一定の強制的手段をとることをいいます。民事法では、法的義務を強制する自力救済は禁じられており、強制執行をするためには、裁判所に訴えを提起する必要があります(**司法的執行**)。しかし、行政法では、法律の根拠があれば、行政主体が自ら強制執行を行い、行政上の義務の履行を確保することができます(**行政的執行**)。他方で、行政上の強制執行は、行政主体が国民に対し物理的な実力を行使しますから、法的に厳格な縛りをかける必要性が高いことは明らかです。

＊行政上の義務の司法的執行

行政上の義務について、民事法と同様に、裁判所のもとで司法的執行をすることができるか、という問題があります。結論から言えば、現在の判例は、行政上の義務の司法的執行を原則として否定します。

まず、行政上の義務について、法律により行政上の強制執行が認められている場合には、立法者が行政上の強制執行の手段を用意している以上そちらによるべきで、裁判所に訴えを提起した上で民事執行をすることは許されません(最判昭和41年2月23日民集20巻2号320頁)。行政上の強制執行という特別なルート(＝バイパス)が用意されている以上、行政主体はそちらを使うべきであり、裁判所を経由する民事執行は使えないとする判例法理(**バイパス理論**)です。

次に、行政上の義務につき行政上の義務履行確保手段が法定されていない場合について、行政主体が「専ら行政権の主体として国民に対して行政上の義務の履行を求める訴訟は、法規の適用の適正ないし一般公益の保護を目的とするものであって、自己の権利利益の保護救済を目的とするものということはできない」ため、法律上の争訟ではなく、そもそも裁判所の審判の対象にならないとされています(最判平成14年7月9日民集56巻6号1134頁)。行政主体が裁判所に提起する訴訟について、「財産権の主体」たる場合と、「行政権の主体」たる場合とに二分し、後者はそもそも裁判所の審理対象から外れるという判例法理です。これでは、行政上の義務について、裁判所を経由して執行を求めることは、法律が特に認めたケースでなければ不可能ということになります。

このように、わが国の裁判所は、行政上の義務を扱うことに極めて消極的です。しかし、裁判所による司法手続は、行政との関係で第三者性が高く、手続的保障の仕組みも整備されているのですから、行政上の義務履行確保に裁判手続を組み込むための工夫(当面は立法による手当て)が望まれます。

（2）行政上の強制執行の諸相

行政上の強制執行は、国民(私人)が行政上の義務を履行しない場合に、行政主体が強制的に義務を実現する仕組みです。当然、国民の自由を侵害しますから、法律の根拠が必要です(侵害留保原則)。行政上の強制執行の法的仕組みは、以下に掲げる4つの類型に整理することができます。

1　行政上の強制徴収

国民の金銭納付義務(行政主体から見ると金銭債権)を強制執行する仕組みを、**行政上の強制徴収**と呼びます。その典型が、課税処分を受けた国民が税金を任意に納付しない場合に、税務当局が行う**滞納処分**の仕組みです。国税徴収法は、国税の滞納者について、財産の差押え⇒差押財産の公売等による換価⇒換価代金の配当、を基本的な流れとする滞納処分手続を定めています。行政機関である税務当局が、滞納者の財産を差し押さえた上で換金し、国を含む債務者間で分配します。

上記の滞納処分の仕組みは、国税以外の強制徴収でも用いられます。たとえば、地方税(地方税法 48 条 1 項)、地方公共団体の債権(地方自治法 231 条の 3 第 3 項)、国民年金の保険料(国民年金法 95 条)、行政代執行に要した費用(行政代執行法 6 条 1 項)などについて、滞納処分の例による強制徴収が規定されています。

2　代執行

代執行とは、他人が代わってなすことができる義務(代替的作為義務)について義務者が履行しない場合に、行政機関が義務者に代わって義務を履行した上で、その費用を義務者から徴収する仕組みをいいます。行政上の義務履行確保としての代執行については、一般法として**行政代執行法**があります。行政代執行法の詳細は、(3)で説明します。

3　間接強制(執行罰)

間接強制とは、行政上の義務を課された国民(義務者)に対して、ある種の心理的な強制によって義務の履行をうながす方法をいいます。具体例として、義務者がみずから義務を履行するよう、義務不履行の場合に過料を課す**執行罰**の仕組みがあります。罰といっても、過去の非違行為に対する制裁ではなく、自発的な義務履行をうながす間接強制であることに注意が必要です。

わが国において、執行罰は、砂防法に例があるのみとされます。しかし、代執行が機能しない場合(非代替的作為義務や不作為義務など)について、法律により執行罰を導入すべきであるという学説も見られます。

4　直接強制

直接強制とは、義務者の身体または財産に対して直接実力(有形力)を行使することにより、義務を履行させる方法をいいます。実例は多くありませんが、成田国際空港の安全確保に関する緊急措置法は、一定の建物につき使用禁止命令を行い(これにより不作為義務が課されます)、この義務が履行されない場合に国土交通大臣による実力行使を認めています。

＊旧行政執行法の廃止

第二次大戦前は、明治33年に制定された旧行政執行法が存在し、行政上の強制執行に関する一般法として、代執行・執行罰・直接強制の3つの手段を規定していました。強制徴収手続を定める国税徴収法(明治30年制定)とあわせ、戦前には、行政上の強制執行に関する4類型が一般法として整備されていました(ゆえに、戦前の行政法では、行政行為には当然に執行力が備わるとされました)。同時に、旧行政執行法には、即時強制(⇒本章3)として検束・仮領置・家宅立入・強制診断・居住制限などの強制措置が定められていました。旧行政執行法は、国家権力による人権侵害の道具になったとして昭和23年に廃止され、新たに行政代執行法と警察官職務執行法が制定されます。これにより、行政的執行の一般法は失われ、行政代執行が一般的制度として存在する他は、執行罰・直接強制を含めて個別法の定めるところに委ねられることとなりました。

(3) 行政代執行法

行政代執行法1条は、「行政上の義務の履行確保に関しては、別に法律で定めるものを除いては、この法律の定めるところによる」と規定し、この法律が行政上の義務履行確保に関する一般法であることを定めます。「法律」の形式でなければ例外を設けることはできませんから、条例で義務履行確保の仕組み(執行罰、直接強制など)を新たに定めることはできないと解されます。公表(⇒本章2(1))については、行政指導に対する不服従という事実を「公表」する、あるいは住民への情報提供として「公表」するなど、義務履行確保の仕組みでない「公表」を条例で定めることは、妨げられないと解されます。

行政代執行法2条は、代執行の要件として、①代替的作為義務の不履行、②他の手段による履行の確保が困難なこと、③不履行の放置が著しく公益に反すること、の3点を規定します。

上記①の代替的作為義務とは、他人(義務者以外の者)が代わってなすことのできる行為を内容とする義務をいいます。たとえば、建物を壊すことは所有者以外でもできますが(代替的作為義務)、建物から立ち退くことは本人しかできません(非代替的作為義務)。あることをしてはいけないという不作為義務(たとえば業務停止命令)も、本人しか履行できませんから、代執行の対象外です。

代執行の対象となる代替的作為義務は、法律(法律の委任に基づく命令・規則・条例を含みます)により直接命じられたもの、または、法律(上記のかっこ書きと同様)に基づいて行政庁により命ぜられたものに限ります。

＊条例に基づく義務の代執行

行政代執行法2条は、「法律」について、「法律の委任に基く命令、規則及び条例を含む」というかっこ書きを加えています。ここで問題になるのが、個別法の委任に基づかない条例(いわゆる自主条例)の取扱いです。この点、地方自治法14条が条例制定につき包括的に委任している以上、すべての条例が行政代執行法2条以下にいう「法律」に含まれると解釈して問題ありません。

上記②は、代執行について、行政の過剰規制を禁じる比例原則が及ぶことを具体的に示した要件と考えられます。上記③の要件とあわせて、行政主体が国民に実力行使をする局面に縛りをかけ、公権力の濫用的な発動を防ごうとする趣旨が示されています。

行政代執行法3条～6条は、代執行の手続を定めています。代執行は、戒告(3条1項)⇒代執行令書の通知(同条2項)⇒義務者による義務不履行⇒代執行(実力行使)⇒費用納付命令(5条)⇒費用の徴収(6条)という流れで進められます。非常または危険切迫の場合には、戒告・代執行令書の通知の手続を経ないで代執行をすることもできます(3条3項。緊急執行)。

＊代執行と行政事件訴訟

行政代執行の手続のうち、戒告および代執行令書の通知は、抗告訴訟の対象になると解されており、それぞれのタイミングをとらえて取消訴訟・執行停止申立て等で争うことができます。戒告・代執行令書の通知とも、あらかじめ相手方に課された義務について、代執行の手続に入ることを予告する行為ですから、相手方の法的地位を変動させる行為ではありません(いわゆる観念の通知にあたります)。したがって、処分性を有さないとも考えられますが、行政による物理的な実力行使の予告という点をとらえて、抗告訴訟の対象になると解されています。たとえば、戒告の取消訴訟を提起し、行政代執行法2条の定める要件に該当していないこと、あるいは、代執行をするという裁量権行使に逸脱・濫用があること等を争うことができます。戒告の取消訴訟において、代執行の前提となる義務賦課行為が違法であるとの主張ができるか否かは違法性の承継の問題となりますが、通常は主張できないと解されます。

(4) 行政代執行の機能不全

行政代執行の仕組みは、実際の行政運営において、必ずしも有効に機能しないことが指摘されています。行政代執行は、国民(私人)に行政上の義務が課されていることが前提になりますが、義務者が不明なケースなど、そもそも義務を課すことが困難な事態が考えられます。また、他人が代わって義務を履行するという性質上、代執行の現場で物理的に抵抗する義務者を排除することはできません(排除のため、公務執行妨害罪や威力業務妨害罪で現行犯逮捕するなど、別の方法によることになりがちです)。さらに、多数の違法物件がある場合にとりあえず悪質度の高いものから代執行をする、という方針で臨んだ場合に、代執行の要件に抵触することも考えられます(上記(3)で示した要件③がクリアできるか問題になります)。代執行の実施には高いコストがかかる反面、義務者から十分に費用を回収することが難しいという問題もあります。

行政側が国民に対して実力・強制力を行使することに対して、法律上、厳格な規律が必要なことは確かです。他方で、法律に定められた行政上の義務の不履行が見逃され、行政目的が十分に達成されないことも大きな問題です。違法状態の放置により公益が損なわれているという立法事実があれば、代執行の実効性を高めるような法制度の整備が必要です。

＊簡易代執行

行政代執行の機能不全という事態を改善するため、代執行の要件を緩和した簡易代執行と呼ばれる仕組みが設けられる例があります。行政側が過失なく命令行為の相手方を確知できない場合、一定の期間内に措置(義務の履行)がされないときは代執行をする旨の公告をした上で、代執行できるというものです。義務を命じる相手方が不明、あるいは、相手方が特定できても所在不明等によって義務を命じることができないケースでも、代執行ができるようにする工夫です。放置すると著しく危険な空家の除却(空家対策特別措置法)、条例で禁止された屋外広告物の撤去(屋外広告物法)、河川に放置されたボートの撤去(河川法)、違反建築物の除却(建築基準法)などの例があります。

2　義務履行確保のための諸制度

(1) 公表

行政上の義務を履行しない者について、個人名・企業名等を**公表**することにより、義務履行確保をうながすことが制度化されている例があります。公表は、義務履行確保を図る手段として有効である一方で、①公表という行為の法的意味が多義的であること、②ひとたび誤った公表がなされてしまうと事後的救済が容易でないこと、などの課題が指摘されます。

公表については、制裁を主たる目的とする公表と、情報提供を主たる目的による公表を区別して考える必要があります。このうち、行政上の義務履行確保を図る手段となるのは、もっぱら義務違反者・義務違反行為の公表であり、制裁目的の公表であると考えられます。この場合、制裁目的の公表は、相手方に重大な不利益をもたらしますから、法律・条例の根拠が必要と考えられますし(侵害留保原則)、不利益の事後的救済が難しいことから、一定の事前手続(事前の意見聴取手続など)を経ることが望まれます。なお、情報提供目的の公表であっても、実際には特定の者に対する制裁として機能することがあり得ますから、法律・条例の根拠や事前手続の必要性については、その実態に応じて検討する必要があります。

なお、公表は、行政代執行法１条が定める「行政上の義務の履行確保」にはあたらず、条例による制度創設も可能と解されます。制裁目的による義務不履行の公表であっても、情報により誘導することから履行確保の機能を果たすにとどまり、厳密には「行政上の義務の履行確保」の仕組みとは異なるからです。もちろん、制裁目的でない場合の公表については、そもそも法律・条例の根拠がなくても違法になりません。

＊行政指導の不服従と公表

法律・条例で、勧告などの行政指導に従わない場合に公表を行う、という法的仕組みが設けられる例があります。そもそも、行政指導は事実行為であり、相手方に法的義務を課すものではありませんから、この場合の公表は義務履行確保の手段ではありません。しかし、本来は違法でない行為について行政指導を行い、その行政指導に従わないことを公表するという仕組みは、行政指導の任意性を崩す(公表により行政指導に従うことを間接的に強制する)ため、行政手続法32条等に照らして違法です。もっとも、違法行為・義務違反行為があった場合に、まず行政指導を行い、改善されなかった場合に公表するという法的仕組みそれ自体は、適法と考えられます。そこでの行政指導は、いきなり公表されることを避けるための事前手続と解されるからです。

（２）延滞税・加算税

納税義務者が義務違反行為を行った場合の制裁として、**延滞税・加算税**の制度があります。延滞税とは、納税義務を期限内に果たさない場合に課される税であり(国税通則法60条)、納税義務の適正な履行確保を趣旨とします。加算税とは、申告納税制度・徴収納付制度の適正な履行を確保するため、これらに関連する義務違反行為に課される税であり、過少申告加算税・無申告加算税・不納付加算税・重加算税があります(同法65条以下)。

これらは、納税に関する法的仕組みを円滑に機能させるため、行政上の義務違反に対して、金銭的な制裁(経済的な不利益)を課税処分というかたちで課すものです。なお、加算税等は税法上の刑罰と併科されることがあり、憲法39条が禁止している二重処罰ではないかとの議論があります。税と刑罰の制度趣旨が異なるため、併科が直ちに憲法違反と解釈するのは難しいと思われますが、全体として義務違反行為に対する制裁として重きに過ぎてはならないでしょう。

（3）課徴金

行政処分により金銭的な不利益を課す法的仕組みとして、**課徴金**の制度があります。課徴金制度は、もともと、行政上の義務違反があった場合に、その違法行為によって不当に利得を得た者から、その利益を剝奪・徴収することを趣旨としていました。しかし、近年の制度改革により、課徴金の仕組みは、行政上の義務違反に対する制裁としての要素を強めており、行政制裁金という色彩が濃いものとなっています。

たとえば、独占禁止法の定める課徴金制度は、元来は不当利得相当額を超えない額とする制度設計であったところ、平成17年の法改正により、①違反行為により得た利益よりも多い金額を課徴金の算定基準とすること、②違法行為を自ら情報提供した事業者につき課徴金を減免することが実現し、制裁制度として位置付けを得ました。課徴金制度の制裁化という傾向は、平成21年の同法改正によって、さらに強化されています。これと同様の課徴金制度は、金融商品取引法、不当景品類及び不当表示防止法などにも広がっています。

制裁としての課徴金は、行政上の措置として行政処分により課されるものですから、事前手続としての行政手続が重要な意味を持ちます。上記のような立法的に整備された課徴金制度においては、特に罰金刑との関係で、課徴金が過大にならないよう実質的に調整されることが要請されます(比例原則)。

3　即時強制

（1）即時強制の意義

即時強制とは、行政上の義務を課すことなく、即時に国民(私人)の身体・財産に対して直接有形力を行使して、行政上の目的を達することをいいます。行政上の義務の存在を前提としませんから、義務履行確保の手段ではありません。本章1(1)で説明したモデルを用いると、義務賦課行為(行政処分)がなく、**法律⇒強制行為**、という2段階のプロセスで実力行使がなされます。

即時強制の具体例としては、人の身体に対する即時強制として、警察官職務執行法が定める応急救護を要する者等の保護(3条1項)、避難等の措置(4条)など、出入国管理及び難民認定法が定める不法入国者の収容(39条1項)、退去強制令書の執行としての強制収容・強制送還(52条1項・5項)など、感染症の予防及び感染症の患者に対する医療に関する法律の定める強制健康診断(17条1項・2項)、強制入院(19条1項・3項)などがあります。財産に対する即時強制としては、仮領置(銃砲刀剣類所持等取締法11条7項)、不衛生食品等の廃棄(食品衛生法54条1項・2項)など、様々な立法例が見られます。

(2) 即時強制の法的統制

即時強制は、国民の自由・財産を強く侵害しますから、法律の根拠が必要なことは明らかです。もっとも、行政上の強制執行は条例を根拠規範とすることが禁じられていますが(行政代執行法1条)、即時強制については、条例により創設することが許されます。また、即時強制は、基本的人権を直接的に制約するものであり、比例原則による規律が厳格に働き、即時強制の発動に関する行政裁量について密度の高い司法審査がなされるべきです。

即時強制は、一般的な建前として、公共の安全・秩序を守るため、迅速で直接的な公権力の行使が求められる局面で立法化されています。しかし、即時強制が相手方の権利利益を害する程度が大きいことに照らすと、一定の時間的余裕があるケースでは、事前手続を整備して相手方の手続的防御の機会を整備することが望まれます。たとえば、上述した感染症の予防及び感染症の患者に対する医療に関する法律は、強制健康診断・強制入院を行う前に「勧告」の仕組みを置き、即時強制を実施する際の事前手続としています。

国民が即時強制された場合に、どのような救済手段があるでしょうか。強制行為によって直ちに行政過程が終了する(行政目的が達成される)タイプの即時強制では、損害賠償(強制行為に違法・過失がある場合)・損失補償(強制行為が適法の場合)による金銭的補塡によることになります。加えて、強制行為が継続するタイプのもの(人の収容、強制入院、物の領置など)であれば、審査請求や取消訴訟によって、継続状態を解消することを求める可能性があります。

4　行政罰

（1）行政罰の意義

行政上の義務の不履行に対する制裁として科される罰を、**行政罰**と呼びます。

本章では、行政上の義務履行確保のための各種の法的仕組みを説明してきましたが、代執行をはじめとして、これらは必ずしも十分に機能していません。これに対して、わが国では、法律に行政上の義務違反に関する罰則を定め、罰則(行政罰)の威嚇力によって義務違反行為を抑止しようとする立法政策がとられてきました。

行政罰には、刑法上の刑罰(死刑・懲役・禁錮・罰金・拘留・科料)を科す**行政刑罰**と、刑法上の刑罰以外の制裁(**過料**)を科す**秩序罰**があります。

（2）行政刑罰

行政刑罰は、理論的に刑事罰とは区別され、行政上の義務違反に対する制裁であるという点で形式犯的要素が強いとされます(道路交通法違反に対する罰則を思い起こしてください)。しかし、行政刑罰も刑法に刑名のある刑罰である以上、刑法総則が適用され、刑事訴訟法の定める手続により科されます。行政刑罰について、実際の運用は警察・検察当局が担うことになり、行政上の義務を遵守させるという威嚇力も強いと思われます。

他方で、交通違反や脱税など類型的な事案が多数生じる行政刑罰について、これらを科すための特別な手続が設けられる例があります。行政上の仕組みとして、関税法等の定める通告処分、道路交通法の定める交通反則金通告制度があります。道路交通法の場合は、同法違反により行政刑罰を科される行為のうち比較的軽微で定型的なものを反則行為とし、反則行為者が告知ないし通告された反則金を期間内に納付すれば刑事訴追されない、という仕組みになっています(同法125条以下)。行政刑罰について、刑事訴訟法の特別な手続が設けられる例も見られます(交通事件即決裁判手続法)。

＊反則金通告の争い方

道路交通法違反の反則行為を警察官によって現認され、反則金納付の通告を受けたけれども、納得がゆかず争いたい場合には、どのような方法があるでしょうか。判例は、反則金納付の通告について、反則金を納付すべき法律上の義務を生じさせるものではなく、任意に納付すれば公訴が提起されないだけの仕組みであるとして処分性を否定し、通告を抗告訴訟で争うルートを否定しました(最判昭和57年7月15日民集36巻6号1169頁)。判例によれば、通告があっても反則金を納付せず、検察官から刑事起訴された上で、刑事裁判で無罪(反則行為がなかったこと)を争う方法のみが許されることになります。

上記の解釈が定着しているのですが、反則金通告制度は刑事起訴されることを威嚇力とする仕組みであり、刑事起訴された段階で争えるから通告それ自体の司法的チェックが不要ということにはならない、と批判されています。

(3) 行政上の秩序罰

行政上の秩序罰とは、行政上の義務違反に対して科される金銭的制裁(**過料**)をいいます。比較的軽微な義務違反(行政に対する届出義務違反など)を想定して設けられているもので、刑法に刑名のある罰ではなく、刑事訴訟法の適用もありません。過料の徴収は、非訟事件手続法の定めるところにより地方裁判所(簡易裁判所とされる場合もあります)における「過料の裁判」を経て、検察官の命令をもって執行されます(非訟事件手続法119条以下)。過料の裁判は、裁判所が行う行政処分であると考えられます。

また、地方公共団体も、条例または規則で5万円以下の過料を科すことができます(地方自治法14条3項、15条2項、283条1項)。この場合、裁判所の手続を経ることなく、地方公共団体の長が「過料の処分」をすることになります。過料の処分は、事前手続として告知・弁明の機会の付与が必要で(同法255条の3)、指定期限までに納付されない場合には地方税の滞納処分の例により強制徴収できます(同法231条の3第1項・3項)。過料の処分に不服がある場合には、行政不服審査法に基づく審査請求をするか、直ちに抗告訴訟を提起して争うことができます。

第9章　情報の収集・管理・公開

1　情報に関する行政法

現代行政法において、情報の収集・蓄積・利用・流通というプロセスの比重は大きく、**行政情報管理**に関する法制度の構築が重要な課題になっています。行政機関が何らかの行政活動を行い、行政目的を達成するためには、国民から必要な情報を収集する活動が不可欠です。また、申請・届出などの行政手続について、インターネットを通じてオンライン上で行うための「電子的行政手続法」も整備されつつあります。このように、行政機関に多くの情報が集積されると、国民の自己情報・プライバシー保護の法的仕組みが重要になる一方で、これらの情報を積極的に利用しようとする方向性での議論も生じています。

また、行政法では、国民の側から行政機関に集積された情報へのアクセスの権利を保障する法制度として、**情報公開制度**と**個人情報保護制度**が論じられてきました。情報公開制度は、国民主権・民主主義という憲法上の統治の原理を実質化するため、主権者である国民から行政機関の保有する情報の開示を求める権利と、それに対応する政府の説明責任を実定法化したものです。また、個人情報保護制度は、行政法の側面では、国民が行政機関の保有する自己情報にアクセスして、訂正や利用停止などを求める仕組みが中心となります。これらは、行政内部での文書(公文書)を適切に管理する仕組み(文書が勝手に廃棄されたのでは説明責任は果たせませんし、文書管理が適切でないと開示請求も困難になります)と併せて、現代行政法の法的仕組みにおける「標準装備」といえます。

本章では、情報に関する行政法の中でも、情報収集の手段の典型である行政調査と、情報公開について説明します。また、本章の最後では、補論として、行政情報の管理に関する法制度の例として、個人情報保護を取り上げます。

2　行政調査

（1）行政調査の位置付け

行政調査とは、行政機関が行政目的を達成するため必要な情報を収集する手段の総称です。広い意味では、申請や届出など、国民の側から情報をもたらすタイプのものも含まれますが、ここでは、行政の行為形式（行政側から国民に働きかける法的手段）としての行政調査を念頭に置くこととします。

行政調査は、相手方の任意の承認・協力を前提とし、国民に対して強制の要素を欠く**任意調査**と、相手方に調査に応じる義務を課し、何らかの強制の要素を持つ**強制調査**とに大別されます。

任意調査は、国民の自由を侵害せず、法律の根拠は不要と解されます。もっとも、任意調査の限界を超えて強制にわたるならば、侵害留保原則に照らして違法となります。法令に行政調査の根拠規定が置かれているけれども、相手方が調査に応じることを強制する法的仕組みを欠くタイプのものも、任意調査に準じて扱うことができます。

強制調査は、法律の根拠が必要ですが、調査を拒否した場合の取扱いなど、強制の程度や方法により、さまざまなタイプがあります。

（2）任意調査

任意調査は、相手方の任意性を前提としますから、任意性の範囲内か（任意調査の限界を超えていないか）が論点となります。たとえば、警察官職務執行法2条1項に基づく職務質問に付随するかたちで警察官が所持品検査まで行うことが許されるか、抽象的に許されるとして具体的にどのような行為まで許されるか、問題になります。この点、最高裁は、「強制にわたらない限り」、「所持人の承諾がなくても」許容される場合があると述べていますが（最判昭和53年9月7日刑集32巻6号1672頁）、相手方の承諾がないのであれば法律の根拠が必要ではないか、という疑問が生じるところです。

法律に根拠のない任意調査について、法律の留保（侵害留保原則）の点から、違法性が問題になることもあります。たとえば、飲酒運転を取り締まる自動車一斉検問は、法律の根拠なく行われています（警察官職務執行法、道路交通法のどちらにも根拠規定がありません)。この一斉検問の違法性が争われた判例において、最高裁は、①警察法2条1項が警察の責務として「交通の取締」を定めていること、②自動車の運転者は合理的に必要な限度で行われる交通の取締に協力すべきこと等を指摘した上で、③一斉検問が相手方の任意の協力を求める形で行われ、運転者の自由を不当に制約することにならない方法、態様で行われる限り適法である、と判断しました(最判昭和55年9月22日刑集34巻5号272頁)。しかし、現実に強制の契機を伴っている以上(一斉検問に協力して停車しないと、不審者として職務質問等が可能になります)、立法的対応が必要と思われます。

(3) 強制調査

強制調査には、①相手方の抵抗を実力で排除して強制的に調査できるもの(**直接強制調査**)、②調査を拒否した者に罰則を科すことにより間接的に調査を強制するもの(**間接強制調査**)、③罰則以外のペナルティにより調査を担保しようとするもの、があります。

上記①のタイプは、児童虐待の防止等に関する法律の定める臨検・捜索など、行政側が実力を行使できる強力な仕組みであり、伝統的行政法学では即時強制に含まれます。法律の根拠が必要なことはもちろん、比例原則の厳格な適用も求められます。

上記②のタイプは、行政側の実力行使までは認められないものの、調査拒否や虚偽報告等に対して罰則(刑罰・過料)を設け、その威嚇力により間接的に調査を強制する仕組みであり、実定法上多くの例が見られます。罰則を科すのですから、前提となる義務(調査に応じる義務)は明確でなければなりません(たとえば、報告徴収であれば、報告の期限があらかじめ明確に定められている必要があります)。

上記③のタイプは、調査拒否に対して給付を拒否する、調査を拒否した場合に法令違反があったとみなす等の法的仕組みによるものです。たとえば、生活保護法は、要保護者の資産状況等の調査に協力が得られなければ、生活保護に関する給付の拒否ができる仕組みを定めています。

(4) 行政調査手続

行政調査の事前手続(**行政調査手続**)については、これを一般的に規律する法律は存在しません。行政手続法には、行政調査に関する一般的規定はなく、「報告又は物件の提出を命ずる処分その他その職務の遂行上必要な情報の収集を直接の目的としてされる処分及び行政指導」を適用除外としています(同法3条1項14号)。ゆえに、行政調査手続は、個別法により規律されることになります。さらに、強制調査については、憲法の手続保障に関する規定の適用が問題になります。

1 強制調査と憲法

強制調査について、根拠法令上、裁判所の令状の事前取得が定められていなければ憲法35条(**令状主義**)の適用が、自己に不利益な供述の拒否が定められていなければ憲法38条(**供述拒否権**)の適用が、それぞれ問題になります。

令状主義の適用について、最高裁は、所得税法上の質問検査に関連して、憲法35条が行政手続にも適用の余地があるとしましたが、①もっぱら所得税の公平確実な賦課徴収のために必要な資料を収集することを目的とする手続であって、その性質上刑事責任の追及を目的とする手続ではないこと、②実質上刑事責任追及のための資料の取得収集に直接結びつく作用を一般的に有するものでないこと、③罰則による検査の受忍が、検査の相手方の自由な意思を著しく拘束して、実質上、直接的物理的な強制と同視すべき程度にまで達していないことを指摘し、令状の事前取得がなくても憲法35条違反でないとしました(最大判昭和47年11月22日刑集26巻9号554頁)。

上記の最高裁の判示(あわせて最大判平成4年7月1日民集46巻5号437頁も参照)からは、①調査の必要性(行政目的を達成するため欠くことのできないものか)、②刑事責任追及に直接結びつくか、③強制の程度・態様(直接的物理的な強制と同視されるか)、を基準として憲法35条の行政調査への適用の有無を判断しようとする姿勢が読み取れます。

憲法38条については、上記昭和47年最判が、一般論として行政調査への適用を認めたものの、質問検査には適用がないとしました。憲法35条と同様、刑事手続との連続性・類似性の総合判断が基準とされています。

2　強制調査と事前手続

強制調査についても、相手方の権利利益を手続的に保障する仕組みとして、事前の通知、意見書提出の機会の付与などの事前手続が個別法により定められる例が見られます。他方で、事前に通知等をしたのでは調査として意味をなさないケースが想定され、強制調査に関する事前手続の保障は憲法上の要請とまではいえず、立法裁量、あるいは、法令を解釈適用するレベルでの行政裁量の問題になると考えられます。

最高裁は、所得税法上の質問検査に関連して、①質問検査は具体的事情にかんがみ、客観的に必要性があると判断される場合に行えること、②実定法上特段の定めのない実施の細目については、質問検査の必要があり、かつ、相手方の私的利益との衡量において社会通念上相当な限度にとどまるかぎり、権限ある税務職員の合理的な選択に委ねられること、③質問検査における事前通知、調査理由・必要性の個別具体的な告知は法律上一律の要件とされていないこと、を判示しています(最判昭和48年7月10日刑集27巻7号1205頁)。行政調査について一定の行政裁量を認める一方、比例原則(調査の必要性の存在・過剰な権利利益侵害の禁止)による規律の重要性が示唆されます。

そのほか、個別法上、身分証の携帯・提示、調査の時間帯の制限などの手続的規律が置かれる例が見られます。立法論としては、制度横断的な行政調査手続の一般法の整備が期待されます。

3　行政調査と犯罪捜査

行政調査は、あくまでも特定の行政目的のための情報収集手段ですから、それ以外の目的、とりわけ犯罪捜査の目的のための手段として行うことは許されません。実際の法文においても、行政調査(特に裁判官の令状の事前交付が必要でないもの)について、行政目的のための手段であり、犯罪捜査とは無関係であることを明確に示すために、「○○条の規定による立入調査の権限は、犯罪捜査のために認められたものと解してはならない」等の条項が置かれる例が見られます。

他方で、行政調査が犯罪捜査のきっかけとなることは、現実に起こり得る事態であり、完全に排除することは困難です。最高裁も、法人税法上の質問検査権限について、「犯罪の証拠資料を取得収集し、保全するためなど、犯則事件の調査あるいは捜査のための手段として行使することは許されない」としつつ、「質問又は検査の権限の行使に当たって、取得収集される証拠資料が後に犯則事件の証拠として利用されることが想定できたとしても、そのことによって直ちに、上記質問又は検査の権限が犯則事件の調査あるいは捜査のための手段として行使されたことにはならない」と述べています(最決平成16年1月20日刑集58巻1号26頁)。この考え方によれば、行政調査によって得られた資料が刑事手続で利用・参照されることは、必ずしも排除されないことになります。

なお、犯罪捜査によって得られた情報に基づいて行政処分を行うことは、より慎重な手続を経て収集された情報を行政処分に利用することであり、許されると考えられます(最判昭和63年3月31日判時1276号39頁)。

＊行政調査の瑕疵

行政調査は、①情報収集それ自体を目的とするタイプ(国勢調査等各種の統計調査)と、②行政処分など行政決定を行う前提として行われるタイプが区別されます。②では、行政調査手続に瑕疵があった場合、そこで収集された情報が内容的に正しいものであったとしても、行政決定の瑕疵(取消事由)になり得るか、という解釈問題が生じます。行政調査手続も行政決定の手続過程の一部分を構成するものであり、適正手続保障の重要性にかんがみるなら、行政調査手続に重大な瑕疵があるなら、これに基づく行政処分も違法として取り消されると解釈すべきでしょう。

3　情報公開

(1) 情報公開制度の意義

情報公開は、国民の信託を受けて活動する行政機関が、国民の知る権利に応え、国民に対して説明責任を果たすという観点から、情報の開示・公開をする仕組みをいいます。情報公開制度は、国民が政府の意思決定を監視し、行政活動に参画するために不可欠な法的手段といえるでしょう。

情報公開制度には、①国民の請求に基づいて行政機関が保有する情報(行政文書)を開示する制度(**開示請求権制度**)、②行政機関が自らの判断で情報を公開する制度(**情報提供制度**)、③国民からの請求を前提とせず、行政機関による情報公開を義務付ける制度(**情報公表制度**)があります。情報公開法は、主として、①の開示請求権制度を整備するものとなっています。

(2) 情報公開法の目的

情報公開法(以下、本項では、条文の引用にあたり法律名を略します)1条は、同法の目的について、次のように定めます。

> **1条**　この法律は、国民主権の理念にのっとり、行政文書の開示を請求する権利につき定めること等により、行政機関の保有する情報の一層の公開を図り、もって政府の有するその諸活動を国民に説明する責務が全うされるようにするとともに、国民の的確な理解と批判の下にある公正で民主的な行政の推進に資することを目的とする。

上記のように、情報公開法は、憲法上の統治の基本原理である「国民主権の理念」に基礎を置き、行政文書の開示を請求する権利(**開示請求権**)を定めます。加えて、同法の制度趣旨が、行政運営の公開性(openness)と政府の説明責任(accountability)にあることが読み取れます。同法の定める行政文書の開示請求権制度は、国民主権に立脚した行政運営のために不可欠と考えられます。

なお、立法過程では、目的規定に「知る権利」を明記すべきか議論されましたが、条文化はされていません。

(3) 情報公開法の対象

情報公開法の対象は、①法の対象となる行政機関、②開示請求の対象となる行政文書、それぞれの定義というかたちで画定されます。

同法の対象となる行政機関は、国の行政機関と会計検査院です(2条1項)。国会と裁判所は対象外であり、独立行政法人等の政府周辺法人・地方公共団体も、同法の直接の対象ではありません。独立行政法人等については別に法律があります。地方公共団体については、それぞれの条例に基づく情報公開が行われています。

同法に定める行政文書とは、行政機関の職員が職務上作成しまたは取得した文書・図画・電磁的記録で、かつ、「組織的に用いるもの」として当該行政機関が「保有」しているものです(2条2項)。行政文書とは、情報そのものではなく記録媒体です。行政文書は、行政機関内部で事案処理された文書(決裁・供覧等を経たもの)である必要はなく、業務の必要により利用・保存されていればこれに該当します。「保有」と規定されていることから、開示のために加工する必要はないと解釈されますが、電子データ等については実際に内容が読み取れないと意味がありませんから、法の趣旨目的を踏まえた柔軟な対応が必要です。

(4) 開示請求の方法

情報公開法は、行政文書の開示請求権を、「何人」にも与えています(3条)。ゆえに、自然人・法人、日本国民・外国人を問わず、開示請求をすることができます。

開示請求は、行政機関の長に対して、書面により行います。**開示請求書**には、請求者の氏名・住所等と、行政文書の名称その他行政文書を「特定するに足りる事項」を記載しなければなりません(4条1項)。開示請求の理由や目的について記載する必要は一切ありません。なお、そもそも見たことのない文書の開示を求めるのが普通ですから、請求者の側が文書を特定することには困難が伴います。法は、開示請求書に形式上の不備がある場合、行政機関の長は、開示請求者に対して**補正**を求めることができるとし、その際に、開示請求者に対して、補正の参考となる情報を提供するように努めなければならない、と定めています(4条2項)。

開示請求がなされた場合、行政機関の長は、その文書に後述する不開示情報が含まれている場合を除いて、開示する義務を負います(5条)。開示決定は、書面により通知される行政処分です(9条1項)。開示請求された文書が不開示情報に該当すれば、行政機関の長は不開示決定をして、その旨を請求者に書面で通知しなければなりません(同条2項)。不開示決定は、行政手続法上、申請に対する拒否処分にあたりますから、理由の提示が義務付けられます(行政手続法8条)。

＊部分開示

開示請求の対象となった行政文書の一部に不開示情報が含まれている場合に、行政機関の長は、文書全体を不開示とするのではなく、不開示部分を容易に区分して除くことができるときには、部分開示をしなければなりません(6条1項)。特に、個人情報については、個人を識別できる部分(氏名・肩書きなど)を除くことにより、公にしても当該個人の権利利益を害するおそれがない場合には、部分開示をしなければなりません(同条2項)。部分開示決定も、申請に対する一部拒否処分であり、行政手続法8条による理由の提示が義務付けられます。

部分開示について、不開示情報を除くと意味のない文字等の羅列になる情報(有意でない情報)となる場合には開示義務がない、との解釈が一般的です。この点について、たとえば文書に付されたページ数について、有意でない情報との見解と、文書の分量の目安として有意であるとの見解が対立する場面が考えられます。何をもって「有意」とするかは明確でなく、開示請求者の意図を汲んだ柔軟な対応が必要です。

開示請求に対する決定は、原則として開示請求があった日から30日以内にしなければなりません(10条1項)。ただし、事務処理上の困難その他正当な理由があるときは、30日以内を限度に延長することができます(同条2項)。一度に大量の行政文書につき開示請求された場合については、開示決定までの期限の特例が設けられています(11条)。

＊濫用的な開示請求

情報公開制度は、誰でも、目的を問わず、何度でも、行政文書の開示を求める権利を定めています。その結果、一度に大量の情報の開示を請求する、あるいは、繰り返し開示請求をするなど、請求者の権利濫用というべき事態が生じる例が見られます。行政側から見ると、開示請求された文書を逐一チェックして、不開示部分につき「黒塗り」作業を行うことが、人手や時間の点で本来の業務を妨げることになりかねません。これに対処するため、条例レベルでは、開示請求につき権利濫用禁止を明文で定める、あるいは、開示請求の手数料を予納させる仕組みを設けるなどの対応がされた例が見られます。

情報公開法は、開示請求権の濫用について、特段の規定を置いていません。権利濫用禁止の原則を適用する考え方もありますが、実際には、線引きが難しいでしょう(たとえば一度に10万件の請求が濫用的と判断しても、請求者を増やせば簡単に件数を減らせます)。請求者に対して知りたい文書の特定を求める補正を行い、件数を絞り込むよう誘導する方法も行われています。条例の工夫も参考にしながら、何らかの立法的対処が必要でしょう。

(5) 不開示情報

行政文書は原則として開示されますが、例外として不開示となる情報として、情報公開法は以下の6種類の類型を定めています(5条)。

1 個人に関する情報(5条1号)

情報公開法は、特定の個人を識別することができる情報(**個人識別情報**)を、原則として不開示と定めています。情報公開においても、個人の正当な権利利益を保護しようとする趣旨によります。同法は、他の情報との照合により個人識別情報となり得るものも不開示と定め、特定の個人を識別できなくてもなお公開によって個人の権利利益を害するおそれのある情報も不開示とするなど、個人識別情報につき慎重に配慮する立場をとっています。

情報公開制度の下で個人情報を保護する手法として、プライバシー保護型(個人のプライバシーを侵害するおそれのある情報を不開示とするもの)と個人識別情報型の2種類があるところ、同法は後者を採用しました。個人識別情報型は、プライバシー保護型と比べて、不開示情報の基準が明確になる一方、不開示の範囲が広がってしまう傾向があります(プライバシー侵害のおそれという限定がないからです)。そこで、同法は、不開示情報の例外として、①公にされている情報・公にすることが予定された情報(**公領域情報**)、②人の生命、健康、生活または財産を保護するために公にすることが必要な情報(**公益上の義務的開示情報**)、③公務員の職および職務遂行の内容の情報(**公務員情報**)、の3項目を明示しました。

＊公務員の個人識別情報

公務員についても個人識別情報は原則不開示ですから、氏名等は原則不開示です。他方で、上記の例外③により、「職」名までは開示されます(職務遂行の一端として、政府の説明責任に含まれるからです)。さらに、地位の高い公務員については、慣行上公にされた情報(上記の例外①)であるとして、氏名まで開示されます。

2　法人等に関する情報(5条2号)

法人等に関する情報(個人の事業活動に関する情報も含みます)については、当該法人等の「権利、競争上の地位その他正当な利益を害するおそれがあるもの」に限って、不開示となります。また、任意提供情報(公にしないとの条件で法人から任意に提供された情報)は、その条件を付すことが情報の性質、当時の状況等に照らして合理的と認められる場合に、不開示となります。さらに、例外として、公益上の義務的開示情報(人の生命・健康・生活・財産を保護するために公開する必要がある情報)が定められています。

3　国の安全等に関する情報(5条3号)

国防上・外交上の国家機密は、不開示情報です。国の安全が害される等のおそれがあると行政機関の長が認めることにつき相当の理由がある情報は、不開示となります。

4　公共の安全等に関する情報(5条4号)

公安情報(犯罪捜査や公共の秩序維持にかかわる情報)も不開示情報です。犯罪予防等公共の安全と秩序の維持に支障を及ぼすおそれがあると行政機関の長が認めることにつき相当の理由がある情報は、不開示となります。

5　審議・検討・協議に関する情報(5条5号)

国の機関等の内部・相互間における審議・検討・協議に関する情報であって、公にすることにより、率直な意見の交換・意思決定の中立性が不当に損なわれるおそれ、不当に国民の間に混乱を生じさせるおそれ、特定の者に不当に利益を与えもしくは不利益を及ぼすおそれがあるものは、不開示情報となります。行政機関内部での意思形成過程にある情報については、公にすることによる弊害が大きい(公開することにより生じる利益に比較して弊害が上回る)と考えられるものを、不開示とする趣旨です。なお、審議・検討・協議が終了して結論が出された段階で、不開示情報ではなくなります。

6 事務・事業に関する情報(5条6号)

国の機関・独立行政法人等・地方公共団体・地方独立行政法人が行う事務・事業に関する情報であって、その性質上、開示することにより、事務・事業の目的が損なわれ、適正な遂行に支障を及ぼすおそれのある情報は、不開示となります。検査や試験、交渉や争訟、人事管理などが法に例示されています。

＊不開示情報に関する特別な対応

不開示情報に該当しても、行政機関の長は、公益上特に必要があると認めるときは、裁量的判断により行政文書を開示することができます(7条)。

また、行政文書の存否を明らかにすること自体によって、不開示情報が明らかになるおそれがある場合に、行政文書の存否を明らかにしないで開示請求を拒否する仕組み(存否応答拒否)も規定されています(8条)。たとえば、「A氏に関する病歴を記した文書」が開示請求された場合、個人識別情報として不開示としたのでは、A氏の「病歴」を記した文書があることが分かってしまいます。このような開示請求(探索的請求などと呼ばれます)に対しては、存否応答拒否が必要と考えられます。

(6) 第三者の手続的保障

行政文書の中に、国等の行政主体・開示請求者以外の者(第三者)に関する情報が記録されている場合が考えられます。このような場合には、第三者の言い分を聴いた上で、開示・不開示の判断をする必要があります。情報公開法は、行政機関の長は、第三者の情報が記録された行政文書について開示決定等をするにあたり、第三者に**意見書提出の機会**を与えることができる、と規定します

(13条1項。**任意的意見聴取**)。また、行政機関の長は、行政文書を公益上の理由から開示しようとする場合に、第三者に書面で通知をし、意見書提出の機会を与えなければならないことも、規定されています(同条2項。**義務的意見聴取**)。後者は、第三者の権利利益が侵害されるにもかかわらず、公益を優先して開示する行政判断がなされる局面において、第三者の手続的参加を義務付けるものです。

上記の手続により、第三者が開示に反対する意見書を提出してもなお、行政機関の長は開示決定をすることができます。ただし、第三者に対して争訟の機会を保障するため、開示決定から実際の開示まで少なくとも2週間をおかなければなりません。この場合、行政機関の長は、開示決定後直ちに、反対意見を提出した第三者に対して、開示決定をした旨・その理由・開示実施日を書面により通知しなければなりません(以上につき13条3項)。第三者としては、開示決定から開示実施日のあいだに審査請求または取消訴訟を提起し、その上で執行停止の申立てをして、開示の実施を止めておく必要があります。

（7）不開示決定等に対する救済制度

開示請求に対する決定に請求者や第三者が不服である場合、行政不服審査法に基づく審査請求・行政事件訴訟法に基づく抗告訴訟により争うことができます。

第1の方法は、開示請求に対する決定について、行政不服審査法に基づく審査請求により争うものです。この場合、審査請求を受けた行政機関の長(諮問庁)は、原則として、情報公開・個人情報保護審査会に諮問し、その答申を受けた上で、裁決をすることになります(19条)。審査会は総務省に置かれ、**インカメラ審理**(諮問庁に請求対象の行政文書を提示させて、実物を見分しつつ審理すること)等を行った上で、答申をします。審査会の答申に法的拘束力はなく、諮問庁が答申に従う法的義務はありません。しかし、答申は、不服申立人・参加人にも写しが送付され、さらにその内容はインターネット上で公表されます。諮問庁は当然に答申を尊重すべきですし、もし答申と異なる決定をするのであれば、十分に説得的な理由を示す必要があるでしょう。

＊情報公開・個人情報保護審査会の審理手続

同審査会は、必要な場合にインカメラ審理(後述)を行うことができるほか、諮問庁に対し、行政文書に記録された情報の内容を分類・整理した資料(ヴォーン・インデックス)の作成・提出を求める権限を持ちます。また、審査請求をした国民の側は、審査会に対して、口頭での意見陳述を申し立て、意見書・資料を提出することができます。審査会が諮問庁から独立して的確な判断をする機関として信頼されるためには、上記のような手続を正しく実施することが求められます。

第2の方法は、不開示決定に対して、開示決定の義務付け訴訟(行政事件訴訟法3条6項2号)・不開示決定の取消訴訟(同条2項)を提起するものです(前者を提起する場合には、後者を併合的する必要があります)。不開示決定について、審査請求をせず直ちに裁判で争うことができますし、審査請求の後に裁判で争うことも可能です。

裁判において、インカメラ審理(訴えを提起した国民側には伏せたまま、行政側が提出した文書を裁判官が見分すること)はできないと解されています。訴訟で用いられる証拠は当事者の吟味・弾劾の機会を経たものに限られるという民事訴訟の基本原則に反する一方、裁判でのインカメラ審理を許容する明文規定がないからです(最決平成21年1月15日民集63巻1号46頁)。もっとも、最高裁も、情報公開訴訟におけるインカメラ審理が、裁判の公開に関する憲法82条1項違反とは述べていません。今後、インカメラ審理を可能にする立法的工夫が望まれます。

＊情報公開訴訟における主張・立証

不開示決定について国民側が争う情報公開訴訟は、行政文書の内容について、一方当事者(行政側)のみが知っている反面、国民側、裁判所は不知のまま、審理が進められます。ゆえに、不開示決定が適法か(＝法定された不開示情報に該当するか)審理判断することには、構造的な難しさがあります。そのこともあって、不開示決定の取消し(さらに開示決定の義務付け)を求める訴訟では、不開示事項該当性の主張・立証責任は、原則として不開示決定をした行政機関の側が負うものとされています(最判平成6年2月8日民集48巻2号255頁)。また、行政文書が不存在であることを理由とする不開示決定が争われた訴訟では、①解釈上不存在とされた場合(存在している文書が開示請求対象外と解釈された場合)には行政側が主張・立証責任を負うが、②物理的不存在とされた場合は、行政文書の保有が開示請求権の成立要件であることから、開示請求者の側が主張・立証責任を負うとされます(最判平成26年7月14日判時2242号51頁)。

上記の平成26年最判は、過去のある時点で行政文書の存在が立証されたが、その後は行方不明になったというケースにおいては、行政側が当該文書の不存在を主張・立証しない限りその存在が事実上推認されるとしつつ、外交上の「密約」文書の特殊性を踏まえるとこのような推認はできないとしました。しかし、これでは、行政側による秘密裡での廃棄・隠蔽を法的に許すことになりかねず、判決には疑問があります。

〈補論〉　行政情報と個人情報保護

(1) 個人情報保護制度の整備

個人情報保護制度とは、情報化社会の進展に対応し、個人のプライバシー権の保護を図るための法制度全般をいいます。プライバシー権は、政府・行政機関との関係のみならず、私人間においても保護が必要ですから、個人情報保護制度は、公的部門・民間部門に共通して必要不可欠といえます。

わが国では、平成15年、個人情報の保護に関する法律(個人情報保護法)、行政機関の保有する個人情報の保護に関する法律(行政機関個人情報保護法)、独立行政法人等の保有する個人情報の保護に関する法律が成立しました。このうち、個人情報保護法は、個人情報保護に関する基本法制と、民間部門の一般法制を定めており、行政機関個人情報保護法は、国の行政機関における個人情報の取扱いに関する包括的ルールを定めています。さらに、平成25年には、行政手続における特定の個人を識別するための番号の利用等に関する法律(マイナンバー法)が制定され、それ以降も、個人情報保護法、行政機関個人情報保護法について重要な改正がなされるなど、個人情報保護制度は新しい局面を迎えつつあります。

マイナンバーとは、住民票に記載された者全てに与えられる番号(個人番号)です。個人番号は、行政手続において広く活用されますが、個人番号、および、個人番号をその内容に含む個人情報(特定個人情報)については、特に保護するための法的仕組みが用意されています。

(2)行政機関個人情報保護法の目的と対象

行政機関個人情報保護法1条は、同法の目的として、「行政機関において個人情報の利用が拡大していることにかんがみ、行政機関における個人情報の取扱いに関する基本的事項を定めることにより、行政の適正かつ円滑な運営を図りつつ、個人の権利利益を保護する」ことを規定します。同法は、国の行政機関における個人情報全体について適正な取扱いをすることを目的とするとともに、電子政府化の進行への対処を視野に入れ、国民が電子政府を安心して利用するための基盤をつくることを趣旨とします。

同法による個人情報保護制度の対象となる行政機関は、国のすべての行政機関(会計検査院を含む)です(2条1項)。また、同法の対象となる「保有個人情報」は、情報公開法の定める「行政文書」に記録された「個人情報」です(同条2項・3項)。ここでの「個人情報」は、情報公開法における個人に関する情報(個人識別情報)と基本的に同じものとなります。

(3)個人情報の適切な取扱い

行政機関個人情報保護法は、行政機関による個人情報の取扱いについて、①保有の制限(法令が定める所掌事務を遂行するために必要な場合・特定された利用目的の達成に必要な範囲に限定されます。3条)、②利用目的の明示(書面により個人情報を利用する際には、利用目的の明示が求められます。4条)、③正確性の確保(5条)、④漏洩等の防止その他の安全確保の措置(6条)、⑤利用・提供の制限(法令に基づく場合を除き、利用目的以外の利用・提供は原則として禁止されます。8条)等のルールを定めています。また、個人情報の取扱いに従事する行政機関の職員等は、個人情報をみだりに他人に知らせたり、不当に利用することを禁じるなどの義務を課されます(7条)。また、行政機関の長は、個人情報ファイル簿を作成・公表することを義務付けられます(11条1項)。

(4) 個人情報に関する本人の関与

行政機関において個人情報が正しく取り扱われているか、本人によりチェックする仕組みが不可欠です。行政機関個人情報保護法は、本人(個人情報によって識別される特定の個人)がチェック(関与)するための権利として、①**開示請求権**、②**訂正請求権**、③**利用停止請求権**の3つを法定しました。

開示請求権制度は、本人が自己情報の開示を求める権利であり、行政機関個人情報保護法には情報公開法とほぼ同等の仕組みが構築されています(12条以下)。情報公開法では、自己情報であっても個人識別情報であれば不開示となるため、自己情報については、行政機関個人情報保護法により開示請求することになります。

訂正請求権制度は、情報の内容が事実と相違すると思料する場合に、自己を本人とする保有個人情報の訂正を請求することができ、訂正請求に理由があれば、行政機関の長に利用目的の達成に必要な範囲での訂正義務が生じるという仕組みです(同法27条以下)。訂正請求権制度を使うためには、あらかじめ開示請求をしておくことが必要です。

利用停止請求権制度は、自己に関する個人情報につき、不適法な取得・利用・提供があると思料する場合に、その利用停止を求める仕組みです(同法36条以下)。行政機関の長は、利用停止請求に理由があると認める場合、当該行政機関における個人情報の適正な取扱いを確保するために必要な限度で利用停止の義務を負いますが、事務の適正な遂行に著しい支障を及ぼすおそれがあると認められるときには義務が外れる可能性があります。

上記の開示・訂正・利用停止の決定等について、行政不服審査法による審査請求により争うことができます。この場合、情報公開・個人情報保護審査会への義務的諮問など、情報公開法に準じた手続が定められています。もちろん、直接裁判所に抗告訴訟を提起することも可能です。

第10章　行政不服審査

1　行政不服審査

（1）行政不服審査の意義

行政不服審査とは、行政活動について、国民から行政機関に対して不服を申し立てる手続です（不服申立てとも呼ばれます）。行政活動は、法律に適合し、公益目的に合致することが必要です。しかし、現実には、違法（法律に適合しない）・不当（公益目的に合致しない）な行政活動が行われ、それによって国民の権利利益が侵害される事態が生じます。行政不服審査は、違法・不当な行政活動を是正し、国民の権利利益を救済するために設けられた、行政機関による救済手続です。行政上の紛争について、国民から行政機関に申立てを行い、一定の審理手続を経た上で拘束力のある決定（裁決）が下され、解決が図られる仕組みです。

行政上の紛争を正式に解決する手続という意味で、行政不服審査は、裁判所が審理する行政訴訟制度と対比されます。両者は、行政機関による紛争解決と、裁判所による訴訟手続という性質の違いを反映して、それぞれ長所・短所があります。

行政不服審査の長所として、基本的に手数料は不要であり、裁判よりも簡易・迅速な手続により、行政活動に専門性がある行政機関によって、違法のみならず不当まで踏み込んだ審理ができることが指摘できます。行政不服審査は、行政機関の自己反省機能を生かした行政救済手続として、裁判手続より柔軟な紛争解決が期待できます。行政不服審査の審理は、民事訴訟のような処分権主義によらず、行政活動の当否を判断するために必要な範囲全般に及びます。

行政不服審査の短所として、裁判所と比べて第三者性の低い行政機関が紛争解決を図るものであり、手続の公正さが劣ることが指摘されます。平成26年、一般法である行政不服審査法は、手続の公正さを高めるものへと全部改正されました。この改正により、国民の権利利益を救済する実が上がるか、今後の制度運用が注目されます。

＊行政不服審査法の運用状況

行政不服審査法は、不服申立てに必要な情報の提供(84条)、裁決等の内容その他不服申立ての処理状況の公表(85条)について、行政庁側の努力義務を定めています。これにより、行政不服審査(不服申立て)の裁決について、地方公共団体によるものも含めて、政府のホームページ上で公開されています。平成26年の法改正の成果がどのようなものか、国民のひとりひとりが関心を持ち続けることが大切です。

(2) 行政手続法が定める救済手続

行政不服審査については、**行政不服審査法**が、一般法として手続を定めています。同法は、行政庁による公権力の行使について、国民が行政機関に事後救済を求める手続を規律しています。他方で、行政機関による救済手続として、①行政指導など公権力の行使でない行為に起因する紛争の救済、②行政の行為がなされる前の事前救済も必要です。この①②は、行政不服審査法ではなく、行政手続法に救済手続が定められています。すなわち、行政手続法36条の2は、違法な行政指導の中止等を求める申出制度を定め、同法36条の3は、法令違反状態を是正するためになされる処分・行政指導を求める申出制度を定めています。行政不服審査法は処分に関する事後救済手続の一般法であり、行政指導(処分ではない)に関する救済手続、および、処分に関する事前救済手続については行政手続法で手当てされたのです。これらの申出制度は、国民が権利性をもって紛争解決を求める正式の争訟手続ではありませんが、その柔軟性を活かすかたちでの運用が期待されます。

＊苦情処理制度

行政不服審査は、行政機関による正式な(フォーマルな)紛争処理手続として位置付けられますが、行政機関によるより簡便で柔軟な(インフォーマルな)紛争解決手段として、苦情処理があります。苦情処理とは、行政機関が、その業務に関する国民の苦情を聞いた上で、何らかの措置をすることをいいます。行政機関の側に苦情に対応する法的義務はなく、とられた措置にも法的拘束力はありません。しかし、インフォーマルであるからこそ、国民の時間・費用・心理面での負担がなく、行政側が適切な措置をすれば紛争が解消する場合も多いといえるでしょう。

2　行政不服審査法の概要

（1）行政不服審査法の全部改正

明治憲法下では、行政不服審査に関する一般法として、訴願法が制定されていました。訴願法は、国民の救済よりも行政の自己統制に主眼を置き、その対象も法に列記された事項に限られるなど不十分なものでしたが、日本国憲法下でも存続します。その後、昭和37年に、訴願法は廃止され、旧行政不服審査法が制定されます。この旧法は、原則としてすべての行政処分を対象とする**一般概括主義**を採用し、申立人の手続保障に配慮したものでしたが、事前手続を定めた行政手続法の制定(平成5年)、国民の権利利益の実効的救済を趣旨とする行政事件訴訟法の改正(平成16年)等関連する制度改革が実現し、取り残された感がありました。

そのような中、平成26年、手続の公正性の向上と、国民にとっての利便性の向上を趣旨として、旧法を全部改正する行政不服審査法が制定され、行政不服審査の内容は一新されました。

（2）行政不服審査法の目的

行政不服審査法(以下、本章では、条文の引用にあたり法律名を略します)1条1項は、同法の目的について、以下のように定めています。

1条1項　この法律は、行政庁の違法又は不当な処分その他公権力の行使に当たる行為に関し、国民が簡易迅速かつ公正な手続の下で広く行政庁に対する不服申立てをすることができるための制度を定めることにより、①国民の権利

> 利益の救済を図るとともに、②行政の適正な運営を確保することを目的とする。

このように、行政不服審査法の制度目的は、簡易迅速かつ公正な手続による、①国民の権利利益の救済(行政救済)、②行政の適正な運営の確保(行政統制)、の2つです。①と②は基本的に同等の重みを持つと考えられますが、同法には、①に重きを置いた規定もあります(たとえば、裁決・決定における不利益変更の禁止が規定されており、②の観点から係争処分の不利益変更が必要であったとしても、①の観点からこれを禁止したものと考えられます)。

上記の条文のうち、「公正な」という文言は、旧法にはなく、行政不服審査手続の客観性・公正性を高めて、国民の手続保障のレベルを向上させようとする平成26年改正の趣旨を示すものとなっています。

＊一般法と特別法

行政不服審査法は、処分(行政庁の処分その他公権力の行使に当たる行為)に関する不服申立ての一般法として位置付けられます(1条2項)。他方で、不服申立てについて、他の法律に特別の定めがあれば、そちらが特別法として適用されます。さらに、同法は、同法が適用除外となる処分・不作為につき相当程度広く定めていますから(7条)、適用除外となる場合について、個別法により別個の不服申立てが規定されている例があることになります(8条)。

国民が実際に行政不服審査(不服申立て)をするためには、行政不服審査法はもとより、個別法を精査しなければならないケースが多いことに注意する必要があります。

(3) 行政不服審査の3類型

行政不服審査法は、①**審査請求**、②**再調査の請求**、③**再審査請求**という、3種類の手続を定めています。これらのうち、原則となるのは①で、②③は個別法に特に定めがある場合に限って認められます。

審査請求とは、行政庁の処分または処分に係る行政庁の不作為について、審査庁(原則として処分庁・不作為庁の最上級行政庁。処分庁・不作為庁に上級行政庁がない場合には当該処分庁・不作為庁)に対して不服を申し立てる手続です。審査請求は、処分についての審査請求と不作為についての審査請求に区分されます。審査請求の手続については、3以下で詳述します。

再調査の請求とは、処分庁に対し、簡易な手続で事実関係の調査等をすることによって処分の見直しを求める手続です。再調査の請求は、処分庁以外の行政庁に対して審査請求ができる場合において、個別法(国税、関税など)により特に認められる手続です。処分が大量に行われたり、単純に法の定める処分要件の事実認定のみが争われる場合において、行政側の手続負担の軽減・国民側の簡易迅速な救済の両面でメリットがあるとされています。個別法による再調査の請求が規定されている場合でも、審査請求と再調査の請求のどちらを利用するかは、国民の自由な選択によります。もっとも、再調査の請求をしたときは、原則として、再調査の請求に係る決定を経た後でなければ、審査請求を提起できません。なお、不作為については、再調査の請求の対象となりません。

再審査請求とは、審査請求の裁決に不服がある者が、さらにもう一段階の申立てをする手続です。個別法(社会保険、労働保険など)により、特に規定がある場合にのみ認められるもので、審査請求に準じる手続内容となっていますが、行政不服審査会等への諮問が省かれます。再審査請求が可能な場合において、審査請求の裁決に不服があるとき、再審査請求をするか直ちに裁判手続に進むかは、自由選択です。また、不作為については、再審査請求の対象となりません。

3　審査請求の要件

(1) 審査請求の対象

処分についての審査請求の対象は「行政庁の処分」(2条)、不作為についての審査請求の対象は「行政庁の不作為」(3条)です。「処分」とは「行政庁の処分その他公権力の行使に当たる行為」をいい(1条2項)、「不作為」とは「法令に基づく申請に対して何らの処分をもしないこと」(3条かっこ書き)をいいます。処分・不作為には、条例に基づくものも含まれます。

上記の「処分」は、行政手続法2条2号・行政事件訴訟法3条2項の定める「処分」と同じ概念です。処分の範囲画定に関する解釈論(処分性)については、11章3で改めて説明します。処分には、行政機関による人の収容や物の留置など、権力的かつ継続的性質の事実行為が含まれます。審査請求により、収容された人の解放や、留置された物の返還を求めて争うことができます。法律上例外とされている場合を除いて、原則としてすべての処分・不作為について審査請求ができます(**一般概括主義**)。

(2) 審査庁

審査請求は、法律または条例に特別の定めがある場合を除き、原則として、処分庁・不作為庁の最上級行政庁に対して行います(4条4号)。例外として、①上級行政庁がない場合または主任の大臣、宮内庁長官、(外局の)庁の長である場合には当該処分庁・不作為庁、②宮内庁長官・庁の長が上級行政庁である場合には宮内庁長官・庁の長、③主任の大臣が上級行政庁である場合(上記①②を除く)には当該主任の大臣が、審査庁となります(4条1号〜3号)。

たとえば、地方公共団体の長(都道府県知事・市町村長)が処分庁・不作為庁である場合には、上級行政庁が想定できないため、その長に対して審査請求をするのが原則です。また、○○大臣あるいは△△庁長官が処分庁・不作為庁である場合にも、その○○大臣・△△庁長官に対して審査請求をするのが原則です。○○大臣の下級機関が処分庁・不作為庁であれば、原則として、○○大臣が審査庁となります。

(3) 審査請求期間

処分についての審査請求は、処分の法的効果の早期安定を図るため、審査請求期間が定められています。すなわち、処分があったことを知った日の翌日から起算して3か月(再調査の請求を前置したときは、当該再調査の請求の決定があったことを知った日の翌日から起算して1か月)という主観的請求期間、処分(再調査の請求を前置したときは、当該再調査の請求の決定)の日の翌日から起算して1年という客観的請求機関が、それぞれ規定されています(18条1項・2項)。いずれも、正当な理由があれば、例外が認められます。

不作為についての審査請求は、審査請求期間の制限はありませんから、不作為状態が続く限り審査請求で争うことができます。

（4）審査請求適格

処分につき審査請求することができるのは、「行政庁の処分に不服がある者」と定められています(2条)。判例は、これを「法律上の利益がある者」と解した上で、取消訴訟の原告適格と同様に「法律上保護された利益」説を採用しています(最判昭和53年3月14日民集32巻2号211頁)。この論点については、取消訴訟を説明する箇所で詳述します(⇒12章2(3))。

不作為につき審査請求できるのは、「法令に基づき行政庁に対して処分についての申請をした者」です(3条)。申請者は、申請から相当の期間が経過したにもかかわらず処分されない場合に、審査請求で争うことができます。

4　審査請求の開始

（1）標準審理期間

行政不服審査法は、審査請求の審理の遅延を防ぎ、審査請求人の権利利益の迅速な救済に資するという観点から、審理期間の目安となる**標準審理期間**(審査請求が事務所に到達してから裁決をするまでに通常要すべき標準的な期間)の設定・公表につき規定しています(16条)。標準審理期間は、審査請求の審理が計画的に進行するための目安として機能することが期待されますが、設定された期間内に裁決をする義務を審査庁に課すものではありません。

（2）審査請求書の提出

審査請求は、他の法律(条例に基づく処分については条例)に口頭ですることができる旨の定めがある場合を除き、**審査請求書の提出**により開始されます(19条1項)。審査庁が処分庁・不作為庁と異なる場合、処分庁・不作為庁に審査請求書を提出することもできます(21条)。

審査請求書に不備がある場合、審査庁は、相当の期間を定め、**補正**を命じなければなりません(23条)。補正を命じることは審査庁の義務ですから、必要な場合に補正を命じないのは違法です。審査請求人が補正をしない場合(補正できないことが明らかな場合も同様)、審査庁は、審理員による審理手続を経ないで却下裁決できます(24条1項・2項)。

（3）参加人・補佐人

利害関係人(審査請求人以外の者で、争われている処分の根拠法令に照らし、その処分につき利害関係を有するものと認められる者)は、審理員の許可を得て、**参加人**として当該審査請求に参加することができます(13条1項)。また、審理員は、必要があると認める場合には、利害関係人に対し、当該審査請求に参加することを求めることができます(同条2項)。行政活動に関する紛争は、行政庁と審査請求人の二面関係にとどまらない三面的・多極的な利害関係を前提とするものが多くありますから、参加人が審査請求の手続にかかわることにより、適切な紛争解決に役立つことが期待されます。

また、口頭意見陳述をしようとする者(口頭意見陳述の申立人)は、審理員の許可を得て、**補佐人**(専門知識を有する者)とともに出頭することができます(31条3項)。

5 審理員による審理

（1）審理員の指名

審査請求の審理は、原則として、審査庁が指名する**審理員**によって進められます。審査請求が始まると、審査庁は、争われている処分・不作為に関与しない職員の中から審理員を指名します(9条1項)。審理員は、あくまでも審査庁の職員(非常勤も可)であり、組織法的な意味での第三者性はありません。

審査請求を提起しようとする国民の側からは、具体的にどのような職員が審理員になるか、重要な関心事項です。そこで、行政不服審査法は、行政庁の側に、審理員となるべき者の名簿(**審理員候補者名簿**)をあらかじめ作成することを努力義務とし、名簿が作成された場合には公にすることを義務付けています(17条)。

なお、①行政委員会等が審査庁となる場合、②条例に基づく処分について当該条例が審理員による審理手続を排除する場合、③上記4(2)の審理員による審理手続を経ずに却下する場合(以上9条1項ただし書き)、④個別法が審理員による審理手続を排除する場合(情報公開法18条等)には、審理員による審理は行われません。

（2）弁明書・反論書・意見書

審理員は、審査庁から指名されたときは、直ちに、処分庁等に審査請求書を送付します(29条1項。処分庁・不作為庁が審査庁である場合を除く)。次に、審理員は、相当の期間を定めて、処分庁等に対し、**弁明書**の提出を求めます(同条2項)。弁明書が提出されれば、審理員はこれを審査請求人・参加人に送付します(同条5項)。これを受けて、審査請求人は**反論書**(30条1項)、参加人は**意見書**(同条2項)を、それぞれ提出することができます。

審査請求の最初の段階では、上記のように、弁明書・反論書・意見書をやりとりして、審査請求の趣旨や、審査請求人と処分庁の間の争点を明らかにする手続が進行します。

（3）争点整理

審理員は、審理すべき事項が多数でありまたは錯綜しているなど事件が複雑であることその他の事情により、口頭意見陳述をはじめとする審理手続を計画的に遂行する必要があると認める場合には、期日・場所を指定して、審理関係人を招集し、これらの審理手続の申立てに関する意見の聴取を行うことができます(37条1項。**意見聴取手続**)。審理の計画的遂行のため、審理員があらかじめ争点整理を行うことを趣旨としており、審理員は、審理関係人のうち必要と考える者のみを招集することができます。

なお、審理関係人(審査請求人、参加人、処分庁・不作為庁)および審理員は、簡易迅速かつ公正な審理の実現のため、審理において、相互に協力するとともに、審理手続の計画的な進行を図る義務が課されています(28条)。

（4）口頭意見陳述

審査請求人または参加人の申立てがあった場合、審理員は、原則として、その申立人に口頭で当該審査請求に係る事件に関する意見を述べる機会を与えなければなりません(31条1項。**口頭意見陳述**)。口頭意見陳述は、審理員が期日・場所を指定し、全ての審理関係人を招集して行います(同条2項)。申立人は、審理員の許可を得て、補佐人とともに出頭することができます(同条3項)。さらに、口頭意見陳述に際し、申立人は、審理員の許可を得て、審査請求に係る事件に関し、処分庁等に対して、**質問**を発することができます(同条5項)。

(5) 証拠調べ

審査請求人・参加人は証拠書類・証拠物を(32条1項)、処分庁等は処分の理由となる事実を証する書類その他の物件を(同条2項)、審理員に提出できます。また、審理員は、審査請求人・参加人の申立てによりまたは職権で、物件の提出要求(33条)、参考人陳述・鑑定の要求(34条)、必要な場所の検証(35条)、審理関係人への質問(36条)をすることができます。

審査請求人・参加人は、審理員に対し、提出された書類その他の物件(処分庁等から提出されたものに加え、審理員が職権で収集したものを含む)の閲覧または写し等の交付を求めることができます。この場合、審理員は、第三者の利益を害するおそれがあると認めるとき、その他正当な理由があるときでなければ、閲覧・交付を拒むことができません(38条1項。**謄写・閲覧請求権**)。

(6) 審理手続の終結

審理員は、必要な審理を終えたと認めるときは、審理手続を終結します(41条1項)。審理員は、審理手続を終結したときは、遅滞なく、**審理員意見書**(審査庁がすべき裁決に関する意見書)を作成しなければならず(42条1項)、審理員意見書を作成したときは、速やかに、これを事件記録とともに、審査庁に提出しなければなりません(同条2項)。

6　行政不服審査会等への諮問

行政不服審査法は、審理員による審理手続が適正に行われたかチェックし、審査庁の判断の客観性・妥当性を担保するため、審査請求手続に第三者機関が関与する仕組みを構築しました。第三者機関となるのは、国レベルでは**行政不服審査会**、地方公共団体では条例で設置される機関(執行機関の附属機関)です。

審査庁は、審理員意見書の提出を受けたとき、原則として、行政不服審査会等に諮問する義務を負います(43条1項)。諮問を要しないのは、①個別法により審議会等の議を経る場合、②審査請求人が諮問を希望しない場合(参加人から反対の申出がされている場合を除く)、③行政不服審査会等が諮問を要しないと認めた場合、④審査請求を却下する場合、⑤審査請求を全部認容する場合(反対の意見書が提出された場合・口頭意見陳述において反対の意見が述べられた場合を除く)です(同項1号〜8号)。③については、「国民の権利利益及び行政の運営に対する影響の程度その他当該事件の性質を勘案」するという考慮要素が法文に明記されています。

行政不服審査会等での審理手続は、審理員意見書および事件記録に基づく書面審理が中心となりますが、審査関係人(審査請求人・参加人・審査庁)から申立てがあった場合には、原則として、当該審査関係人に口頭で意見を述べる機会を与えなければなりません(75条1項)。審査関係人は、行政不服審査会に対し、主張書面または資料を提出すること(76条)、審査会に提出された主張書面・資料の閲覧を求めること(78条1項)もできます。

行政不服審査会は、諮問に対する答申をしたときは、答申書の写しを審査請求人および参加人に送付するとともに、答申の内容を公表します(79条)。

7　裁決

(1) 審査請求の終了

審査請求は、審査庁の**裁決**により終了します(他に、審査請求人による審査請求の取下げによる終了もあります)。裁決は、裁決書によります(50条1項)。再審査請求できる場合には、その旨の教示が必要です(同条3項)。

審査庁は、行政不服審査会等から諮問に対する答申を受けたとき(諮問を要しない場合には審理員意見書が提出されたとき)は、遅滞なく、裁決をしなければなりません(44条)。答申書・審理員意見書は審査庁を法的に拘束するものではありませんが、裁決主文が答申書・審理員意見書と異なる場合には、異なることとなった理由を付記しなければなりません(50条1項4号)。

(2) 処分についての審査請求の裁決

処分についての審査請求において、請求が不適法である場合には**却下裁決**(45条1項)、審査請求に理由がない(処分が違法・不当でない)場合には**棄却裁決**(同条2項)がなされます。処分が違法・不当であるが、公の利益に著しい障害を生ずる場合について、当該処分を維持するため棄却裁決をする**事情裁決**も法定されています(同条3項)。

事実上の行為を除く処分が違法・不当である場合には、事情裁決の場合を除き、裁決で、処分の全部・一部を取り消し、またはこれを変更します(46条1項)。ただし、審査庁が処分庁の上級行政庁または処分庁のいずれでもない場合には、当該処分を変更することはできません(同項ただし書き)。法令に基づく申請を却下または棄却する処分の全部または一部を取り消す場合において、当該申請に対して一定の処分をすべきものと認めるとき、処分庁の上級行政庁である審査庁は当該処分庁に対して当該処分をすべき旨を命じ、処分庁である審査庁は当該処分をします(同条2項)。

事実上の行為が違法・不当である場合、審査庁は、その旨を宣言した上で、処分庁以外の審査庁は、処分庁に対し、当該行為の全部・一部の撤廃または変更を命じ、処分庁である審査庁は、当該行為の全部・一部を撤廃し、またはこれを変更します。ただし、審査庁が処分庁の上級行政庁以外の審査庁である場合には、当該行為の変更命令はできません(47条)。

いずれにしても、審査庁は、処分・事実上の行為を審査請求人の不利益に変更等することは禁止されます(48条。不利益変更の禁止)。

(3) 不作為についての審査請求の裁決

不作為についての審査請求が不適法である場合(申請から相当の期間が経過していない場合など)には、却下裁決となります(49条1項)。審査請求が適法であり、不作為が違法・不当でない場合には、棄却裁決です(同条2項)。不作為が違法・不当である場合には、審査庁は、当該不作為が違法・不当である旨を宣言するとともに、当該申請に対して一定の処分をすべきものと認めるときは、不作為庁の上級行政庁である審査庁は、不作為庁に対し、当該処分をすべき旨を命ずる措置をとり、不作為庁である審査庁は、当該処分をする措置をとります(同条3項)。

(4) 裁決の効力

裁決には、公定力など行政処分としての効力があるほか、争訟手続の裁断行為であることから不可変更力が認められます。また、裁決は、関係行政庁を拘束します(52条1項。**拘束力**)。これにより、関係行政庁は、裁決が示した判断内容を実現する義務を負い、取消裁決があった場合には、同一事情の下で同一内容の処分を繰り返すことはできません(**反復禁止効**)。

8　執行停止

審査請求が開始されても、処分の効力・処分の執行・手続の続行は妨げられません(25条1項。**執行不停止原則**)。そこで、裁決までの間に審査請求人の権利利益が侵害されることを防ぐため、仮の救済制度として**執行停止制度**が設けられています。

執行停止の方法としては、①処分の効力、②処分の執行、③手続の続行、のそれぞれ全部または一部の停止、④その他の措置、の4種類があります(25条2項)。④は、係争処分に代わる別の処分をすることが想定されます。処分庁の上級行政庁または処分庁が審査庁である場合は、審査請求人の申立てによりまたは職権で、①〜④の方法が可能ですが、それ以外の審査庁は、申立てにより(職権では不可)、処分庁の意見を聴取した上で、④以外の方法による執行停止をすることができます(同条3項)。なお、①の方法は、それ以外の方法により目的を達することができる場合には、することができません(同条6項)。

執行停止には、審査庁が「必要があると認める場合」にすることができるもの(**裁量的執行停止**。25条2項・3項)と、法定された要件を満たす場合に執行停止をしなければならないもの(**義務的執行停止**。同条4項・5項)の2種類があります。義務的執行停止の要件は、①審査請求人の申立てがあり、②重大な損害を避けるために緊急の必要があると認めるときです。ただし、③公共の福祉に重大な影響を及ぼすおそれがあるとき、または、④本案について理由がないとみえるときは、執行停止をしないことができます。

執行停止をする権限は、審理員ではなく、審査庁にあります。審理員は、審査庁に対し、執行停止すべき旨の意見書を提出することができます(40条)。意見書が提出された場合、審査庁は、速やかに、執行停止するかどうかを決定しなければなりません(25条7項)。

9 教示

教示とは、処分の相手方など国民に対して、行政不服審査による救済が受けられることを知らせる仕組みです。行政不服審査(不服申立て)ができる処分を書面でする場合に、処分庁は、処分の相手方に対して、①不服申立てができること、②不服申立てをすべき行政庁、③不服申立期間を、書面で教示する義務を負います(82条1項)。また、利害関係人から教示を求められたとき、行政庁は一定事項を(書面によることを求められたときは書面で)教示する義務を負います(同条2項・3項)。

行政庁が必要な教示をしなかった場合、不服がある者は、とりあえず処分庁に不服申立書を提出すれば行政側で適切に処理されます(83条)。誤った教示に従って審査請求等をした場合の救済規定も整備されています(22条)。処分庁が誤って長い期間を教示したために審査請求期間を徒過してしまったケースについては、「正当な理由」があるものとして救済される(18条1項・2項)と解されます。

第11章　抗告訴訟の基本構造

1　行政事件訴訟

（1）行政訴訟制度

違法な行政活動により国民の権利利益が侵害されることがあれば、司法権の担い手である裁判所によって、違法を是正し、権利利益の救済が図られなければなりません。**行政訴訟制度**は、法治主義を担保するために設けられる、行政事件(行政上の法的紛争)に関する裁判手続です。行政訴訟とは、行政事件に特有な訴訟と観念されます。

行政訴訟制度には、行政権と司法権のあり方の相違に対応し、英米型(**司法国家型**)とヨーロッパ大陸型(**行政国家型**)という２つのモデルがあります。**司法国家型**とは行政事件を通常の司法裁判所が扱うもの、**行政国家型**とは行政事件を特別な行政裁判所が扱うものです。わが国でも、明治憲法下においては、行政部内に政府から独立した行政裁判所が設けられ、行政国家型が採用されていました(行政裁判所は、司法権ではなく、行政権に属します)。しかし、第二次大戦後、日本国憲法は、行政裁判制度を廃止して司法国家体制を採用しました(76条1項・2項)。日本国憲法下では、国民と行政主体の紛争について、法律上の争訟(裁判所法3条1項)であるかぎり、司法裁判所が審理判断を拒否することは許されません(裁判を受ける権利。憲法32条)。

（2）司法権と行政権の関係

行政訴訟は、裁判所が行政活動の適法・違法をチェックする制度ですから、権力分立の基本構造と深く関わります。裁判所の権限を定めた裁判所法3条1項は、「裁判所は、日本国憲法に特別の定のある場合を除いて一切の法律上の争訟を裁判し、その他法律において特に定める権限を有する」と規定します。このように、裁判所の権限は「**法律上の争訟**」で画されます。法律上の争訟とは、①当事者間に具体的・現実的な法律関係に関する紛争が存在すること、②法の適用による終局的な解決が可能であること、という2つの要素から構成されます。①②を満たさないものは、特別な法律の規定がない限り、裁判所で争うことはできません。このことは、行政訴訟にもあてはまります。

たとえば、法律・条例・行政基準などの効力を直接争う訴訟(抽象的規範統制訴訟)は、具体的な紛争を前提としない(具体的事件性を欠く)ため、法律上の争訟にはあたりません。判例も、警察予備隊の設置維持に関する法令規則等の一切が無効であることの確認を求めた訴訟について、裁判所は具体的事件を離れて抽象的に法律命令等の合憲性を判断する権限を有するものではない、とします(最大判昭和27年10月8日民集6巻9号783頁)。

また、法令の適用によって解決するのに適さない政治的・経済的問題、技術上・学術上の問題などに関する争いも、法律上の争訟にあたりません。判例も、国家試験の不合格判定が争われた事例について、「法令の適用によつて解決するに適さない単なる政治的または経済的問題や技術上または学術上に関する争は、裁判所の裁判を受けうべき事柄ではない」とします(最判昭和41年2月8日民集20巻2号196頁)。

なお、国・地方公共団体が、専ら行政権の主体として国民に対して行政上の義務の履行を求める訴訟について、「法規の適用の適正ないし一般公益の保護を目的とするものであって、自己の権利利益の保護救済を目的とするものということはできない」として、法律上の争訟にあたらないとした判例があります(最判平成14年7月9日民集56巻6号1134頁)。この判決も、国・地方公共団体が「財産権の主体」として自己の財産上の権利利益の保護救済を求める場合は、法律上の争訟であることを認めています。

(3) 行政事件訴訟法

行政訴訟手続に関する一般法となるのが、**行政事件訴訟法**(以下、本章から14章まで、条文の引用にあたり法律名を略します)です。同法は、行政主体と国民の法的紛争、あるいは、行政主体と行政主体の法的紛争について、通常の私人間の紛争に関する民事訴訟とは異なる特有の裁判手続を定めています。なお、行政事件訴訟法は、実際に裁判を進める上で必要な事柄を網羅しているわけではありません。行政事件訴訟に関し、同法に定めのない事項については、民事訴訟の例によって(民事訴訟法、民事訴訟規則などを適宜準用して)裁判手続が遂行されます(7条)。

行政事件訴訟法は、行政事件訴訟を、次のように定義します。

> **2条**　この法律において「行政事件訴訟」とは、抗告訴訟、当事者訴訟、民衆訴訟及び機関訴訟をいう。

このように、行政事件訴訟の実質的な内容ではなく、4つの訴訟類型(抗告訴訟・当事者訴訟・民衆訴訟・機関訴訟)を並べただけの形式的な定義のみが示されています。行政事件訴訟法は、3条から6条まで、この4つの訴訟類型の定義を順に規定しており、その全体が「行政事件訴訟」です。

＊主観訴訟と客観訴訟

行政事件訴訟の4類型については、**主観訴訟**(国民の具体的な権利利益の保護を趣旨とするもの)と**客観訴訟**(国民の具体的な権利利益とは切り離されたかたちで、客観的な法秩序の維持を趣旨とするもの)が区別されます。抗告訴訟・当事者訴訟が主観訴訟、民衆訴訟・機関訴訟が客観訴訟にあたります。主観訴訟は、裁判所法3条1項にいう「法律上の争訟」に含まれ、憲法上の要請として裁判所の権限に含まれる一方、客観訴訟は、法律上の争訟には該当しません(裁判所法3条1項では、「その他法律において特に定める権限」に含まれます)。したがって、客観訴訟は、憲法上の司法権の領域に当然に含まれるものではなく、具体的にどのような訴訟手続を設けるかは、立法政策の問題として、個別法が規定するところに委ねられます。

2　抗告訴訟

(1) 抗告訴訟の定義

行政事件訴訟の4類型のうち、まず、**抗告訴訟**から説明しましょう。行政事件訴訟法3条1項は、抗告訴訟を、次のように定義します。

> **3条1項**　この法律において「抗告訴訟」とは、行政庁の公権力の行使に関する不服の訴訟をいう。

上記の「行政庁」とは、法律により「公権力の行使」をする権限を与えられた機関をいいますから、抗告訴訟の定義で重要なのは、「公権力の行使」概念です。しかし、「公権力の行使」とは何か、行政事件訴訟法にそれ以上の説明はありません。一般的には、「公権力の行使」とは、行政庁と国民が対等関係にあるのではなく、行政庁の側が何らかの優越的地位に基づいて行動することが含意されていると考えられます。そして、「公権力の行使」の典型となる行為形式が、行政処分(⇒4章)です。抗告訴訟の基本型は、国民が行政処分を争い、違法状態の排除を求める訴訟ということになります。

もっとも、「公権力の行使」という概念は極めて抽象的・概括的で、具体的に何がそれに該当するかという判定はかなりやっかいです。まずは、国民が行政処分を始めとする「公権力の行使」を裁判で争おうとする際には、行政事件訴訟法の定める抗告訴訟という特別な訴訟類型を用いる必要があること(**抗告訴訟の利用強制**)を、しっかり押さえておきましょう。

（2）6つの法定抗告訴訟

行政事件訴訟法3条2項～7項は、抗告訴訟に含まれる訴訟類型として、①処分取消訴訟、②裁決取消訴訟、③無効等確認訴訟、④不作為の違法確認訴訟、⑤義務付け訴訟、⑥差止訴訟の6種類を定めます(①と②をあわせて、取消訴訟といいます)。これら6種類が、同法に定められた法定抗告訴訟です。以下、順に説明します。

1　処分取消訴訟(3条2項)

処分取消訴訟(処分の取消しの訴え)とは、「行政庁の処分その他公権力の行使に当たる行為」について、その全部または一部の取消しを求め、当該行為の法的効力を遡って消滅させるための訴訟です(理論的には形成訴訟にあたります)。

処分取消訴訟で争われる内容(訴訟物)は、処分の違法性一般です。なお、「その他公権力の行使に当たる行為」とは、行政庁が国民に対して一方的に受忍を強要する事実行為を意味しており、取り消すべき法的効果のない事実行為であっても、国民の側から裁判によってその公権力性の排除を求めることを可能にする趣旨と考えられます。

2　裁決取消訴訟(3条3項)

裁決取消訴訟(裁決の取消しの訴え)とは、審査請求その他の不服申立てに対する行政庁の裁決、決定その他の行為(これらを「裁決」と総称します)の取消しを求める訴訟です。ここでいう裁決も、行政処分の中に含まれますが、行政事件訴訟法は、行政処分について、行政不服審査(不服申立て)を経由して裁決があった後に取消訴訟を提起する場合を念頭に、不服申立てと取消訴訟の関係を整理するため、処分取消訴訟と裁決取消訴訟を区別して規定しました。

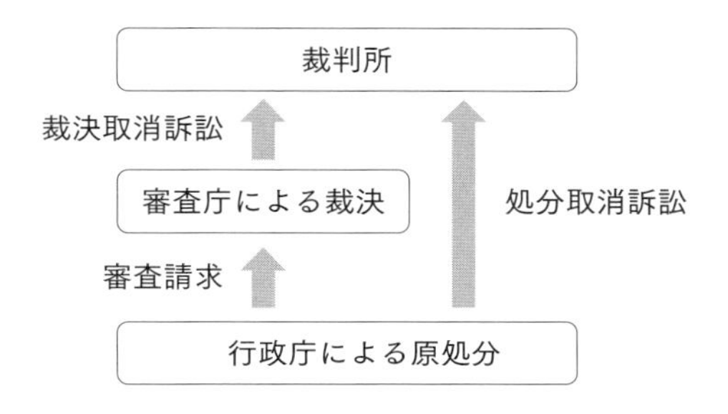

行政処分に不服がある場合、先に行政機関に対して不服申立てをして、その裁決につきさらに取消訴訟を提起することを想定すると、取消訴訟の対象が①原処分、②裁決のどちらか、ルールを決めておく必要があります。行政事件訴訟法は、裁決取消訴訟では、原処分の違法を争うことができず、裁決固有の瑕疵のみを争うことができると定めます(10条2項)。要するに、行政処分の取消しを争いたい場合には、行政機関に対する不服申立てを経由した後であったとしても、原処分の取消しを争うこと(**原処分主義**)が定められているのです。裁決により原処分が修正された場合についても、原処分が消滅せずに残存していると解釈されるなら、原処分主義が妥当します(最判昭和62年4月21日民集41巻3号309頁)。

裁決取消訴訟は、裁決固有の瑕疵、すなわち、裁決に至る不服申立手続の瑕疵のみを争う手段です。行政不服審査法の定める審理手続が違法であることを争うのであれば、裁決取消訴訟を提起することになります。もっとも、裁決取消訴訟で裁決を取り消す判決を得ても、改めて手続を正しくやり直しさえすれば同一内容の行政処分を受ける可能性があることに注意が必要です。

＊例外としての裁決主義

行政事件訴訟法は原処分主義を定めていますが、その例外として、個別法により**裁決主義**が定められる例があります(特許法178条6項など)。裁決主義による場合は、不服申立ての裁決(不服申立てに対する裁決等を総称した用語法であり、「裁決」という名前でない裁断行為も含みます)のみを裁判で争うことが法定され、原処分の取消訴訟を提起することはできません。したがって、原処分に不服がある場合も、裁決の取消訴訟でこれを争うことになります。

なお、裁決主義が法定されている処分を書面で行う場合には、処分の相手方に対してその旨が教示されます(46条2項)。

3　無効等確認訴訟(3条4項)

無効等確認訴訟(無効等確認の訴え)は、処分・裁決の存在・不存在・有効・無効の確認を求める訴訟です。中心となるのは、処分・裁決が無効であることを争う無効確認訴訟です。

行政処分は、それが違法であっても直ちに無効として扱われず、その効力を打ち消すためには国家機関による取消しが必要です(公定力⇒4章3(2))。他方で、裁判所が行政処分を取り消すためには、原則として取消訴訟によらなくてはなりません(取消訴訟の利用強制・排他的管轄)。ところが、取消訴訟には出訴期間の制約がありますから、出訴期間を徒過してしまうと、取消訴訟は利用できません。行政側が違法な行政処分をしているのに、国民の側からその取消しを争う方法がなくなる事態が生じるのです(不可争力⇒4章3(3))。

これでは不合理と考えられる局面に対応するため、一定の場合に取消訴訟を経由せずに行政処分の効力を否定する行政処分の無効という解釈技術が用意されています(⇒4章4(2))。無効確認訴訟は、行政処分の無効を確認する抗告訴訟の類型です。無効確認訴訟は、行政処分について、出訴期間の制約を外した

(不服申立前置が法定される場合にはその制約も外した)司法的救済の手段です。

4　不作為の違法確認訴訟(3条5項)

不作為の違法確認訴訟(不作為の違法確認の訴え)とは、国民が法令に基づいて申請・不服申立てをしたにもかかわらず、相当の期間内に行政庁が処分・裁決をしない場合、その不作為(何も応答しないこと)の違法の確認を求める訴訟です。申請・不服申立てに対して応答がないという事態に関する救済手続であり、上記の*1 2 3*がすでに存在する行政処分を争う抗告訴訟であったのに対して、行政処分がまだ存在していない時点(何らかの行政処分を「すべきであるにかかわらず、これをしない」状態)での司法的救済という特色があります。

他方、不作為の違法確認訴訟は、法令に基づく申請(国民の側に応答を求める申請権がある場合)に対する不作為状態が違法であることを争うのみで、行政庁に対して申請を満足させる内容の処分をするよう求めるものではありません。この点で、行政庁に対して処分・裁決をすべきことを求める義務付け訴訟に比べ、事前救済の手段として不完全なものといえます。

5　義務付け訴訟(3条6項)

義務付け訴訟(義務付けの訴え)とは、行政庁が処分・裁決をすべき旨を命じる判決を求める訴訟です。行政処分が存在していない時点で(一定の処分・裁決を「すべきであるにかかわらずこれがされない」状態にあるとき)、裁判所に対し、行政庁が一定の処分・裁決をするよう義務付けを求めるのですから、事前救済型の抗告訴訟という位置付けになります。

義務付け訴訟は、①**申請型**(3条6項2号)と、②**非申請型**(同項1号)が区別されます。

上記①の**申請型義務付け訴訟**とは、行政庁に対して申請した者が原告となって、申請の応答として一定の処分をすべきことを義務付けるものです。具体的には、申請をしたけれども拒否する内容の処分をされたケース、あるいは、何の応答もない不作為状態にあるケースで、申請者から、申請を満足させる内容の処分をすべきことを判決により義務付けることを求めるタイプの訴訟が考えられます。

上記②の**非申請型義務付け訴訟**とは、原告の申請権を前提とせず、行政庁が一定の処分をすべきことを直接義務付けるものです。典型例として、原告以外の者に対して行政庁が一定の処分をすべきことの義務付けを求める訴訟、たとえば、周辺環境に悪影響を及ぼしている事業者に対して行政機関が規制権限を発動する(業務停止や規制措置を命じる処分をする)ことの義務付けを、事業者でない者(周辺住民など)が原告となって求める訴訟が考えられます。

なお、非申請型義務付け訴訟は、申請権を前提としない義務付け訴訟として定義されていますから、原告が自分自身に対して何らかの処分(申請権のない一定の処分)をするよう義務付けを求めるパターンもあり得ます。

また、裁決にかかる非申請型義務付け訴訟は法定されていません。裁決は審査請求手続を経た上で行政庁が裁断する行為ですから、この手続を踏まずに、裁判所が結論のみを命じることは制度の本質に反するからです。

6 差止訴訟(3条7項)

差止訴訟(差止めの訴え)とは、行政庁が一定の処分・裁決をしようとする蓋然性がある場合に、行政庁に対してその処分・裁決をしてはならない旨を命じる判決を求める訴訟です。行政庁が一定の行政処分をしようとしている段階で、その行政処分がなされると直ちに重大な損害を生じるおそれがあるため、事前にその差止めを求めるものであり、***5***と同じ事前救済型の抗告訴訟です。

事業者が不利益処分(営業禁止命令や免許取消処分など)を受けると、直ちに事業が立ち行かなくなってしまうため、処分がされる前に差止めを求める訴え、あるいは、権利利益を侵害する公権力行使が反復・継続することが想定され、これを断ち切るために将来の処分の差止めを求める訴えなどが想定されます。

＊抗告訴訟における事後救済と事前救済

抗告訴訟は「公権力の行使に関する不服の訴訟」と定義されますが(3条1項)、公権力が行使されて国民の権利利益が侵害された後、裁判所により是正と救済を図るタイプ(事後救済型)と、公権力が行使される前に、裁判所が行政庁に作為・不作為を命じるタイプ(事前救済型)があります。上記***1 2 3***は前者、

5 6 は後者に分類されます。*4* は、行政処分が未だ存在しないという意味では事前救済ですが、裁判所が行政庁に作為・不作為を命じるものではなく、両者の中間と考えられます。

伝統的行政法では、行政機関が一定の法的判断を行って行政処分をした後で、裁判所がこれをチェックして必要があれば是正するという事後救済が、抗告訴訟の基本であると考えられてきました。しかし、今日では、国民の権利利益について必要な救済を図るという観点から、裁判所が行政決定より前に紛争に介在し、判決により作為・不作為を命じる事前救済型抗告訴訟に重きが置かれるようになっています。

なお、事後救済型の抗告訴訟(たとえば取消訴訟)についても、仮の救済として、争われている行政処分の効力・執行・手続の続行を仮に停止させる執行停止が用意されています。タイミングが遅れることなく国民の権利利益の救済を図るという点で、執行停止が十分に機能することも重要です。

＊無名抗告訴訟

行政事件訴訟法は、抗告訴訟につき「公権力の行使に関する不服の訴訟」と包括的に定義した上で、6 種類の法定抗告訴訟を定めています。そこから、法定抗告訴訟には含まれないが、抗告訴訟の定義に該当する訴訟(無名抗告訴訟。法定された名前のない抗告訴訟という意味です)を認める余地があると解釈されます。

3　処分性

(1) 処分性の意義

ここまで説明してきた法定抗告訴訟は、いずれも、行政庁の処分・裁決(これらを総称して行政処分と呼びます)を対象とします。行政処分を対象とするのでなければ、抗告訴訟は不適法として却下されます(裁判所は、本案審理に進むことなく、門前払いとします)。一般に、「抗告訴訟の対象となる行政処分にあたる」ことを処分性があると表現し、抗告訴訟の対象性の有無を、処分性の問題といいます。

上述したように、行政事件訴訟法3条2項〜7項の規定する6つの法定抗告訴訟は、「処分」+「裁決」を対象とします。そして、同法は、この「処分」+「裁決」について、「行政庁の処分その他公権力の行使に当たる行為」と定義します(3条2項)。処分性とは、行政の行為のうち、「行政庁の処分その他公権力の行使に当たる行為」に該当するものを判別する解釈論、ということになります。

＊処分性の機能

従来、処分性は、取消訴訟の訴訟要件(取消訴訟の対象性)として説明されるのが通常でした。確かに、抗告訴訟の典型は取消訴訟であり、行政事件訴訟法3条2項・3項の条文を見ても、処分・裁決の概念は、取消訴訟の対象というかたちで定められています。しかし、現在の行政事件訴訟法は、義務付け訴訟・差止訴訟が法定され、仮の義務付け・仮の差止めを含めて事前救済型抗告訴訟の重要性が増しており、国民がこれらの事前救済手段を用いるためには処分性が大前提になります。処分性は、取消訴訟のみでなく、抗告訴訟全体の対象を画する問題としてとらえるべきでしょう。

このような観点に立つと、処分性には、①行政と国民の紛争が裁判に熟しているか、②裁判に熟した法的紛争の受け皿は抗告訴訟と当事者訴訟(ないし民事訴訟)のどちらか、という2点を判定する機能があることがわかります。

上記①の機能は、裁判に熟した紛争(法律上の争訟)の判断と重なります。たとえば、裁判で争うにはタイミングが早すぎる(成熟性ないし事件性がない)という理由で処分性が否定されると、そもそも紛争を裁判所に持ち込めないのですから、抗告訴訟はもちろん、当事者訴訟・民事訴訟も提起できません。

他方で、多くの場合、処分性は上記②の機能を持ちます。行政主体と国民の間で裁判所の審理・救済が必要な法的紛争がある場合に、行政処分を争うときは抗告訴訟、処分性が否定されれば当事者訴訟・民事訴訟が受け皿になります。上記②は、処分性の訴訟類型分配機能と呼ぶことができます。

(2)行政処分の定義

判例は、抗告訴訟の対象となる行政処分の典型である「行政庁の処分」について、「行政庁の法令に基づく行為のすべてを意味するものではなく、①公権力の主体たる国または公共団体が行う行為のうち、その行為によつて、②直接国民の権利義務を形成しまたはその範囲を確定することが法律上認められているもの」と定義しています(最判昭和 39 年 10 月 29 日民集 18 巻 8 号 1809 頁)。この定義は、①公権力性が認められる、②国民の法的地位を直接・具体的に変動させる、という 2 つの判断要素を満たす行政庁の行為に処分性を認めます。

さらに、下線②については、Ⓐ「直接」Ⓑ「国民」のⒸ「権利義務を形成しまたはその範囲を画定すること」がⒹ「法律上認められている」、という 4 つの判断要素に分析することができます。Ⓐは、直接的・個別具体的な法的効果をもつ行為であること(一般的・抽象的な法的効果にとどまらないこと)、Ⓑは、国民に対する外部効果をもつ行為であること(行政組織内部の法的効果にとどまらないこと)、Ⓒは、国民の法的地位を変動させること(事実行為でないこと)、Ⓓは、法律に基づく行為であること(法規性を欠く規範に基づく行為でないこと)を、それぞれ含意していると考えられます。

＊「その他公権力の行使に当たる行為」の意味

上記の昭和 39 年最判は、「行政庁の処分」の定義をするにとどまります。この判例は旧行政事件訴訟特例法下の事案であり、旧法下で抗告訴訟の対象は「行政庁の違法な処分」と定められていました。しかし、行政事件訴訟法 3 条 2 項が定める処分性の定義は、「行政庁の処分その他公権力の行使に当たる行為」です。付け加えられた「その他公権力の行使に当たる行為」は、権力的事実行為を意味しているとされ、事実行為であっても、公権力性を排除して国民の権利利益を救済する必要がある場合には、抗告訴訟の対象になります。

取消訴訟など事後救済型の抗告訴訟では、事実行為によって権利利益を侵害された状態が継続している場合に、これを撤廃すれば救済されるケースがあります。差止訴訟など事前救済型の抗告訴訟では、事実行為が継続的性質を持たないものであっても将来の侵害が確実に想定される場合や、侵害行為の反復継続がある場合に、裁判による救済が可能になります。このような事実行為について、処分性を認める意義があると考えられます。

行政庁の行為のうち、上述した定義を当然に満たすものについて、処分性が認められることに争いはありません。本書４章で扱った行政処分、５章で扱った行政手続法上の申請に対する処分・不利益処分、10章で扱った行政不服審査に対する裁決などは、当然に処分性が認められます。継続的性質をもつ権力的事実行為も同じです。

＊処分性が認められる行為と根拠法令

行政庁の行為について、その根拠法令の規定ぶりを手がかりとして、処分性があると判断できる場合があります。たとえば、行政庁の行為に従わない場合に、罰則による制裁が用意されていれば、その行為は処分性があると考えられます(制裁の前提となる法的義務が生ずると解されるからです)。また、根拠法令上、行政庁の行為が特定の国民に法的義務を課すもの、あるいは、行政庁の行為に従わないことを理由として別の不利益処分を受けるものなども、処分性が認められます。

さらに、処分性があるという立法者意思がより明確に示されているケースもあります。たとえば、法律において、行政庁の行為について行政不服審査(不服申立て)の対象であることを明示する規定(行政不服審査の対象となる処分は、抗告訴訟の対象にも当然になると解されます)や、行政手続法上の「処分」であることを明示した規定があるものなどが、これにあたります。

(３) グレーゾーンの存在

処分性の有無は、根拠法令を解釈し、判例による「行政庁の処分」の定義をあてはめれば、判定できるはずです。しかし、根拠法令において、処分性の有無につき明快な立法者意思が示されていない場合には、この「あてはめ」作業が難しいことがあります。

さらに、処分性を認めることは、抗告訴訟による司法的救済を可能にするという意味を持っており、抗告訴訟により国民の権利利益の実効的救済を図る必要性から、処分性を柔軟に解釈する判例もあります。

処分性については、その有無の判定が微妙な領域、いわばグレーゾーンが存在します。このグレーゾーンでは、上記の処分性の定義を構成している判断要素ごとに、細かな解釈論が必要になります。グレーゾーンについて、抗告訴訟による司法的救済を図るという観点から、処分性の構成要素を柔軟にあてはめて、処分性を積極的に認めることも、ひとつの考え方です。他方で、処分性を認めると、抗告訴訟の利用を強制される(当事者訴訟・民事訴訟で争えなくなる)結果となり、さらに、公権力性を付与することから様々な法的影響が派生します。処分性を否定しても、当事者訴訟・民事訴訟を受け皿にして司法的救済が可能なケースでは、そちらを活かす解釈論が合理的なことも考えられます。グレーゾーンでは、処分性を認めて抗告訴訟の対象とすることが、全体として国民にメリットをもたらすか、十分に考慮する必要があります。

＊形式的行政処分論

グレーゾーンについては、抗告訴訟による救済を可能にするために形式的に処分性を認める一方、訴訟以外の面では公権力性は生じないとする説(形式的行政処分論)も唱えられています。通常の考え方では、ある行政の行為について処分性を認めると、行政手続法等による事前手続、抗告訴訟の利用強制(出訴期間の制約による不可争力の発生)などの法的規律が及ぶため、個別の紛争事例における司法的救済のために処分性を柔軟にとらえることには慎重になりがちです。しかし、抗告訴訟が国民の権利利益を実効的に救済するため特に設けられた訴訟手続であることを重く見るなら、これを柔軟に活用しようとする形式的行政処分論には十分な説得力があると思われます。

（4）公権力性

1　公権力性の意味

行政処分の定義の構成要素の第 1 は、**公権力性**です。行政庁の行為であっても、公権力性が認められなければ、抗告訴訟の対象とはなりません。対象行為の公権力性の有無は、抗告訴訟と当事者訴訟・民事訴訟を振り分ける重要な要素です。

他方、行政事件訴訟法は、「公権力の行使」とは何かについて、具体的な基準や要件を定めていません。判例には「法を根拠とする優越的地位に基づいて一方的に行う公権力の行使」という表現があり(最判平成 15 年 9 月 4 日判時 1841 号 89 頁)、対等な当事者間の権利義務関係に関する紛争ではないことはイメージできますが、公権力性の明快な判断基準とはいえません。結局のところ、行為ごとに根拠法令を精査して、その行為を抗告訴訟の対象とする趣旨が読み取れるか、総合的に解釈する必要があります。

2　私法上の行為との区別

行政主体が国民(私人)と契約や協定を締結する行為は、公権力性の要素を欠いた私法上の行為であり、処分性を否定されます(法的紛争の受け皿は、民事訴訟が想定されます)。もっとも、個別法において当該行為に対する行政不服審査が法定されることに着目して処分性を肯定した例(最大判昭和45年7月15日民集24巻7号771頁。弁済供託における供託金取戻請求に対する供託官の却下につき処分性を肯定)など、行政法に特有な法的仕組みがある行為については、処分性が認められる例があります。

3　給付拒否行為

公権力性の要素という観点で、処分性につきグレーゾーンとなるのが、行政庁が国民に対して給付を拒否する行為です。行政庁に対する国民の申請権が認められれば、申請拒否行為は、処分性を有します(行政手続法上の申請に対する処分にあたります)。他方で、行政庁による給付行為が国民からの契約の申込みに対する応答であれば、処分性は認められません(私法上の法律行為になります)。

上記の判断(申請制度の有無)は根拠法令の解釈によるのですが、給付行政の場合、根拠法令が給付の要件を明確に定めていない、あるいは、給付に関する根拠規定が通達・要綱などに置かれている(法令の根拠が明確でない)ケースも多く、根拠法令がうまく解釈できないことがあります。これは、侵害留保原則から、給付行政には法律の根拠が不要であることに本質的な原因があります。給付行政の領域での行政の行為は、処分性のグレーゾーンになりやすいのです。

判例　通達・要綱に基づく給付拒否決定

通達・要綱に基づく給付制度の場合、法令に直接の根拠がありませんから、給付拒否決定も処分性がないと解するのが通常です。しかし、通達とそれに付随した要綱に基づいて労災就学援護費の不支給を決定した行為について、法律・省令・通達の全体の仕組みを解釈した上で、給付を受けることができるという抽象的地位を具体化する行為であり、法を根拠とする公権力の行使であるとして処分性を認めた判例があります。

このケースは、死亡した父親の母国であるフィリピンの大学に進学した子について、海外の学校が労災就学援護費の対象でないという理由でされた不支給決定の取消しが争われたものです。平等原則違反を争点にするならば、処分性を認めて抗告訴訟を用いることが受け皿として適切であると考えられますから(契約と構成すると、給付を受ける請求権の有無の問題になってしまいます)、妥当な判断といえるでしょう。

(最判平成15年9月4日判時1841号89頁)

4　公共施設の設置・稼働

公共施設(いわゆる嫌忌施設)の設置・稼働について、周辺住民が差止め等を求めて裁判で争うことがあります。この場合、抗告訴訟の対象となるか、民事訴訟(人格権侵害のおそれを根拠とする民事差止訴訟など)によるのか、問題になります。

行政主体が公共施設を設置する行為は、通常、法律により国民の法的地位を一方的に変動させるものではありませんから、処分性は否定されます。判例も、東京都によるごみ焼却場の設置行為について、処分性を否定しています(最判昭和39年10月29日民集18巻8号1809頁)。公共施設の設置につき処分性を認めることは、公権力性を認める法律の根拠が薄弱である上に、仮処分が排除される(44条)などのデメリットも生じさせます。公権力性を否定して、民事差止訴訟によるものとし、仮処分も認めることが適切です。

他方、判例は、空港騒音訴訟において、①国営空港の夜間飛行差止請求につき、公権力の行使に関する請求を含むものであり、民事訴訟として許されないとし(大阪空港訴訟。最大判昭和56年12月16日民集35巻10号1369頁)、②自衛隊基地の運航差止めを求める請求につき、防衛庁長官(当時)が自衛隊機の運航を統括・規制する権限の行使に関する請求を含むものであり、民事訴訟として許されないとしました(厚木基地訴訟。最判平成5年2月25日民集47巻2号643頁)。上記①②とも、民事訴訟を否定する理由付けとして、公権力性を拡大してとらえています。

判例 **厚木基地第4次訴訟**

最高裁は、厚木基地における自衛隊航空機の運航差止めを求めて周辺住民が争った厚木基地第4次訴訟について、処分性を認めることを前提に、抗告訴訟たる差止訴訟(3条7項)として適法としました。判決では、処分性につき明確な判示はありませんが、防衛大臣が自衛隊機を統括する権限を有すること、自衛隊機の運航にはその性質上必然的に騒音の発生を伴うことから、公権力性を認めたものと読み取れます。

判決のポイントは、差止訴訟の要件のうち、「重大な損害」要件(⇒13章4(2))を満たすとしたことにありますが(騒音により周辺住民が反復継続的に軽視し難い程度の損害を受けており、事後的抗告訴訟による救済になじまないことを理由とします)、抗告訴訟で適法に争えることを明らかにしたことに判例としての意義が認められます。

もっとも、判決は、防衛大臣が自衛隊機の運航を統括する権限を行使するにあたり、高度の政策的、専門技術的な「広範な裁量」を認める一方、周辺住民の具体的な健康被害は認定せず(睡眠妨害等による生活の質の毀損、精神的苦痛のみ認めています)、運航差止めは認めませんでした。

(最判平成28年12月8日民集70巻8号1833頁)

(5) 法的効果(その1・個別具体性)

行政処分の定義の構成要素の第2は、**国民の法的地位を直接・具体的に変動させること**です。上述したように、この構成要素は、さらに下位の判断要素に分析できます。まず、直接的・個別具体的な法的効果を持つか(抽象的・一般的な法的効果にとどまらないか)、という要素に着目した処分性論について、説明します。

1 規範定立行為と処分性

条例制定行為や法規命令を定める行為などの**規範定立行為**は、国民の法的地位を一般的・抽象的に変動させますが、通常、特定人の具体的な法的地位に直接影響を及ぼすものではなく、処分性は否定されます。しかし、規範定立行為であっても、具体的な執行行為を経ることなく、特定人に具体的な法的効果を及ぼすものと解釈できれば、処分性を認める余地が生じます。ここに、処分性のグレーゾーンがあります。

条例制定行為については、行政処分を介在させることなく、限られた特定の者らの法的地位を具体的に変動させるのであれば、行政処分と実質的に同視できるとして、処分性を認めた判例があります(最判平成21年11月26日民集63巻9号2124頁)。他方で、限られた特定の者の権利義務関係を変動させるものでなければ、処分性は否定されます(最判平成18年7月14日民集60巻6号2369頁)。

判例　保育所廃止条例の処分性

最高裁は、民営化のため市が設置する保育所の廃止を定めた条例について、当該保育園で現に保育中の児童・その保護者が取消訴訟を提起した事案において、条例制定行為の処分性を認めました。判決のロジックは、以下のようなものです。

①　児童福祉法(当時)の仕組みにより、保育所の利用関係は、保護者の選択に基づき、保育所および保育の実施期間を定めて設定されるものであり、法に基づいて保育の実施の解除がされない限り、保育の実施期間が満了するまで継続する。そこから、特定の保育所で現に保育を受けている児童およびその保護者は、保育の実施期間が満了するまでの間は当該保育所における保育を受けることを期待し得る法的地位を有する。
②　他方で、地方自治法224条の2の規定により、公の施設である保育所を廃止するためには、条例を定めることが必要とされる。条例の制定は、普通地方公共団体の議会が行う立法作用に属するから、一般的には、抗告訴訟の対象となる行政処分にあたらないが、本件改正条例は、その施行により各保育所廃止の効果を発生させ、当該保育所に現に入所中の児童およびその保護者という限られた特定の者らに対して、直接、当該保育所において保育を受けることを期待し得る上記の法的地位を奪う結果を生じさせる。ゆえに、本件条例の制定行為は、行政庁の処分と実質的に同視できる。
③　保育を受けている児童・その保護者が、当該保育所を廃止する条例の効力を争って市町村を相手に当事者訴訟ないし民事訴訟を提起し、勝訴判決や保全

命令を得たとしても、これらは訴訟の当事者の間でのみ効力を有するにすぎない。ゆえに、処分の取消判決や執行停止の決定に第三者効(32条)が認められている取消訴訟において当該条例の制定行為の適法性を争い得るとすることには合理性がある。

このように、判決は、①法の仕組みから保育を受ける法律地位があることを導き、②条例制定行為が特定の者らの法的地位を奪うことから、行政処分と実質的に同視できるとの結論を導いた上で、③取消訴訟によることの手続的合理性により②の結論を補強する、という論理構成によって、条例制定行為につき抗告訴訟の対象となる行政処分にあたるとしています。
(最判平成21年11月26日民集63巻9号2124頁)

告示(⇒3章1(2))には、特定の名あて人のない行政処分(**一般処分**と呼ばれます)の性質を持つものがあります。一般処分たる告示については、特定人に具体的な法的効果を発生させると解釈されれば、処分性が肯定されます。環境基準の告示は、政策目標の設定に過ぎないとして処分性が否定されましたが(東京高判昭和62年12月24日行集38巻12号1807頁)、医療費値上げの職権告示については、健康保険組合に直接法律上の不利益を与えるとして処分性が肯定されています(東京地決昭和40年4月22日行集16巻4号708頁)。建築基準法に基づく二項道路を一括して指定する告示について、個人の権利義務に対して直接影響を与えるとして処分性を肯定した判例もあります(最判平成14年1月17日民集56巻1号1頁)。

2　計画決定行為と処分性

処分性のグレーゾーンとして、複数の行為が連鎖し、一連の段階を経て行政過程が進行する場合の中間段階の行為があります。その典型が、行政計画を決定する行為です。**計画決定行為**は、特定の国民に直接具体的な法的効果を発生させるか(紛争の成熟性があるか)という観点から、処分性の有無が判定されます。

判例は、市町村が施行する土地区画整理事業の事業計画の決定について、①施行地区内の土地所有者等の法的地位に変動をもたらすものであり、抗告訴訟の対象とするに足りる法的効果を有する、②実効的な権利救済を図るという観点からも抗告訴訟の提起を認めるのが合理的であるとして、処分性を認めました(最大判平成 20 年 9 月 10 日民集 62 巻 8 号 2029 頁)。

判例　土地区画整理事業の事業計画と処分性

最高裁は、市町村施行による土地区画整理事業について、市が行った事業計画の決定につき処分性を認めました。土地区画整理法が規定する事業の流れは、事業計画の決定・公告⇒仮換地の指定⇒工事の実施⇒換地処分⇒登記、というものです。そして、判例のロジックは、以下のようなものです。

①　土地区画整理事業の事業計画は、いったんその決定がされると、特段の事情のない限り、その事業計画に定められたところに従って具体的な事業がそのまま進められ、その後の手続として、施行地区内の宅地について換地処分が当然に行われる。事業計画の決定・公告により、施行地区内で生じる建築行為等の制限は法的強制力を伴って設けられているのであり、換地処分の公告がある日まで、その制限を継続的に課され続ける。そうすると、施行地区内の宅地所有者等は、事業計画の決定によって、上記の規制を伴う土地区画整理事業の手続に従って換地処分を受けるべき地位に立たされ、その法的地位に直接的な影響が生ずる。事業計画の決定に伴う法的効果が一般的、抽象的なものにすぎないということはできない。
②　換地処分を受けた宅地所有者等やその前に仮換地の指定を受けた宅地所有者等は、当該換地処分等を対象として取消訴訟を提起することができるが、換地処分等がされた段階では、実際上、既に工事等も進ちょくし、換地計画も具体的に定められている。換地処分等の取消訴訟において、事業計画が違法であるとの主張が認められたとしても、当該換地処分等を取り消すことは公共の福祉に適合しないとして事情判決(31 条 1 項)がされる可能性が相当程度あり、宅地所有者等の被る権利侵害に対する救済が十分に果たされるとはいい難い。そうすると、事業計画の適否が争われる場合、実効的な権利救済を図るためには、事業計画の決定がされた段階で、これを対象とした取消訴訟の提起を認めることに合理性がある。
③　市町村の施行に係る土地区画整理事業の事業計画の決定は、施行地区内の宅地所有者等の法的地位に変動をもたらすものであって、抗告訴訟の対象とす

るに足りる法的効果を有するものということができ、実効的な権利救済を図るという観点から見ても、これを対象とした抗告訴訟の提起を認めるのが合理的である。

上記の事業計画決定は、土地区画整理事業というプロセス全体の中のひとつの行為であり、単独では完結しない性質をもちます(非完結型の計画、事業型の計画などと呼ばれます)。判決は、このようなタイプの計画決定行為について、後続の処分を受けるべき地位に立たされることに着目し、法的地位に直接的な影響が生ずることをとらえて、処分性を肯定しています。
(最大判平成20年9月10日民集62巻8号2029頁)

上記以外にも、判例は、いくつかの土地利用計画決定について、①計画区域内の土地所有権等を強制的に収用・変換することが法的に可能となることから特定者に直接具体的な法的効果を及ぼす、②計画決定につき不服申立てが法定されるなど処分性を認める立法者意思が示されている、という理由付けにより、処分性を認めています。

他方で、判例は、都市計画法に基づく都市計画区域内での用途地域の指定について、処分性を否定しています(最判昭和57年4月22日民集36巻4号705頁)。その理由付けは、用途地域指定により、その地域内で建築基準法上の新たな制約が課されることを認めつつ、その効果は、そのような制約を課す法令が制定されたのと同様、当該地域内の不特定多数者に対する一般抽象的なものに過ぎない、というものです。計画決定行為を法令制定になぞらえ、紛争がまだ成熟しておらず、具体的処分(個別の建物を建てる際の建築確認)をまって抗告訴訟を提起すればよいという考え方によるものです。

行政計画決定について処分性を認めると、計画の進行をまたずに早期に裁判所で紛争を解決できるというメリットがあります。他方で、国民の側から見ると、出訴期間など、抗告訴訟であることによる制約も生じます。処分性を認める場合には、抗告訴訟により実効的な権利救済が図られるか、抗告訴訟で争うことが国民にとって合理的か、説得力のある理由付けが必要です。

（6）法的効果（その2・外部性）

行為の有する法的効果が行政機関の内部にとどまるもの（通達などの**内部行為**）は、国民との関係で直接具体的な法的効果を生じないため、処分性は否定されます（最判平成24年2月9日民集66巻2号183頁）。もっとも、通達であるから処分性が否定されるのではなく、その行為が国民に対して直接具体的な法的効果を発生させるのであれば、処分性が認められます（東京地判昭和46年11月8日行集22巻11・12号1785頁）。

行政機関相互の行為についても、国民との関係で直接具体的な法的効果を生じないとして処分性が否定されるのが通常です（最判昭和53年12月8日民集32巻9号1617頁）。

（7）法的効果（その3・法的地位の変動）

処分性の判断基準によれば、**行政庁が国民に対して法律的見解を表示するだけの行為**は、具体的な法的効果を発生させない、単なる事実行為（行政指導）として処分性が否定されます。交通反則金制度における通告（道路交通法127条1項）のように、これに従わなければ刑事裁判を受けるという重大な不利益を生じさせるものであっても、通告それ自体が相手方に法的義務を生じさせないとして、処分性は否定されます（最判昭和57年7月15日民集36巻6号1169頁）。

相手方に一定の不利益を与えるが、法的地位を変動させるものではないとして処分性が否定された行為として、知事による保険医に対する戒告（最判昭和38年6月4日民集17巻5号670頁）、公務員の採用内定通知の取消し（最判昭和57年5月27日民集36巻5号777頁）、開発許可に関する公共施設管理者の同意拒否（最判平成7年3月23日民集49巻3号1006頁）などがあります。

他方で、判例は、行政庁による事実上の行為（単なる法律的見解の表示行為）に過ぎないのではないかとも思われる行為について、関連する法令の仕組み全体を解釈し、処分性を拡大することがあります。たとえば、税関長による輸入禁制品該当の通知（最判昭和54年12月25日民集33巻7号753頁）、税務署長による納税告知（最判昭和45年12月24日民集24巻13号2243頁）など、厳密には相手方の法的地位を変動させない事実行為と考えられる行為について、抗告訴訟による救済を拡大すべく処分性を認めています。ここにも、処分性に関するグレーゾーンがあります。以下、具体例を取り上げてみましょう。いずれも、国民が紛争を裁判所に持ち込むことができるタイミングを早めることにより、適切な救済を図るという判例の考え方を読み取ることができます。

1 検疫所長の通知

食品衛生法に基づき食品の輸入届出をした者に対して検疫所長が行う**通知**(当該食品が同法に違反する旨の通知)について、その通知は、同法が定める輸入届出をした者への応答として法に根拠を置くものであり、通知により税関長による輸入許可が受けられなくなるという法的効力を有するとして、処分性を肯定した判例があります(最判平成16年4月26日民集58巻4号989頁)。食品の輸入許可は、①検疫所長に対する届出⇒②検疫所長による届出済証の交付⇒③税関長への輸入許可申請(届出済証を添付)という流れで行われますが、この事案は、①を行ったところ、検疫所長から食品衛生法違反との通知を受けて、③に進めなくなったというものです。これにより、③を経て輸入許可を受けられない「結果」が生じることをとらえて、通知の法的効力と解しています。

この判例は、法律の定める輸入許可の仕組み全体の中で、検疫所長の通知は、行政側として輸入を認めない最終的な決定であり、そこに処分性を認めて抗告訴訟で争わせるとしました。検疫所長が届出者に通知した内容(当該食品が法律違反であること)は、検疫所長から税関長に文書で伝えられる仕組みになっていることも、通知が最終的な決定であるとする重要な要素と考えられます。

2 病院開設中止の勧告

病院を開設しようとする者は、医療法に基づく病院開設許可を受ける必要がありますが、同法には、許可に先立ち、病院開設許可申請者に対して都道府県知事が勧告をすることができる旨が規定されていました。この枠組みの中で病院開設中止の**勧告**がされた事案において、勧告の処分性が認められた判例があります(最判平成17年7月15日民集59巻6号1661頁)。病院開設中止勧告が出されても、申請者に対し、病院開設は許可されます。しかし、勧告に従わないと、病院開設後に健康保険法上の保険医療機関指定を受けることができず、病院の経営が事実上難しくなってしまいます。要するに、①病院開設許可の申請⇒②

病院開設中止の勧告⇒③開設の許可処分⇒④保険医療機関指定の申請⇒⑤指定の拒否処分、という流れが構築されていたのです(①②③は医療法、④⑤は健康保険法の定めによります)。事件当時の医療法は、病院開設許可は出すものの、病院の規模や病床数について行政側の意図に従わせるため、健康保険制度とリンクさせて勧告に実質的な強制力を持たせるという、「手の込んだ」仕組みを構築していたのです。

上記の判例は、勧告について、医療法上は相手方の任意性を前提とする行政指導として定められているけれども、勧告を受けた者に対し、これに従わない場合に、相当程度の確実さをもって、病院を開設しても健康保険法上の保険医療機関指定を受けられないという結果をもたらし、実際上病院の開設自体を断念せざるを得ないことになる、と述べています。根拠法上は行政指導であるが、別の法律と連動して実際上は重大な帰結をもたらすことをとらえて、抗告訴訟の対象とすることを認めています。病院を開設しようとする者にとって、勧告のタイミングで裁判所に持ち込まないと、合理的な紛争解決ができないことに着眼したものと考えられます。

3　土壌汚染対策法の通知

土壌汚染対策法(以下、事件当時の条文で引用します)は、特定の有害物質を使用する工場等が廃止された場合に、工場等があった土地の所有者に対して、土壌の汚染状況を調査・報告する義務を課しています(3条1項)。そして、工場等の設置者と土地所有者が異なる場合には、行政機関から土地所有者に工場等が廃止された旨を**通知**することとし(同条2項)、同条1項の報告義務をしない者に報告義務を命じる処分をする(同条3項)とされています。判例は、同条2項に基づく通知について、処分性を肯定しました(最判平成24年2月3日民集66巻2号148頁)。

ここでのポイントは、①通知(同条2項)⇒②義務の発生(同条1項)⇒③義務不履行者に対する処分(同条3項)、という流れの中で、通知のタイミングで抗告訴訟が提起できるとしたことです。判例は、③まで待てば抗告訴訟で争うことができるけれども、そこまで待つ必要はなく、①に処分性を認めて、早期の司法的救済を可能にしました。

〈補論〉 仮処分の排除

（1）仮処分の排除

行政事件訴訟法44条は、民事訴訟か行政事件訴訟か、あるいは、行政事件訴訟の中での訴訟類型を問わず、「行政庁の処分その他公権力の行使に当たる行為」について、民事保全法の定める**仮処分の排除**を定めています。これは、比較的容易に認められる仮処分によって行政活動を阻害しない趣旨とされ、行政活動の公益性に重きを置いた立法政策を読み取ることができます。「行政庁の処分その他公権力の行使に当たる行為」にあたるかという解釈論は、処分性の問題と並び、民事保全法の定める仮処分の可否という重要な実益を有しています。

なお、行政事件訴訟法が定める仮の救済制度として、執行停止(⇒12章5)、仮の義務付け・仮の差止め(⇒13章5)が定められています。

（2）事実行為と仮処分

行政事件訴訟法44条について、公共事業の差止め・公共施設の供用差止め等の請求を本案訴訟とする場合に適用されるか、という論点があります。非権力的な事実行為を争い、行政処分が介在しない法律関係に係る請求を本案とする場合、同条は適用されず、民事保全法に基づく仮処分は許容されるはずです。しかし、国営空港の飛行差止請求・自衛隊基地の運航差止請求について公権力性を認めた判例(⇒本章3(4)4)を前提とするなら、これらについては同条が適用され、仮処分は排除されます。また、公共事業では、何らかの行政処分が先行して存在するのが通常であり、人格権等に基づいて公共事業の差止めを求める民事訴訟が本案訴訟である場合に、仮処分が排除されるか、裁判実務上は解釈が分かれているのが現状です。

この点については、民事訴訟が許容されるのであれば、仮処分も当然に認められると解すべきと考えられます。

第12章 取消訴訟

1 取消訴訟の位置付け

取消訴訟は、国民が、行政庁の処分・裁決の取消しを求める訴訟類型です。行政処分がまず先行し、これを国民が事後的に裁判所に持ち込んで適法性を争う、**事後救済型抗告訴訟**の典型です。

伝統的な行政法は、行政訴訟を、①行政庁が法令を解釈適用して行政処分をする⇒②国民側から裁判所に訴えを提起する⇒③裁判所が行政判断の適法・違法を事後的に審査する、という事後救済型モデルでとらえていました。これは、行政庁には司法権との関係で第一次的判断権(先行して法の解釈適用を行う権限)がある、という考え方に基づいていました。行政処分は、国民の法的地位を一方的に変動させる一方、仮に違法であっても国家機関により正式に取り消されるまでは有効として扱われるという考え方(公定力)も、取消訴訟の利用強制(排他的管轄)を前提とします。

しかし、現在の行政事件訴訟法は、事前救済型の訴訟類型を定めています(⇒13章)。取消訴訟は、事後救済型抗告訴訟の基本型に過ぎず、司法的救済全体の中心と解する実定法上の根拠はありません。

2 取消訴訟の訴訟要件

(1)7つの訴訟要件

訴えを適法ならしめる要件を、**訴訟要件**といいます。訴訟要件を満たさないと、訴えそれ自体が不適法となり、裁判所は本案審理に入ることなく却下判決を言い渡します。取消訴訟には、①**処分性**、②**原告適格**、③**狭義の訴えの利益**、④**被告適格**、⑤**管轄裁判所**、⑥**不服申立前置**、⑦**出訴期間**の7つの訴訟要件がありますから、国民が取消訴訟を利用するためには、これらを満たす必要があります。

（2）処分性

取消訴訟の訴訟要件の第1として、**処分性**があります。取消しを求める対象(行政処分)が存在しなければ、取消訴訟は不適法として却下されます。処分性については、11章3で詳しく説明しました。

（3）原告適格

1　原告適格の意義

処分性は取消訴訟の対象となるか、という問題でしたが、次に、誰が行政処分の取消しを求めることができるか、問題になります。これが、取消訴訟の**原告適格**(訴えの原告となる資格)とよばれる訴訟要件です。

行政事件訴訟法9条1項は、「取消しを求めるにつき法律上の利益を有する者」に限り、取消訴訟を提起できることを定めます。この「法律上の利益」の解釈について、①**「法律上保護された利益」説**、②**「法的保護に値する利益」説**、という対立する2説があります。①説は、通説・判例であり、「法律上の利益」を、当該処分の根拠法令が保護している利益と解釈します。一方、②説は、処分の根拠法令にとらわれず、裁判所による救済を与える実質があれば柔軟に原告適格を認めることを主張して、①説に対抗します。このように、①②両説の対立点は、取消しが争われている行政処分の根拠法令の解釈論にこだわるか、個々の紛争において生じている事実上の利益侵害まで視野に収めるか、ということにあります。

現在の判例は、①説により、取消しが争われている処分の根拠法令(その範囲について柔軟に拡大する解釈技術が用いられることについては、後述します)が定める**処分要件**に読み込むことができる利益をもって「法律上の利益」と解していますが、原告側が主張する**被侵害利益の内容・性質**を解釈に取り込むことによって、具体的な紛争事例における権利利益侵害のあり方まで視野に収めることが行われています。①説と②説の対立は、かなりの程度相対化されていると評価できます。

＊判例による「法律上の利益を有する者」の定義・定式

判例は、行政事件訴訟法9条1項にいう「法律上の利益を有する者」について、「当該処分により自己の権利若しくは法律上保護された利益を侵害され、又は必然的に侵害されるおそれのある者をいう」とした上で、「当該処分を定めた行政法規が、不特定多数者の具体的利益を専ら一般的公益の中に吸収解消させるにとどめず、それが帰属する個々人の個別的利益としてもこれを保護すべきものとする趣旨を含むと解される場合には、このような利益もここにいう法律上保護された利益に当たり、当該処分によりこれを侵害され又は必然的に侵害されるおそれのある者は、当該処分の取消訴訟における原告適格を有する」と定式化しています(最大判平成17年12月7日民集59巻10号2645頁)。

2　原告適格が争われるパターン

行政庁が国民の権利利益を侵害する処分をした場合、処分の直接の相手方は、処分による法律上の効果を直接受けますから、その処分の取消しを求める「法律上の利益」を有するのは当然です。したがって、不利益処分の名あて人が、その処分の取消訴訟の原告適格を有することに争いはありません(処分の相手方にメリットをもたらす授益的処分であれば、処分の相手方が取消しを求める法律上の利益はないのが通常です)。

原告適格が争われる典型は、授益処分の相手方以外の者が原告となり、その処分により何らかの不利益を被るとして取消しを求める紛争パターンです(処分の相手方でなくても、当該処分の法的効果により権利の制限を受ける者であれば、原告適格は認められます(最判平成25年7月12日判時2203号22頁))。Aに対する授益処分が、処分の相手方ではないBに対して不利益に働くという、「**三面関係**」の紛争局面です。このような法律関係が生じるのは、行政処分が、多数関係者の利害調整システムとして機能しており、授益的・侵害的という単純な割切りができなくなっていること(**複効的行政処分**と呼ばれます)に起因します。

三面関係の中でも、原告適格が問題になりやすいのは、次のようなケースです。Aが廃棄物処分場を設置する許可を得たところ、処分場により生活環境が悪化すると考えた周辺住民BがAに対する許可の取消しを求めることを考えてみましょう。裁判で許可を取り消すことができれば、近隣に処分場が設置されなくなり、Bは生活環境を守ることができます。他方で、Aは、一度は法令上の許可を得たのに、裁判所に横やりを入れられるかたちで廃棄物処理のビジネスができなくなります。このような紛争パターンにおいて、処分の相手方ではない者(この例ではB)の原告適格が争点になります。便宜上、「**周辺住民型**」と呼んでおきましょう。

＊薄まった利益型＝消費者・研究者など

上記の「周辺住民型」とはやや異なる類型として、処分により影響を受ける者が特定できないような**「薄まった」利益**が問題になることがあります。食品安全に係る表示を一般消費者が争うケース、鉄道料金の値上げ認可処分を当該鉄道沿線に居住して定期券を購入している利用者が争うケース、史跡指定解除処分をそれを研究対象としてきた学術研究者が争うケースなどです。判例は、上記のような個別性の弱い、いわば「薄まった」利益を持つ者について、原告適格を否定してきました(鉄道利用者について最判平成元年4月13日判時1313号121頁、研究者について最判平成元年6月20日判時1334号201頁)。

しかし、法令上の個別性の点では拡散した利益であっても、行政処分を裁判所に持ち込んでチェックする必要性がなくなるわけではありません。消費者団体・環境保護団体など、「薄まった」利益を適切に代表する団体に訴権を与えることが検討されるべきでしょう。

上記とは異なるパターンとして、ある市でCが廃棄物処理業の許可を得て事業を行っていたところ、同じ市内で新たにDが許可を得て廃棄物処理業に参入してきたため、CがDに対する許可の取消しを求めるという例が考えられます。ここで、CとDは競争関係にあり、Cは既存業者としてDの参入により不利益を受けることを排除しようとしています。このような紛争パターンでも、処分の相手方でない者(この例ではC)の「法律上の利益」の有無が争点になります。「**競争業者型**」と呼ぶことができるでしょう。

＊競願と原告適格

処分の相手方でない者の原告適格が問題となる紛争パターンには、「**競願関係型**」もあります。競願関係とは、たとえば、1つの免許につき複数の者が申請をする、というものです。

1つの免許につきA・Bが申請したところ、Aに免許が与えられ、Bの申請は拒否されたとします。Bがこれに不服なとき、①Aへの免許処分の取消しを求める、②B自身への申請拒否処分の取消しを求める、という2つの方法が考えられます。この点、判例は、①②の争い方がいずれも可能としました(最判昭和43年12月24日民集22巻13号3254頁)。①②のどちらであっても、処分が取り消されたなら、取消判決の拘束力(33条2項)によって免許の審査がやり直されて、改めてAではなくBに免許が与えられる可能性があるからです。

ここでは、処分が取り消されたらその後の法律関係がどのように変化するか、という観点が、原告適格を認める重要なポイントになっています。

3　法律上保護された利益説

判例は、処分の相手方以外の者の原告適格を判定する際に、処分(取消しを求める対象となる処分)の根拠法令の規定の趣旨を手がかりとして、法律上の保護された利益といえるか、解釈してきました。

判例　主婦連ジュース訴訟

法律上保護された利益説を確立した判例として、主婦連ジュース訴訟が知られています。判決では、果汁飲料の表示方法を定めた公正競争規約の認定処分(景表法に基づきます)について、消費者団体が不服申立てをしたところ、「法律上の利益」がないとしました。景表法には、その目的として「一般消費者の利益を保護すること」と定められ、認定処分の要件のひとつとして「一般消費者の利益を不当に害するおそれのないこと」が明示されていたにもかかわらず、消費者団体が一般消費者の利益を代表して不服申立てをすることに「法律上の利益」がない、とされたのです。

判決が用いたロジックは、法律は「一般消費者の利益」を保護しているが、これは単なる一般公益(公益保護の結果として生じる反射的利益)に過ぎず、主観的な争訟を提起することを基礎付ける「法律上保護された利益」でない、というものです。不特定多数者の利益(一般公益)を基に争訟が提起できるとすれば、結局、誰でも裁判や不服申立てができること(客観争訟を認めること)になり、そのような解釈は認められないというわけです。

しかし、判決によると、消費者保護を目的とする食品表示規制について、消費者団体が何も争えないという結論になってしまいます。「不特定多数人の公益」か「特定個人の私的利益」か峻別するといっても、私的利益の集合体が公益なのですから、単なる水かけ論のように思えます。原告適格に関する法律上保護された利益説は、この判例を出発点としますが、上記のような不都合を克服すべく、少しずつ進化してゆきます。

(最判昭和 53 年 3 月 14 日民集 32 巻 2 号 211 頁)

上記 *2* で述べた「**周辺住民型**」では、係争処分の根拠法令の規定(とりわけ処分要件の定め)が、処分の相手方でない周辺住民等の利益を、単に一般公益として保護するのではなく、個々人の個別的利益としても保護しているといえるか、によって判断されます。この解釈方法について、最判平成 4 年 9 月 22 日民集 46 巻 6 号 571 頁では、次のように定式化しています。

「処分を定めた行政法規が、不特定多数者の具体的利益を専ら一般的公益の中に吸収解消させるにとどめず、それが帰属する個々人の個別的利益としてもこれを保護すべきものとする趣旨を含むと解される場合には、かかる利益も……法律上保護された利益に当た」る。

「周辺住民型」で原告適格が認められる(「法律上の利益」があると解釈される)ポイントは、下線部分です。その際、①処分の根拠法令の明文規定のみにこだわらず、法律の合理的解釈を行う(最判昭和 60 年 12 月 17 日判時 1179 号 56 頁)、②処分の根拠法令と目的を共通にする関連法規・関係規定を含めた法体系全体を含めて解釈する(最判平成元年 2 月 17 日民集 43 巻 2 号 56 頁)、③処分が違法であった場合に生じる被害の性質を考慮する(最判平成 4 年 9 月 22 日民集 46 巻 6 号 571 頁)、④処分要件(下位法令により具体化されたものを含む)において生命・身体の安全が考慮されていれば、利益の性質上一般公益に吸収解消されない(最判平成 13 年 3

月13日民集55巻2号283頁)、等の解釈技術が用いられるようになり、判例による原告適格の解釈は、主婦連ジュース訴訟当時と比べ、拡大してゆきます。

＊財産権侵害と原告適格

「周辺住民型」の紛争パターンでは、係争処分の根拠法令・関係法令が定める処分要件から、周辺住民の生命・身体・健康に被害が及ばないよう考慮されているという趣旨が読み取れれば、一般公益に吸収されない個々人の個別的利益を保護する趣旨であるとして、原告適格を認める判例法が確立しました。残されたのは、周辺住民の生活環境・教育環境・風俗環境など、やや抽象度の高い被侵害利益が「法律上の利益」に含まれるか、という問題です。

さらに、原告の財産権が侵害されるおそれがある場合に、「法律上の利益」と解釈できるか、という問題があります。判例は、係争処分の根拠法令から特に財産権を保護する趣旨を読み取ることができれば、「法律上の利益」を認める一方(最判平成14年1月22日民集56巻1号46頁)、そうでなければ個々人の個別的利益とは解釈できないとする傾向を示しています。

「**競争業者型**」において法律上保護された利益であるか否かは、係争処分の根拠法令において、競争業者の法的利益を特に保護している仕組み(許可制における距離制限規定など)があり、競争業者の営業の自由等を保護する趣旨が読み取れるかにより、判断されます(最判昭和37年1月19日民集16巻1号57頁)。

4　行政事件訴訟法9条2項の新設

平成16年の行政事件訴訟法改正は、「国民の権利利益のより実効的な救済」を確保するため、同法9条2項を新設して取消訴訟の原告適格を実質的に拡大することを図りました。同項は、処分の相手方以外の者について、原告適格を判定するため「法律上の利益」の有無を解釈する際に、裁判所が必ず考慮しなければならない事項(**必要的考慮事項**)を定めます。立法者は、「法律上の利益」の解釈指針を示すことにより、裁判所が安易に原告適格を否定する(司法的救済が必要な原告につき訴えを却下すること)を戒め、実質的に原告適格の範囲を拡大しようとしたのです。

9条2項　裁判所は、処分又は裁決の相手方以外の者について前項に規定する法律上の利益の有無を判断するに当たつては、①当該処分又は裁決の根拠となる法令の規定の文言のみによることなく、②当該法令の趣旨及び目的並びに③当該処分において考慮されるべき利益の内容及び性質を考慮するものとする。この場合において、当該法令の趣旨及び目的を考慮するに当たつては、④当該法令と目的を共通にする関係法令があるときはその趣旨及び目的をも参酌するものとし、当該利益の内容及び性質を考慮するに当たつては、⑤当該処分又は裁決がその根拠となる法令に違反してされた場合に害されることとなる利益の内容及び性質並びにこれが害される態様及び程度をも勘案するものとする。

下線①は、法令の条文を形式的にとらえることなく、係争処分がどのような利害調整の仕組みとして法的に構築されているか、精査を求めています。下線②と④は、根拠法令・関係法令の趣旨・目的を考慮すること、下線③と⑤は、処分において考慮されるべき利益の内容・性質、処分が違法な場合に侵害される利益の内容・性質・態様・程度を考慮することを、それぞれ定めます。②と④は、係争処分を規定する法令(関係法令まで含む)に着目して、それらがどのような利益を保護する趣旨・目的か探求すること、③と⑤は、原告が侵害される利益に着目して、係争処分において考慮される利益の内容・性質、現実に侵害が生じた場合の態様・程度等を検討することを、それぞれ求めます。

法9条2項の内容は、基本的に、従前の判例における原告適格の解釈論を敷衍したものです(特に、最判平成4年9月22日民集46巻6号571頁がモデルとなっています)。この意味で、9条2項は、原告適格の解釈論を大きく転換するものではなく、解釈を柔軟にしてきた判例法理の到達点を示すものにとどまります。しかし、上記⑤は、係争処分が違法であった場合に生じる事態(事実状態)の考慮を求めるという部分で、係争処分の根拠法令に着目する法律上保護された利益説の限界を超え、法的保護に値する利益説への接近を明確にしたものと見ることもできます。そのようにいえるかは、今後の9条2項の解釈運用にかかっています。

5　小田急高架訴訟最高裁判決

行政事件訴訟法9条2項の解釈について、リーディング・ケースとなったのが、小田急高架訴訟大法廷判決(最大判平成17年12月7日民集59巻10号2645頁)です。判決は、都市計画法に基づき、建設大臣(当時)が東京都に対してした、鉄道の連続立体交差化を内容とする都市計画事業認可の取消訴訟について、当該事業が実施されることにより騒音、振動等による健康または生活環境に係る著しい被害を直接的に受けるおそれのある者の原告適格を認めます。判決は、都市計画事業認可の取消訴訟について、事業地内の地権者にのみ原告適格を認めていた従来の判例(最判平成11年11月25日判時1698号66頁)を変更して、事業地外の一定範囲の住民まで原告適格を拡大しました。

判決は、法9条1項の定める「法律上の利益」につき従来の判例を踏襲した解釈枠組みを提示した上で、同条2項を踏まえ、以下のようなロジックを展開します。

①　根拠法令・関係法令の趣旨・目的の考慮

都市計画法は、都市計画事業認可の基準として「事業の内容が都市計画に適合すること」を定め、都市計画の基準として公害防止計画に適合することを定める。ゆえに、公害防止計画の根拠法令である公害対策基本法の趣旨・目的が考慮される。これらのことから、都市計画事業の認可に関する都市計画法の規定は、事業に伴う騒音、振動等によって、事業地の周辺地域に居住する住民に健康または生活環境の被害が発生することを防止し、もって健康で文化的な都市生活を確保し、良好な生活環境を保全することも、その趣旨・目的とする。

②　被侵害利益の内容・性質・程度の考慮

違法な都市計画の決定・変更を基礎として都市計画事業の認可がされた場合に、事業に起因する騒音、振動等による被害を直接的に受けるのは、事業地周辺の一定範囲に居住する住民に限られ、被害の程度は、居住地が事業地に接近するにつれて増大する。また、当該地域に居住し続けることにより上記の被害を反復、継続して受けた場合、その被害は、住民の健康や生活環境に係る著しい被害にも至りかねない。このような被害の内容、性質、程度等に照らせば、この具体的利益は、一般的公益の中に吸収解消させることが困難である。

③　法律上保護された利益の判定

以上のような都市計画事業の認可に関する都市計画法の規定の趣旨および目的、これらの規定が都市計画事業の認可の制度を通して保護しようとしている利益の内容および性質等を考慮すれば、同法は、これらの規定を通じて、騒音、振動等によって健康または生活環境に係る著しい被害を直接的に受けるおそれのある個々の住民に対して、そのような被害を受けないという利益を個々人の個別的利益としても保護すべきものとする趣旨を含む。したがって、都市計画事業の事業地の周辺に居住する住民のうち当該事業が実施されることにより騒音、振動等による健康または生活環境に係る著しい被害を直接的に受けるおそれのある者は、当該事業の認可の取消しを求めるにつき法律上の利益を有する者として、その取消訴訟における原告適格を有する。

④　具体的な線引き

原告らの住所地と本件鉄道事業の事業地との距離関係などに加えて、東京都環境影響評価条例の規定する関係地域が、事業の実施が環境に著しい影響を及ぼすおそれがある地域として知事が定めるものであることを考慮すれば、関係地域内に居住する原告らは、本件事業が実施されることにより騒音、振動等による健康または生活環境に係る著しい被害を直接的に受けるおそれのある者にあたると認められる。

上記①は、係争処分の根拠法令・関係法令の趣旨・目的を検討するもので(法９条２項の下線②④に相当)、周辺住民の健康・生活環境の被害防止という趣旨・目的をピックアップします。これを前提に、上記②で、被侵害利益の内容・性質・程度が検討され(法９条２項の下線③⑤に相当)、事業地の近くに居住する者には、健康・生活環境に係る著しい被害が生じうることが指摘されます。健康・生活環境の著しい被害は、もはや一般公益に吸収解消されることが困難であり、個々人の個別的利益として保護されるものと判断されます。上記②は、実際の被害状況に照らして、**「個別的利益」を切り出す作業**をしているのであり、上記③の結論を引き出しています。上記④では、東京都環境影響評価条例が設定した関係地域内であることをもって、具体的な線引きの基準とします。

6　判例の動き

平成17年の小田急高架訴訟判決の後の判例は、処分の相手方以外の者の原告適格について、柔軟に解釈する傾向を示しています。「**周辺住民型**」では、廃棄物処理法に基づく産業廃棄物処分業の許可等について、当該事業者の処分場に係る環境影響調査報告書で調査対象とされた地域に居住する者(最判平成26年7月29日民集68巻6号620頁)、風営法に基づくパチンコ店の増設等承認処分について、隣接するマンションの居住者(大阪地判平成20年2月14日判タ1265号67頁)、景勝地にバイパス道路を建設するための公有水面埋立免許について、景観利益を有する町内住民(広島地判平成21年10月1日判時2060号3頁。差止訴訟の例)に原告適格が認められています。

「**競争業者型**」では、廃棄物処理法に基づく一般廃棄物処理業の許可等について、同法の定める規制が需給調整の仕組みであることに着目し、同一地域内で一般廃棄物処理業の許可を受けている既存業者の原告適格を認めた判例があります(最判平成26年1月28日民集68巻1号49頁)。さらに、「**薄まった利益型**」では、鉄道事業法に基づく旅客運賃変更認可処分等(私鉄運賃の値上げ認可)について、反復継続して日常的に鉄道を利用する者に原告適格が認められました(東京高判平成26年2月19日訟月60巻6号1367頁)。

行政事件訴訟法9条2項は、係争処分の根拠規定を柔軟に解釈することにより、原告適格の実質的な拡大を求めています。この趣旨を踏まえた解釈適用が強く期待されます。

判例　**サテライト大阪事件**

小田急高架訴訟の後、最高裁が原告適格の拡大にブレーキをかけた判例として、サテライト大阪事件があります。判決は、自転車競技法に基づく場外車券発売施設の設置許可に対する取消訴訟において、本件施設の周辺において病院等を開設するなどして事業を営む者、本件施設の周辺住民等の原告適格の有無が争われたケースで、法令が設置許可要件とする位置基準・周辺環境調和基準を根拠に原告適格が認められるかという点につき判示しています。

判決では、場外施設により周辺住民等が被る可能性のある被害は、交通、風紀、教育など広い意味での生活環境の悪化であって、生命・身体の安全や健康の被害、財産への著しい被害でないとします。このような生活環境に関する利益は、基本的には公益に属する利益であり、法令に手がかりとなることが明らかな規定がない以上、法が個々人の個別的利益としても保護する趣旨を含むと解するのは困難とします。他方で、位置基準を手がかりに、場外施設に近接する医療施設等の開設者(医療施設等の利用者は除かれます)については、一定の場合に原告適格を認める余地を肯定しています。

判決からは、「生活環境に関する利益」のみでは原告適格を基礎付けることはできず、特定性のある法的利益を必要とする姿勢がうかがわれます。小田急高架訴訟では、「健康又は生活環境」とされていたところ、「健康」利益がないと原告適格が拡大しないことが示唆されます。しかし、最高裁のロジックは、「健康」被害か「生活環境」悪化かという新たな水かけ論に陥るもので、必要な司法的救済が妨げられることが危惧されます。

(最判平成21年10月15日民集63巻8号1711頁)

(4) 狭義の訴えの利益

1 狭義の訴えの利益とは何か

取消訴訟の訴訟要件として、原告が勝訴判決(係争処分の取消判決)を得ることにより現実に救済される法的利益があるか、という問題があります。取消訴訟を提起するためには、法律上の利益が必要ですが(9条1項)、法律上の利益の中身には、原告が勝訴した場合に、原告の具体的な権利利益が回復可能であることが含まれます。裁判で勝訴しても何ら救済が得られないのであれば、裁判を提起する利益(実益)はないという考え方です。これを、**狭義の訴えの利益**、と呼びます(ちなみに、広義の訴えの利益は、処分性+原告適格+狭義の訴えの利益の全体を意味すると考えられます)。

狭義の訴えの利益が問題になるのは、処分性・原告適格が認められても、処分から時間が経過し、その間に事情が変更したため、処分を判決で取り消しても、具体的・客観的に回復可能な利益が失われてしまったケースです。たとえば、自動車の運転免許の効力停止処分の取消訴訟で、処分期間の経過後、無違反・無処分で1年を経過した場合(最判昭和55年11月25日民集34巻6号781頁)、教科書検定不合格処分の取消訴訟で、学習指導要領が改定された場合(最判昭和

57年4月8日民集36巻4号594頁)、保安林指定解除処分の取消訴訟で、保安林に代替する治水ダムが完成して渇水・洪水の危険がなくなった場合(最判昭和57年9月9日民集36巻9号1679頁)などで、狭義の訴えの利益が否定されています。

2　事業の完了と狭義の訴えの利益

処分に基づいて具体的な事業が進行する場合に、その事業の完了により狭義の訴えの利益が消滅するか、という問題があります。

たとえば、建築確認の取消訴訟について、その建築確認に係る建築工事の完了(検査済証の交付)により、訴えの利益は消滅します(最判昭和59年10月26日民集38巻10号1169頁)。建築基準法上の建築確認は、建築確認を受けた者に当該建築行為を適法に行わせる法的効果を持つところ、工事完了後はその法的効果が失われるからです。建築工事完了後、完成した建築物の違法状態を争うためには、違法建築物に対する是正命令・除却命令の発動を求める義務付け訴訟が考えられます。

＊都市計画法に基づく開発許可の場合

都市計画法に基づく開発許可は、開発行為を適法に行うことができるという法的効果を持ちますから、通常の場合、開発工事が完了して検査済証が交付されれば、開発許可の取消しを求める訴えの利益は消滅します(最判平成5年9月10日民集47巻7号4955頁)。しかし、市街化調整区域内にある土地を開発区域とする開発許可については、工事の完了後も、その取消しを求める訴えの利益は失われません(最判平成27年12月14日民集69巻8号2404頁)。原則として建築行為が禁じられている市街化調整区域での開発許可には、予定建築物の建築行為等を可能にする法的効果があり、開発工事完了後もその法的効果が残存するからです。

開発行為を許す処分の場合に開発工事が完了すれば取消訴訟の訴えの利益も消滅する、という現象面のみをとらえるのではなく、取消しを求める処分の法的効力はどのように規定されており、これを遡って失効させると何が変動するか、考えてみることが大切です。

他方、取消訴訟を提起しただけでは、係争処分に関する行政過程の進行は止まりません(執行不停止原則)。取消訴訟の審理中に行政過程が進行して既成事実が積み重ねられ、取消判決が出ても原状回復が事実上困難になることが想定されます。この点、最高裁は、土地改良事業が完了して原状回復が困難になったとしても、それは事情判決(⇒本章4(2))の問題となり、事業の施行認可処分の取消しを求める法律上の利益を消滅させるものではない、としています(最判平成4年1月24日民集46巻1号54頁)。このケースで、土地改良事業の施行認可は、当該土地改良事業の施行者に事業を行う権能を与える法的効果を持っています。認可が取り消されると(認可時点に遡って法的効果が消滅すると)、施行者がその後行った一連の手続・処分はすべて違法となり、事業が完了していても法的には原状回復が必要になると解釈されます。法的な原状回復義務が生じるのであれば、工事等が完了しても認可を取り消す法律上の利益は消滅しませんし、原状回復が事実上不可能であるなら、事情判決の問題として処理されるべき、ということになります。

3　行政事件訴訟法9条1項かっこ書き

狭義の訴えの利益について、行政事件訴訟法9条1項には、「法律上の利益を有する者(処分又は裁決の効果が期間の経過その他の理由によりなくなつた後においてもなお処分又は裁決の取消しによつて回復すべき法律上の利益を有する者を含む。)」と定められています。上記かっこ書きの部分は、時間の経過により係争処分の法的効果が失われたとしても、それ以外に何らかの付随的効果があれば、その排除のために取消訴訟が利用できる余地が認められる(狭義の訴えの利益が認められる)ことを意味します。

判例は、免職処分を受けた公務員が公職選挙に立候補した場合、立候補の時点で自動的に公務員たる地位を失うものの、それ以前の俸給請求権などの権利利益を回復するため、なお訴えの利益が認められるとしました(最大判昭和40年4月28日民集19巻3号721頁)。しかし、判例が認めた9条1項かっこ書きの適用範囲は必ずしも広いものではなく、処分により名誉や信用を傷つけられても、それらは「回復すべき法律上の利益」にあたらず、事実上の利益の侵害に過ぎないものとされています。

判例　処分基準と訴えの利益

最高裁は、風俗営業の許可を受けていた事業者が、風営法違反により営業停止命令を受けたため取消訴訟を提起して争ったケースにおいて、先行処分を受けたことを理由として後行処分の量定を加重する処分基準(行政手続法12条1項)が設定・公表されている場合には、先行処分(本件処分)の効果が停止期間の経過により失われた後においても、処分基準により不利益な取扱いを受けるべき期間内について、なお本件処分の取消しによって回復すべき法律上の利益を有する、と判示しました。判決は、上記のような処分基準が設定・公表されている場合、後行処分における裁量権は当該処分基準に従って行使されるべきことがき束されている、と述べて、処分基準の存在により狭義の訴えの利益を肯定しました。

処分基準の法的効果を重く見て、行政事件訴訟法9条2項かっこ書きの解釈に反映させた判断として、注目されます。

(最判平成27年3月3日民集69巻2号143頁)

(5) その他の訴訟要件

1　被告適格

取消訴訟の被告は、原則として、処分または裁決をした行政庁が所属する行政主体(国または公共団体)です(11条1項)。なお、原告は、訴状に処分庁・裁決庁を記載しなければなりませんが(同条4項)、この点につき誤って記載しても原告に不利益はないと解されています。

2　管轄裁判所

行政事件について、第一審は地方裁判所となるのが原則です。その上で、取消訴訟の管轄裁判所は、原則として、被告の普通裁判籍の所在地を管轄する裁判所、または、処分庁・裁決庁の所在地を管轄する裁判所と定められています(12条1項)。

上記の例外として、土地の収用、鉱業権の設定など不動産・特定の場所に係る処分・裁決を争う場合にはその不動産または土地の所在地の裁判所に取消訴訟を提起できますし(同条2項)、処分・裁決に関し事案の処理にあたった下級行政機関の所在地にも取消訴訟を提起することができます(同条3項)。さらに、国・一部の公共団体(国に準じる性格の公共団体)を被告とする取消訴訟については、原告が所在する高等裁判所所在地の地方裁判所(東京・大阪・名古屋・広島・福岡・仙台・札幌・高松)に提起することもできます(同条4項)。

以上から、被告が国の取消訴訟であれば、通常、国を代表する官庁(法務省)のある東京地方裁判所、行政処分をした行政機関がある場所の地方裁判所、原告が住んでいる場所が含まれる高裁所在地の地方裁判所という選択肢があり得ることが読み取れます。

3　不服申立前置

国民が行政処分を争う場合に、行政機関に対する行政不服審査と裁判所に対する取消訴訟のどちらを選ぶかは、国民の自由であるのが原則です(自由選択主義)。その例外として、特に法律に規定がある場合に、取消訴訟を提起するためには行政不服審査(不服申立て)を経由しなければならないケースがあります(不服申立前置)。不服申立前置が法定されていれば、適法に不服申立てを経由することが、取消訴訟の訴訟要件となります。

不服申立前置の場合であっても、①審査請求があった日から3か月を経過しても裁決がないとき、②処分、処分の執行または手続の続行により生ずる著しい損害を避けるため緊急の必要があるとき、③その他裁決を経ないことにつき正当な理由があるときには、裁決を経由しないで取消訴訟を提起できます(8条2項1号〜3号)。②は、裁決がされない段階で、取消訴訟を提起の上で執行停止を申し立てることを可能にする趣旨です。

なお、不服申立前置の処分をする場合、処分庁には、その旨を教示する義務が課されています(46条1項3号)。

4　出訴期間

取消訴訟には、処分・裁決のあったことを知った日から6か月(14条1項。主観的出訴期間)、処分・裁決の日から1年(同条2項＝客観的出訴期間)という出訴期間の制約があります。主観的出訴期間・客観的出訴期間とも、「正当な理由」があれば、延長される可能性があります。

3　取消訴訟の審理

（1）審理の対象

取消訴訟が提起され、訴訟要件を満たす適法な訴えであれば、裁判所による本案審理が行われます。**取消訴訟の審理の対象（訴訟物）**は、**行政処分の違法性一般**です。ここでの違法性とは、行政処分が、法令をはじめとする法源性のある規範に違反することを意味します。裁量権行使の逸脱・濫用についても、取消訴訟の審理対象となる違法の問題に含まれます。違法性一般とは、個々の違法事由ではなく、係争処分がおよそ違法と評価できるか審理されることを意味しています。

取消訴訟で審理される係争処分の違法性とは、処分時（係争処分が実際になされた時点）の事実と法を基準に判断されます。処分時から判決時（口頭弁論終結時）のあいだに事実・法の状態が変化することは当然に起こり得ることですが、裁判所としては、処分時点での行政側の法的判断の適法・違法を審理することになります。

＊事前救済型抗告訴訟と違法性判断の基準時

取消訴訟は、裁判所が行政機関の法的判断がなされたことを前提に、それを事後的にチェックする構造をもっていますから、違法性判断については処分時とする考え方が合理的です。他方で、義務付け訴訟・差止訴訟のような事前救済型の抗告訴訟では、違法性判断の基準時は判決時でなければつじつまが合いません（未だなされていない処分を争うからです）。両者のズレ（事前救済型と事後救済型のズレ）をどのように調整するか、今後の重要な検討課題になると思われます。

（2）原告の主張制限

行政事件訴訟法10条1項は、「取消訴訟においては、自己の法律上の利益に関係のない違法を理由として取消しを求めることができない」と規定します（**原告の違法事由に関する主張制限**）。原告が、「自己の法律上の利益に関係のない違法」を主張しても、その主張は失当であるとして、請求棄却となってしまいます。

取消訴訟において、原告側が他人の被る不利益に関する違法事由を主張できないのは、いわば当然と考えられます(取消訴訟は原告の権利利益侵害を救済する訴訟だからです)。問題となるのは、原告適格における「周辺住民型」のようなケースで、原告側が、一般公益を保護する趣旨の処分要件に反することを主張する場面です。たとえば、飛行場の周辺住民が、その飛行場を離発着する航空会社の路線免許の取消訴訟を提起し、騒音・震動等の被害を受けないという法的利益が侵害されているとして原告適格が認められたケースを考えてみましょう。この取消訴訟で、原告(周辺住民)が、航空会社の運航が、騒音・震動等の発生とは直接かかわらない免許基準に違反しているという主張はできないとされています(最判平成元年2月17日民集43巻2号56頁)。

理屈の上からは、原告の権利利益侵害とは無関係の違法事由があったとしても、原告の権利利益侵害のおそれを生じさせるものではありませんから、取消訴訟で審理する必要はありません。しかし、「周辺住民型」のように、処分の相手方でない者に原告適格が認められるケースにおいて、一般公益のみを純粋に保護する(原告の権利利益と全く関わりのない)趣旨の処分要件を明確に切り分けるのは困難と考えられます。したがって、取消訴訟による救済機能を実効あらしめるよう、原告の主張制限について過度に厳格な解釈は戒められるべきでしょう。

(3) 処分理由の差替え

取消訴訟において、被告行政主体の側が、処分の際に提示した理由とは異なる理由に基づいて処分が適法であると主張することが許されるか、という論点があります(**処分理由の差替え**)。取消訴訟の審理対象(訴訟物)は処分の違法性一般ですから、当事者である行政側は、口頭弁論終結時まで、処分が適法であることにつき一切の法律上・事実上の根拠を主張できるはずです(紛争の一回的解決の要請)。ゆえに、行政側は、取消訴訟において、処分理由の差替えができるのが原則となります。

しかし、行政処分に理由の提示が要求される場合に、取消訴訟まで進めば行政側から処分の理由を差し替えることができるというのでは、理由の提示の機能(行政判断の慎重確保・恣意抑制機能、不服申立便宜機能)は大きく減殺されかねません。処分理由の差替えが原則可能であるとしても、取消訴訟段階で理由の差替えを認めることが理由の提示制度の趣旨を損ね、原告(国民)側に不意打ちとして不利益を与える場合には、信義則等により主張を制約すべきです。また、行政側による処分理由の差替えの主張が処分の同一性を失わせる(理由が替わることにより別の処分になる)と解される場合に、そのような主張が許されないことにも留意が必要です。

(4) 弁論主義とその修正

取消訴訟の審理では、処分の違法性一般について、原告(国民)側と被告(行政)側とが主張・立証を行い、それに基づいて、裁判所が事実認定・法の解釈を行います。取消訴訟も、通常の民事訴訟と同様、当事者(原告・被告)が主張・立証した事実に基づいて審理が行われるのであり(弁論主義)、裁判所が自ら事実を探索して真実を発見する考え方(職権探知主義)は採られていません。

しかし、取消訴訟では、行政処分の違法性が争われるため、その審理・判断は国民全体の公益に関わります。取消訴訟の審理の適正を確保するため、弁論主義を補充するかたちで、裁判所が一定の積極的な役割を果たすことが必要です。行政事件訴訟法は、「裁判所は、必要があると認めるときは、職権で、証拠調べをすることができる」と規定し(24条)、**職権証拠調べ**を認めています。なお、職権証拠調べの結果については、裁判所は当事者の意見をきかなければなりません(裁判所の専断を避ける趣旨によります。同条ただし書き)。

＊取消訴訟の証明責任

取消訴訟では、処分を適法とする事実(要件事実)について国民側・行政側のどちらが主張・立証すべきか(証明責任)が、判決のゆくえを左右する大きな問題となります。要件事実について主張・立証できないと、裁判所はその事実がないと扱う(すなわち、処分を違法と評価する)ことになります。

取消訴訟の証明責任については、①国民に不利益を与える行政処分の取消訴訟では、行政側が証明責任を負い、②国民が自らの権利拡大を求める取消訴訟では、国民側が証明責任を負う、という基本的な考え方が妥当するとされています。①は、不利益処分について、その名あて人が取消訴訟を提起するパターンです。②は、給付を求める申請に対する拒否処分について、申請者が取消訴訟を提起するパターンです。

しかし、③ある者には授益的処分であるが、別の者には侵害的処分である処分(複効的行政処分)の取消訴訟について、上記の整理はうまく適用できません。③については、ケースごとに、処分の根拠法令の構造、侵害される権利利益の態様などから、個別に証明責任を判断するしかない、とされています。また、裁量権逸脱・濫用を争う場合には、逸脱・濫用があると主張する国民側が原則として証明責任を負うという見解もあります。

このように、取消訴訟の証明責任については、裁判実務上の通説的取扱いが確立していません。いずれの見解によるとしても、処分を行った行政側には、処分が適法であることにつき調査・説明義務があるのは明らかですから、取消訴訟においても説明義務を尽くすことが求められる(処分が適法であることにつき行政側の説明義務が果たされなければ、原則として違法と評価される)ことが議論の出発点とされるべきでしょう。

4　取消訴訟の判決

(1) 判決の種類

取消訴訟は、通常、判決(終局判決)によって終了します(他に、原告による訴えの取下げ等でも、裁判は終了します)。

取消訴訟の判決には、①**訴え却下**、②**請求棄却**、③**請求認容**、の3種類があります。①は、訴え自体が訴訟要件を満たさない不適法なものとして、門前払いをするもの、②は、本案審理の結果、原告の請求を理由なしとして退けるもの、③は、原告の請求を理由ありとして、処分・裁決の全部または一部を取り消すものです。③を取消判決と呼びます。

＊取消訴訟と和解

取消訴訟は、行政主体と国民の間で、行政処分が違法であることを争います。両当事者が訴訟上の和解により裁判を終了させることは、「法律による行政」

に照らして適切でないと考えられます。行政は法律に従う義務がありますから、行政処分が適法であると考える以上、それを曲げて和解すべきでないからです。そこで、実務上は、行政側が自ら係争処分を取り消し、あわせて原告側が訴えを取り下げて裁判を終了させるという、事実上の和解が行われることが多いといわれます。

（2）事情判決

事情判決とは、争われている処分・裁決が違法であって取り消すべきであるにもかかわらず、公の利益に著しい障害をもたらす場合に請求棄却とするものをいいます。事情判決をするには、原告の受ける損害の程度、損害の賠償・防止の程度・方法その他の一切の事情を考慮しなければなりません。その上で、事情判決では、請求を棄却する(行政処分を取り消さない)一方、主文において行政処分が違法であることを宣言しなければなりません(以上について、31 条 1 項)。

事情判決は、行政処分から判決時点までの既成事実の積み重ねを踏まえ、これを覆すことが公益に反する場合に、行政処分の取消しにより原告が得られる利益よりも、現状維持による公益を優先させるものです。しかし、事情判決は、原告の利益を一方的に犠牲にする趣旨ではなく、原告の利益と公共の福祉を調整する仕組みと考えられます。

さらに、事情判決について、**中間違法宣言判決**の仕組みも定められています(31 条 2 項)。まず裁判所が中間違法宣言判決を出し、これを踏まえて行政側が原告に対する損害賠償・損害防止のための措置をするか見極めた上で、事情判決に至るという流れを想定したものです。

＊事情判決と損害賠償

事情判決は、原告に「損害の賠償」等をすることを条件に、違法と評価された行政処分を取り消さないというものです。ここで問題となるのが、事情判決で前提とされた「損害の賠償」を行政側が実行しないため、事情判決で請求を棄却された原告側が、国家賠償請求訴訟で争うという局面です。事情判決の主文において、行政処分が違法であると宣言されていますから、後訴たる国家賠償請求訴訟において、その行政処分が違法であることは確定しています(事情判決の既判力)。しかし、行政側の故意・過失など、国家賠償法1条1項の定める違法以外の要件は、後訴で否定される可能性があります。

上記論点の解決のため、①事情判決の前提となった「損害の賠償」は、違法な行政処分を取り消さない代償であるため、故意・過失など行政側に係る要件は不要とする説(賠償説)と、②事情判決は公益のため原告の原状回復の権利を制限したものであり、事情判決により原告は当然に損失補償請求ができるとする説(損失補償説)が提案されています。

(3) 判決の効力

1 既判力

訴訟において判決が確定すると、当事者および裁判所は、その訴訟の対象となった同一事項について、異なる主張・判断をすることができなくなります(民事訴訟法114条1項)。これが、**判決の既判力**と呼ばれるもので、裁判で決着した事項の蒸し返しを防ぐことを趣旨としています。取消訴訟についても、終局判決が確定すると、通常の民事訴訟と同様(行政事件訴訟法7条)、その判決には既判力が認められます。取消訴訟の訴訟物は処分の違法性一般ですから、判決が確定すれば、その処分の違法性に関して、当事者および裁判所が既判力により縛られます。

＊同一の行政処分に係る取消訴訟と国家賠償請求訴訟

同一の行政処分について、その取消訴訟と、それを原因とする損害賠償を求める国家賠償請求訴訟が提起されることがあります。この場合、取消判決が確定すると、その既判力により、国家賠償請求訴訟で行政処分の違法を争うことができなくなります(行政側は、処分が適法であるとの主張ができなくなります)。他方で、取消訴訟で請求棄却判決が確定した場合に、別訴である国家賠償請求訴訟で、国民側から処分が違法であるとの主張ができなくなるかについては、解釈が分かれています。確かに、取消訴訟の訴訟物は処分の違法性一般なのですが、取消訴訟の原告となる国民側から、処分についてあらゆる角度から違法であるとの主張を尽くし、裁判所も処分の違法性につき網羅的に審理することは、実際上不可能と考えられるからです。

上記の問題は、取消訴訟で審理される行政処分の違法と、国家賠償法1条1項で損害賠償責任が生じる要件である「違法」が完全に同一か、ズレがあるかという論争にもかかわります(⇒15章2(2)6)。国家賠償には金銭的補塡による救済という固有の意義があることを重視すれば、取消訴訟で行政処分が適法と判断された場合であっても、国家賠償訴訟において、原告側が別の観点からその処分の違法性を主張し、裁判所によって審理される可能性があると考えるべきではないでしょうか。

2　取消判決の形成力

取消訴訟において、取消請求を認容する(処分を違法とする)取消判決が確定すると、その処分の効力は処分当時に遡って消滅します。取消判決には、処分が最初からなかったのと同じ法的状態に戻す力(原状回復機能)があり、これを**取消判決の形成力**と呼びます。

取消判決が確定すれば、行政側が改めて処分を取り消すことなく、処分時点に遡って処分の効力が失われます(**遡及効**)。不利益処分の取消判決が確定すれば、形成力により、処分時点に遡って不利益処分がなかったことになります。申請に対する処分の取消判決が確定すれば、形成力により処分が効力を失い、申請がされた時点まで法律関係が戻ることになります(その先、改めてどのような処分がされるかは、次に説明する拘束力の問題です)。

＊取消判決の第三者効

行政事件訴訟法32条1項は、「処分又は裁決を取り消す判決は、第三者に対しても効力を有する」と規定します。これにより、取消判決が確定すると、裁判の当事者以外の第三者との関係でも、係争処分は遡及的に失効します。行政処分に係る法律関係を画一的に取り扱い、取消判決に実効性を与えるための仕組みと考えられます。取消判決の効力が第三者に及ぶ以上、その第三者を手続的に保護する必要がありますから、同法は、事前的に訴訟参加(22条)、事後的に第三者再審の訴え(34条)を定めています。

以上のように、取消判決の形成力は、訴訟当事者以外の第三者にも及ぶことが、立法的に解決されました。判決で取り消される行政処分が、ある者には授益的である一方、他の者には侵害的であるという複効的行政処分であるケースなど、原告以外の者(処分が取り消されることについて、原告とは利害相反する者)に取消判決の効力が及ばなければ、取消訴訟により紛争は解決しません。ゆえに、取消判決の形成力が、原告と利害関係を異にする第三者に及ぶことは、当然といえるでしょう。

他方、判決で取り消される処分が、多数の相手方の法的地位を変動させる場合(一般処分、条例制定行為などに処分性を認めたケースが典型です)、原告と利益を共通する第三者にも取消判決の形成力を認めてよいかについては、見解が分かれています。行政処分の法的効果が相手方ごとに可分できる場合について、取消判決により失効するのは原告に対する法的効果のみであり、取消訴訟に参加していない第三者(原告と利害関係は一致しているが、裁判には関わっていない行政処分の相手方)との関係では、取消判決の形成力が及ばないと説明する説が主張されています(**相対的効力説**)。この説によれば、たとえば、公共料金の値上げを認可する処分の取消訴訟において、認可処分の取消判決の効力は、さしあたり原告との関係でのみ生ずることになります。

上記のようなケースであっても、取消判決の効力がすべての者に及ぶとすると(**絶対的効力説**)、取消判決による影響が大きく、結果的に事情判決などに流れてしまうことが考えられます。また、取消訴訟は、あくまでも原告の権利利益救済を目的として作られており、絶対的効力を認めるには第三者の手続的参加の仕組みが弱いのも事実です。相対的効力説には、それなりの説得力があると思われます。もっとも、一般処分や条例制定行為であっても、処分の法的効果が不可分であれば、形成力のみを相対化することは困難ですから、取消判決の効力もすべての者に及ぶと解釈すべきです。

3 取消判決の拘束力

取消判決の形成力により処分が遡及的に失効すると、その処分が行われる前の法律関係が回復されます。行政庁は、新たに処分をやり直すことになりますが、前回と同一内容の処分が繰り返されると、取消判決の意味はなくなってしまいます。そこで、行政事件訴訟法33条は、取消判決について、行政庁が取消判決の趣旨に従って行動することを義務付ける効力(**取消判決の拘束力**)を定めました。取消判決の拘束力は、取消訴訟の救済機能を高めるため、行政庁に対し、取消判決に従う積極的な義務を課すものです。

処分・裁決の取消判決は、その事件について、処分・裁決をした行政庁その他関係行政庁を拘束します(33条1項)。これにより、取消判決には、行政庁が同一事情の下で同一理由に基づき同一内容の処分を再び行うことを禁ずる効力(**反復禁止効**)が認められます。「その理由による行政処分は違法」という裁判所の判断が行政庁に対する拘束力として働く結果、同一事情・同一理由による同一内容の処分の繰り返しは許されません。

＊既判力説

裁判所が取り消した処分の反復禁止について、上記のように説明すると、同一事情であっても、理由が異なれば、同一内容の処分が打ち直せる結果になります。これを避けるために、一部の学説は、取消判決の既判力によって反復禁止効を説明することを主張しています。すなわち、取消訴訟の訴訟物が処分の違法性一般である以上、処分理由を変えた上で、判決で取り消された処分と同一内容の処分を打ち直すことは、同一の法律関係の下で紛争を蒸し返すものであり、取消判決の既判力により妨げられるとします。

申請拒否処分(または不服申立て却下・棄却裁決)の取消判決により、処分庁(または裁決庁)は、判決の趣旨に従って改めて申請に対する処分(または裁決)をしなければなりません(同条2項)。また、申請認容処分(または不服申立て認容裁決)が手続的違法を理由に取り消された場合、取消判決の拘束力として、行政庁が改めて正しい手続をやり直して処分をし直す義務があります(同条3項)。

＊不整合処分の取消し・原状回復

上記のように、取消判決の拘束力の内容は、判決で取り消された処分と同じ内容の処分の反復を禁止する効果(反復禁止効)が中心です。これに加えて、取消判決の拘束力に、①判決で取り消された処分と整合しない関連処分を取り消すこと、②行政側に原状回復義務を課すことが含まれるか、議論があります。

複数の処分が連続して行政過程を形成する場合、係争処分と表裏をなす別の処分がある場合などでは、取消判決の拘束力により、行政機関には、判決により取り消された処分と法的に整合しない関連処分(不整合処分)を取り消して、法律関係全体を是正する義務が課せられると考えられます(最判平成5年12月17日民集47巻10号5530頁)。ひとつの認可につき複数の者が申請する「競願関係」の下で、申請拒否処分が判決により取り消されれば、拘束力により、白紙の状態で競願者全体の優劣が審査し直されるとした判例もあります(最判昭和43年12月24日民集22巻13号3254頁)。

他方で、処分を前提として事実上の措置が行われていた場合に、その処分を取り消す判決の拘束力によって行政機関に原状回復義務が一律に生じるとまではいえない、と思われます。取消判決により、処分の効力が遡って失われることにより、行政機関の側に違法状態を是正する原状回復義務が生じることはありますが、これは、行政機関に実体法上の義務が認められることによるのが通常です。

5 執行停止

(1) 執行停止制度

裁判で争う場合には、終局判決が確定するまでの間、原告の権利利益を仮に保全する制度(仮の救済制度)が必要です。行政処分を争う取消訴訟において、行政処分は一方的に法律関係を変動させる性質を持つので、時間の経過により行政側に有利な既成事実が積み重なってしまうおそれがありますし、行政処分の中には執行力により自力執行に至るものもあります。取消訴訟の原告について、仮の救済の必要性は高いといえます。

民事事件では民事保全法に基づく仮処分などの制度がありますが、行政事件訴訟法44条は、行政庁の処分その他公権力の行使にあたる行為について、民事保全法の適用を排除します。そのかわりに、行政事件訴訟法25条は、**執行停止制度**を定め、取消訴訟における仮の救済制度としています。

＊執行不停止原則

行政事件訴訟法25条1項は、処分の取消訴訟が提起されても、その処分の効力、処分の執行・手続の続行を妨げないとする執行不停止原則を定めます。取消訴訟が提起されても、原則として処分は有効と扱われ、その処分を前提とした行政過程も進行します。これは、行政の円滑な執行を確保し、国民による濫訴の弊を避けるという立法政策の反映です。その上で、同法は、原告が執行停止を申し立てた場合に、一定の要件の下で執行停止を認める仕組みを定めています。

（2）執行停止の対象

執行停止の対象は、①処分の効力、②処分の執行、③手続の続行、の3つです。それぞれの全部または一部の執行停止があり得ます(25条2項)。①は処分の効力全体の停止、②は処分の執行力の停止、③は処分を前提とした後続行為の停止、です。

上記②または③によって目的を達することができる場合には、①をすることはできません(同項ただし書き)。執行停止は申立人の権利利益保全のため必要最小限に限られるという趣旨により、もっとも広範な影響をもたらす①は、②③では権利利益保全ができない場合に限られます(補充性)。

（3）執行停止の要件

執行停止は、執行不停止原則の例外として、法定された積極要件・消極要件の双方を満たすことが必要です。また、執行停止を申し立てるには、申立ての利益が必要です。

1　執行停止の積極要件

積極要件として、行政事件訴訟法25条2項は、「①処分の取消しの訴えの提起があつた場合において、処分、処分の執行又は手続の続行により生ずる②重大な損害を避けるため緊急の必要がある」ことを定めます。

下線①は、本案訴訟(取消訴訟)が適法に提起されることを要件とするものです。一般の民事訴訟で保全訴訟が本案訴訟から独立しているのとは、大きく異なります。

下線②は、執行停止申立てに理由があるかという点に関する実体的要件です。平成16年の法改正前は「回復の困難な損害」とされていた箇所が、同改正により「重大な損害」に改められ、「重大な損害」の判断について、「損害の回復の困難の程度を考慮するものとし、損害の性質及び程度並びに処分の内容及び性質をも勘案する」という解釈基準が設けられています(同条3項)。「重大」か否かは、個別・具体的な利益状況に即して、執行停止の必要があるか(申立人の権利利益につき仮の救済が必要か)、総合的に判断して決定されます。また、処分の内容・性質の勘案が求められていますから、処分が申立人に与える影響のみでなく、利害関係者全体にどのような影響を与えるかについても勘案して、合理的な判断が求められます。

＊「重大な損害」の解釈

判例は、弁護士に対する業務停止3か月の懲戒処分の執行停止について、処分により生じる「社会的信用の低下、業務上の信頼関係の毀損等の損害」が「重大な損害」にあたるとします(最決平成19年12月18日判時1994号21頁)。また、建築確認について、執行停止をせずに建物が完成すれば、取消訴訟の訴えの利益がなくなってしまう一方、申立人の生命・財産等には重大な損害が生じるとして、執行停止を認めた判例もあります(最決平成21年7月2日判自327号79頁)。これらは、執行停止における「重大な損害」要件が、申立人が被る具体的な権利利益侵害のあり方を考量して判定されることを示します。

2　執行停止の消極要件

消極要件として、行政事件訴訟法25条4項は、「③公共の福祉に重大な影響を及ぼすおそれがあるとき、又は④本案について理由がないとみえるとき」、と定めます。

下線③は、執行停止が及ぼす公共の福祉への影響と、申立人が処分の執行により被る損害を比較考量して判断することになります。しかし、公共の福祉への影響は、積極要件の判断に際してすでに考慮されており、過剰に重くみる必要はないはずです。③により申立てが却下されるのは例外的事案(デモ行進や集会の許可などで、仮にこれらが実施されると重大な混乱が予想されるケースなど)に限られるべきです。

下線④は、本案につき勝訴の見込みがなければ、申立人に暫定的な権利利益の保護を与える必要がないことから、設けられています。④に該当するのは、原告(申立人)の主張から本案請求に理由がないことが明らかな場合と、被申立人の側が本案につき理由がないこと(係争処分が適法であること)を主張・疎明した場合です。申立人の側が、係争処分が違法であることまで疎明する必要はありません。

3　申立ての利益

執行停止を申し立てるには、執行停止によって現実に救済を受けられる法的利益(申立ての利益)が必要です。執行停止の対象となる処分について、すでに執行が完了し、原状回復の余地が失われていれば(強制送還の実施、代執行の完了など)、申立ての利益が否定されます。

＊申請拒否処分の場合

申請拒否処分の取消訴訟では、通常、執行停止は機能しません。裁判所による執行停止決定には、判決の拘束力に関する規定が準用されておらず(33条4項は、執行停止決定について同条2項を準用していません)、申請拒否処分の効力を止めても、申請をした状態に戻るだけで、行政側が申請に対して仮の処分をすることはなく、申立ての利益が否定されます。

申請拒否処分については、義務付け訴訟で争い、仮の義務付けを申し立てることにより、仮の救済を得ることが可能です(⇒13章5)。

(4) 執行停止の手続

執行停止は、本案の係属する裁判所に対して申し立てます(28条)。裁判所の職権による執行停止は、法定されていません。執行停止の申立ての審理について、口頭弁論を開くかは、裁判所が判断します(25条6項本文)。実際には、緊急な判断を要するため、書面審理のみによることも多いとされますが、口頭弁論を開かない場合には、あらかじめ当事者の意見を聴かなければなりません(同項ただし書き)。

執行停止の申立てに対する判断は、疎明に基づき(同条5項)、裁判所の決定によります(同条2項)。決定については、即時抗告できますが(同条7項)、即時抗告により原決定の執行は停止しません(同条8項)。

(5) 内閣総理大臣の異議

行政事件訴訟法は、内閣総理大臣に執行停止の申立て・執行停止の決定に対し異議を述べることを認め、行政権を代表する内閣総理大臣による、裁判所の執行停止に対する強力な対抗手段としています(27条1項)。この異議により、裁判所は執行停止の決定ができなくなり、すでに執行停止決定をしていればこれを取り消さなければなりません。内閣総理大臣は「やむをえない場合でなければ」異議を述べてはならないと定められていますが(同条6項)、異議の内容について裁判所がチェックする方法はありません(異議を述べた場合に、内閣総理大臣は、国会に報告しなければなりません)。

内閣総理大臣は、裁判所による執行停止を阻止するための終局的介入権を有しています。この点、行政処分の執行停止を命じる権限は行政作用に含まれ、内閣総理大臣の終局的介入を認めても司法権は侵されないと説明されています。しかし、この制度については、違憲と評価せざるを得ず、早急な廃止が求められます。

6　教示

平成16年の行政事件訴訟法改正により、行政訴訟をより利用しやすく、分かりやすくするため、**教示制度**が導入されました。

行政庁は、処分・裁決をする場合に、その相手方に対して、①取消訴訟の被告とすべき者、②取消訴訟の出訴期間、③審査請求前置の定めがあるときはその旨、を書面で教示する義務を課されます(46条1項)。処分・裁決の相手方以外の者に対しては、教示義務は定められていません。処分につき特定の相手方がない場合も、教示義務は生じません。また、この教示義務は、処分・裁決が書面で行われる場合に生じるものであり、当該処分が口頭で行われる場合(裁決は必ず書面で行われます。行政不服審査法 50 条 1 項)に教示義務はありません。

当該処分につき裁決主義(処分に対する審査請求の裁決に対してのみ取消訴訟が提起できるという仕組み)がとられている場合、行政庁は、処分の相手方に対してその旨を書面で教示しなければなりません(処分が口頭で行われる場合は除きます。46 条 2 項)。

＊教示が誤っていた場合

出訴期間に関する教示がされない、あるいは誤っていたため、出訴期間を徒過してしまったケースについては、出訴期間が延ばされる「正当な理由」にあたると考えられます(14 条 1 項ただし書き、同条 3 項ただし書き)。被告を誤って教示した場合には、被告変更の申立てにより対応することになると考えられます(15 条)。

取消訴訟の対象とならない行為について取消訴訟ができる旨の誤った教示をし、あるいは、原告適格のない者に対して同様に誤った教示をしても、そのことによって取消訴訟が可能になるわけではありません。

〈補論〉　無効等確認訴訟

（1）無効等確認訴訟の意義

無効等確認訴訟とは、処分・裁決の有効・無効または存在・不存在の確認を求める訴えをいいます(3 条 4 項)。中心となるのは、処分・裁決の無効確認を求める訴え(無効確認訴訟)です。

行政処分の効力を裁判で否定するには、原則として取消訴訟によらなければなりません(取消訴訟の利用強制)。他方、取消訴訟には出訴期間の制約があり、また個別法により不服申立前置とされることもあります。出訴期間を徒過し、必要な不服申立てを期間内にしなければ、国民の側から行政処分の効力を争う道が事実上なくなってしまいます(不可争力⇒4 章 3(3))。

しかし、行政処分の瑕疵が大きく(重大かつ明白な瑕疵)、不可争力を生じさせることが不適切な場合に、これを無効と観念し、取消訴訟を経由せずその効力を否定できるとされます。無効確認訴訟は、行政処分の無効を確認するための訴訟類型であり、出訴期間の制約を外した事後救済型抗告訴訟と考えられます。

（2）無効確認訴訟の補充性

行政処分が無効であれば、その法的効力は当初から存在しませんから、法的紛争を解決するためには、行政処分の無効を前提とした法律関係について当事者訴訟または民事訴訟を提起すればよいはずです。すなわち、通常は、裁判で処分の無効を確認する必要はなく、無効を前提とした現在の法律関係につき訴えを提起すれば足ります(**確認訴訟の補充性**)。そこで、行政事件訴訟法36条は、無効等確認訴訟を法定した上で、現在の法律関係を争ったのでは十分に救済されず、特に無効確認を求める必要のある原告に限って提起できるものと定めました。無効確認訴訟の補充性を、原告適格の制限として規定したのです。

他方、行政処分の無効確認訴訟を、出訴期間の外された事後救済型抗告訴訟ととらえるなら、取消訴訟に代替するものとして、処分を前提に進行する行政過程を止め、処分時点に遡って法律関係を是正・回復させるものと位置付けられます。単に現在の法律関係を争う訴訟を補充するにとどまらず、抗告訴訟として独自の機能を持つのです。無効等確認訴訟の補充性については、上記の機能論を踏まえて解釈する必要があります。

（3）行政事件訴訟法36条の解釈

行政事件訴訟法36条は、無効等確認訴訟の原告適格を、①処分・裁決に続く処分により損害を受けるおそれのある者、②処分・裁決の無効等の確認を求めるにつき法律上の利益を有する者、③現在の法律関係に関する訴えによって目的を達成することができないもの、という3つの要件により限定します。①と②が積極要件、③が消極要件であり、「①その他②で、③に限る」という条文構成になっています。

ここで、①と②③を切り離す説(**二元説**)と、①②③をセットとする説(**一元説**)が対立しています。二元説によれば、①のみを満たせば訴えが提起できることになりますが、一元説では、①③または②③を満たす場合に訴えを提起できることになります。①のみによる無効確認訴訟(損害を予防するための訴訟)が認められないと、国民の救済の点で不十分な場合があるため、学説上は二元説が有力です。判例にも、納税者が「課税処分を受け、当該課税処分にかかる税金をいまだ納付していないため滞納処分を受けるおそれがある場合」について、要件③に言及することなく、当該納税者による課税処分の無効確認訴訟を認めたものがあります(最判昭和51年4月27日民集30巻3号384頁)。

さらに、要件③の解釈についても、どこまで厳格に解釈するか、論争があります。しかし、近時は、現在の法律関係を民事訴訟・当事者訴訟等で争うのか、無効等確認訴訟によるのか、どちらが当該紛争を解決するため「**より直截的で適切な争訟形態**」かによって判定しようとする機能的解釈が有力です(最判昭和62年4月17日民集41巻3号286頁)。無効等確認訴訟が出訴期間の延ばされた取消訴訟としての実質を持つことを重視するのであれば、要件③についても、紛争解決の面から機能的に解釈すれば十分であると考えられます。

(4) 仮の救済・判決

無効等確認訴訟について、取消訴訟の執行停止に関する規定が準用されています。無効の行政処分の執行停止は概念矛盾という見方もできますが、行政処分について出訴期間を徒過した原告の救済手続として機能することを考えれば、執行停止の必要性は認められます。特に、行政処分の無効を前提として現在の法律関係を争う当事者訴訟・争点訴訟では、行政事件訴訟法44条により仮処分が排除される(行政処分に係る請求を含むからです)ことを考えると、無効等確認訴訟で執行停止制度が準用されることには重大な実益があります。

無効等確認訴訟の判決について、拘束力の規定が準用されます。行政処分が無効の場合、そもそも法律関係が当初から変動していないため、判決の形成力は観念できず、取消判決の第三者効の規定も準用されていません。しかし、学説には、無効確認判決について第三者効を認める必要性を指摘するものがあります。事情判決に関する規定も準用されていませんが、無効等確認訴訟にも事情判決が必要とする学説もあります。これらの点も、無効等確認訴訟の救済機能に照らし、取消訴訟に代替する法定抗告訴訟と考えるのであれば、取消訴訟と可能な限りパラレルに扱うべきでしょう。

第13章 事前救済型抗告訴訟

1 不作為の違法確認訴訟

（1）不作為の違法確認訴訟の意義

不作為の違法確認訴訟とは、国民が行政庁に対して法令に基づく申請をしたにもかかわらず、行政庁が処分・裁決をしないことの違法確認を求める訴訟です(3条5項)。国民の申請に対して行政庁が応答しなければ、行政処分が存在しませんから、取消訴訟など事後救済型抗告訴訟で争うことはできません。不作為の違法確認訴訟は、行政処分がなされる前のタイミングで、申請者を救済するために用意された抗告訴訟の類型です。

他方、不作為の違法確認訴訟で原告(申請人)が勝訴しても、不作為の違法が宣言されるに止まります。敗訴した行政庁は、判決の拘束力(33条1項。38条1項により準用)により申請に対して何らかの応答を直ちにしなければなりませんが、拘束力は応答内容にまで及ばず、原告(申請人)が満足しない処分(申請拒否処分等)がなされる可能性が残されます。応答の内容まで争うためには、義務付け訴訟(⇒本章2)を使う必要があります。

＊不作為の違法確認訴訟と事前救済

不作為の違法確認訴訟は、行政庁が申請に応答しない状態を争い、応答を促進するという救済方法であり、事前救済としては中途半端なものです。不作為の違法確認訴訟は、昭和37年の行政事件訴訟法成立当初から法定されたもので、事後救済を基本とする考え方(行政庁の第一次的判断権の尊重)を前提にしていました。当時の立法者は、不作為であっても行政庁は黙示的・消極的な判断を下しており、これを争うものと説明していました。

その後、平成16年の同法改正により、事前救済型抗告訴訟(義務付け訴訟・差止訴訟)が法定され、不作為の違法確認訴訟についても、事前救済方法のひとつとして活用されることが期待されます。

（2）訴訟要件

不作為の違法確認訴訟についても、行政処分の不作為という意味で、処分性が問題となります。国民が行政側に給付を求め、そこでの不作為が争われる場合、「法令に基づく申請」と解釈できれば不作為の違法確認訴訟が受け皿となります。申請制度(申請に対する処分)でないと解釈される場合には、給付を求める民事訴訟が受け皿になると考えられます。

行政事件訴訟法37条は、不作為の違法確認訴訟の原告適格について、「処分又は裁決についての申請をした者」と定めます。申請をした者とは、現実に申請をした者であればよく、申請の適法・違法は問いません(違法な申請であっても、行政庁には申請に応答(却下処分)する義務があるからです)。不作為の違法確認訴訟を提起した後、行政庁が処分・裁決をした場合には、訴えの利益が消滅します。

不作為の違法確認訴訟では、出訴期間の制限はなく、処分・裁決の不作為が継続していれば、訴えを提起できます。

不作為の違法確認訴訟には、審査請求との関係での自由選択主義(8条)、裁決の取消訴訟との関係での原処分主義(10条2項)の規定も準用されます(38条4項)。行政庁の不作為を争う場合に、行政不服審査も利用できますから、手続的な整理が図られたものです。

＊法令に基づく申請

不作為の違法確認訴訟は、「法令に基づく申請」を前提とします(通常、訴訟要件のひとつと解されています)。「法令に基づく申請」は、法令の明文上のものである必要はなく、法令の解釈上、原告の申請権が認められればよいと考えられます。給付行政の領域では、「法令」を厳格に解釈すべきではなく、直接的には内規・要綱などに定められた申請であっても、給付を定めた法令の仕組み全体の中で、申請とそれに対する行政庁の応答が制度的に予定されていれば、不作為の違法確認訴訟を含む抗告訴訟による救済が可能であると解釈すべきでしょう。

（3）相当の期間

不作為の違法確認訴訟において、本案勝訴要件となるのは、行政庁が申請に対し「相当の期間内に」処分・裁決を行わないことです(3条5項)。「相当の期間」については、個別の処分ごとに合理的に判断されますが、行政手続法6条により標準処理期間が設定されている場合、その徒過が直ちに違法とはなりませんが、「相当の期間」の経過を認定する重要な要素になると考えられます。

2　申請型義務付け訴訟

（1）義務付け訴訟の法定

義務付け訴訟とは、行政庁に対して一定の処分・裁決をすべき旨を命ずることを求める訴訟と定義されます(3条6項)。義務付け訴訟は、平成16年の法改正で新設され、定義・訴訟要件・本案勝訴要件(裁判所が義務付けを命じるための要件)が整備されました。この改正前、行政庁に公権力の発動を求める義務付け訴訟は、無名抗告訴訟としてその許容性が議論されていましたが、国民の権利利益救済の実効性を高める観点から、法定抗告訴訟とされました。

同項は、義務付け訴訟について、①**非申請型**(1号)、②**申請型**(2号)の2つの類型に区分します。同項1号は、法文上は2号の場合を除くと定めていますが、要するに、法令に基づく申請を前提としない義務付け訴訟(申請権を持たない者が原告となり、行政庁に一定の処分をすべきことを命じる判決を求めて争うもの)を意味しています(**非申請型**)。同項2号は、法令に基づく申請(または審査請求)がされたことを前提に、申請者が、申請を満足させる内容の行政庁の応答を命じる判決を求めて争うものです(**申請型**)。本項では、後者(申請型)について、説明してゆきます。

＊申請型と非申請型

義務付け訴訟のうち、申請型と非申請型とでは、訴訟要件が大きく異なっています。申請型では、すでに国民から申請(または審査請求)がなされ、それに対する行政庁の応答が違法に拒否・放置された状況下で、申請者の司法的救済を図ることが想定されます。直ちに原告(申請者)を救済する必要性が類型的に認められ、裁判所が審理するための紛争の成熟性も高いと考えられます。申請型では、申請に対する拒否・不作為があれば、申請者は義務付け訴訟を提起できます(ただし、取消訴訟等との併合提起が必要です)。

これに対して、非申請型では、申請権がない者から行政権の発動を求めることが想定され、裁判所から見ると、法令が正面から予定しないルートで行政庁に対して「一定の処分」の発動を命じることになります。非申請型義務付け訴訟は、行政権と司法権の機能分担を踏まえ、原告の権利利益を救済する必要性が十分に認められる場合に限って許されるという考え方から、訴訟要件が重くなっています(重大損害要件、補充性要件等が求められます)。

＊「一定の」処分・裁決

行政事件訴訟法は、義務付け訴訟について、行政庁が「一定の」処分・裁決をすべき旨を命じることを求める訴えとして定義しています。何らかの処分でも、特定の処分でもなく、その中間にあたる「一定の」という文言が使われていることに注意してください。義務付け訴訟では、すでに行われた行政処分ではなく、将来の行政処分が争点となります。しかし、将来何が起きるか、正確なところは誰にもわかりません。将来なされるべき特定の処分を裁判で確定することは、本質的に無理筋です。他方で、判決により何らかの処分を命じるということでは、漠然としていて事前救済になりません。「一定の」処分とは、将来の不確実な状況に対応した事前救済の方法を容易にしつつ、裁判所での審理・判断が可能な程度まで請求が特定されることをねらった文言なのです。

(2) 訴訟要件

申請型義務付け訴訟の訴訟要件は、次のように法定されています。

まず、①申請・審査請求に対する不作為があること(相当の期間内に何らの処分・裁決がされないこと)、または、②申請・審査請求を却下・棄却する処分・裁決がなされ、その処分・裁決が違法(取消事由がある)・無効・不存在であることです(37条の3第1項1号、2号)。①は**不作為型**(同項1号)、②は**拒否処分型**(同項2号)というべきものです。

不作為型・拒否処分型を通じて、原告適格は、「法令に基づく申請又は審査請求をした者」です(同条2項)。また、裁決の義務付けを求める訴えは、個別法に裁決主義(原処分の取消訴訟・無効等確認訴訟ができないこと)が定められているケースに限ってすることができます(同条7項)。

不作為型の場合、申請型義務付け訴訟は、不作為の違法確認訴訟と併合して提起しなければなりません。拒否処分型の場合は、同様に、取消訴訟・無効等確認訴訟と併合して提起しなければなりません(以上につき、同条3項)。これらの法定抗告訴訟と適法に併合提起しなければ、申請型義務付け訴訟は不適法として却下されます。申請型義務付け訴訟は、単独で提起することはできません。

＊他の抗告訴訟との併合提起

申請型義務付け訴訟は、取消訴訟・無効等確認訴訟・不作為の違法確認訴訟のいずれかと必ず併合提起する仕組みになっています。これは、申請に対する不作為・申請拒否処分を争う状況において、申請型義務付け訴訟が、上記3つの抗告訴訟いずれかと紛争解決機能を分担する関係にあることを示しています。取消訴訟と併合提起されるパターンであれば、裁判所は、判決において、係争処分を取り消すに止めるか、行政庁に「一定の処分」を命じるか、裁断することになります。また、裁判所は、取消し・無効等確認・不作為の違法確認の各請求についてのみ終局判決を出すことができます。

申請型義務付け訴訟は、上記のように、やや複雑な構造となっています。その意図するところは、裁判所の審理において、申請拒否処分を違法と取り消す判断は容易にできるけれども、どのような処分をすべきかまで固めるのは難しいというケースで、取消判決のみを出し、それ以降どのように対応するかは行政側に委ねる(行政側にボールを投げ返す)かたちでの紛争解決方法を可能にすることにあります。

(3) 本案勝訴要件

申請型義務付け訴訟の本案勝訴要件(裁判所が一定の処分・裁決をすべき旨を命じる場合の要件)は、①併合提起された訴えの「請求に理由があると認められ」ること、②当該行政庁が当該行政処分を「すべきであること」が根拠法令上「明らか」と認められるか、「しないこと」が裁量権の逸脱・濫用と認められること、と定められています(37条の3第5項)。

＊違法性判断の基準時

申請型義務付け訴訟は、取消訴訟等との併合提起が求められる関係で、違法性判断の基準時につき問題が生じることがあります。たとえば、申請拒否処分の時点で処分は適法であったが、判決時点(口頭弁論終結時点)では申請を認容する処分をすべきというケースでは、取消訴訟の違法性判断の基準時につき処分時説をとると、取消請求には理由がなく、義務付け訴訟でも申請者側が敗訴することになってしまいます。しかし、併合提起の仕組みにより申請型義務付け訴訟の救済機能が失われるのでは、これを法定抗告訴訟とした立法趣旨(国民の権利利益救済の実効性の向上)に明らかに反します。義務付け訴訟の救済機能を可能な限り活かす解釈論(上記であれば、違法性判断の基準時を判決時にそろえる解釈)が必要です。

3　非申請型義務付け訴訟

(1) 訴訟要件

行政事件訴訟法37条の2第1項は、非申請型義務付け訴訟の訴訟要件として、①「一定の処分がされないことにより重大な損害を生ずるおそれがあ」ること(**重大な損害**)、②「その損害を避けるため他に適当な方法がないとき」(**補充性**)を規定します。さらに、同条2項が「重大な損害」に係る解釈指針、同条3項が原告適格、同条4項が原告適格に係る解釈指針を、それぞれ定めます。

上記①の**重大損害要件**は、非申請型義務付け訴訟が、申請権を持たない者が原告となって行政処分の発動(自分以外の者に対して不利益処分をするように命じる等)を求めることから、原告側の被っている不利益が一定程度のレベルにあり、裁判所による事前救済の必要性が相応に高いことを求めるものです。司法権と行政権の役割分担の中で、原告の権利利益を実効的に救済する必要があるかを具体的に考量する趣旨と考えられます。

上記②の**補充性要件**は、法律上別の救済手段・救済手続が仕組まれている場合に、あえて義務付け訴訟を提起することを禁じることにより、手続上の交通整理を行うものです。補充性要件は、義務付けの請求に代替する救済手続が特に法定されているような場合に限定して適用されるべきと考えられます。

＊自分に対する処分の義務付け

非申請型義務付け訴訟は、申請権がない場合の義務付け請求として定義されていますから、自分に対する処分の義務付けを求める訴えも含まれます。その際、処分の取消訴訟に替わるものとして、処分の職権取消しの義務付け訴訟を提起すること等も考えられます。このような場合、取消訴訟ルートとの関係で、非申請型義務付け訴訟が補充性要件を満たすか否かが解釈問題になります。

非申請型義務付け訴訟の具体例としては、処分の相手方でない者が、他人に対する不利益処分の義務付けを求める紛争が想定されます。取消訴訟における「周辺住民型」と同じ紛争パターンであり、原告適格を有する者・その範囲が重要な解釈問題となります。法37条の2第3項・4項は、取消訴訟の原告適格と同様に解釈されると考えられます。

（2）本案勝訴要件

非申請型義務付け訴訟において、裁判所が、行政庁に対して「一定の処分」をすべき旨を命じる判決(義務付け判決)をするための要件(本案勝訴要件)は、「行政庁がその処分をすべきであることがその処分の根拠となる法令の規定から明らかであると認められ」ること、または、「行政庁がその処分をしないことがその裁量権の範囲を超え若しくはその濫用となると認められる」こと、です(37条の2第5項)。

なお、義務付け判決の中身は、「一定の処分」の幅をどのように設定するかに左右されます。非申請型義務付け訴訟による事前救済機能を活かすためには、行政側が有する裁量(効果裁量)をある程度残し、行政側に対して、裁判所の判断を尊重しつつ「一定の」処分をすることを命じる柔軟な義務付け判決(抽象的義務付け判決)をすることが考えられます。

＊義務付け判決の効力

義務付け判決には、取消判決の拘束力(33条)の規定が準用される一方、取消判決の第三者効(32条1項)の規定は準用されていません。義務付け判決は、処分・裁決をすべき行政庁その他の関係行政庁を拘束するものの、原則として第三者に対して効力をもちません。ゆえに、非申請型義務付け訴訟により、原告でない者に対して処分をすることを命じる判決が出され、その結果としてされた処分について、その処分により不利益を受ける者(処分の相手方など)が取消訴訟を提起して争うことは妨げられません。もっとも、原告でない者が非申請型義務付け訴訟に手続的に参画していれば(民事訴訟法53条に基づく訴訟告知、行政事件訴訟法38条1項により準用される同法22条による訴訟参加など)、義務付け判決に従うことになります。

4　差止訴訟

(1) 差止訴訟の法定

平成16年の行政事件訴訟法改正より前、行政庁による公権力発動の差止めを求める訴訟は、無名抗告訴訟としてその許容性が論じられていました。公権力行使により不利益を受けることを予め防ぐという請求内容から、予防的不作為訴訟とも呼ばれていました。

平成16年の法改正により、処分・裁決の**差止訴訟**が、抗告訴訟の一類型として新設されました。差止訴訟は、「行政庁が一定の処分又は裁決をすべきでないにかかわらずこれがされようとしている場合において、行政庁がその処分又は裁決をしてはならない旨を命ずることを求める訴訟」と定義され(3条7項)、義務付け訴訟と並ぶ事前救済型抗告訴訟の類型と位置付けられます。これにより、行政処分により直ちに名誉や信用に重大な損害を生ずるおそれがあるケースや、行政処分の反復継続により権利利益侵害が累積加重してゆくケースなど、実際に処分がなされるのをまって取消し・執行停止を争うのでは原告の権利利益救済が十分に図れない局面で、差止訴訟を利用することが可能になりました。また、行政処分には、行政庁による権力的事実行為も含まれますから、権力的事実行為による侵害が継続するケース、権力的事実行為が反復するケースなどでも、差止訴訟の利用が救済の点で有効と考えられます。

＊差止めを求める行政処分の特定性

差止訴訟も、義務付け訴訟と同様、「一定の」処分・裁決をしてはならないことを求める訴えと定義されており、差止めを求める処分・裁決の特定性が問題となります。差止訴訟でも、裁判所が請求を特定して判断をすることが可能な程度まで請求の特定性が要求されるものの、原告の実効的救済という観点から、ある程度柔軟な解釈が必要です。将来の処分・裁決の内容を厳密に特定することは、それ自体困難なのですから、差止訴訟を活用してゆくためには、一定の条件を仮定し、その条件の下で何らかの処分・裁決がなされることを差し止める請求についても、適法と扱う必要があります。

（2）訴訟要件

差止訴訟の訴訟要件として、まず問題になるのが、①行政庁が一定の処分・裁決をする**蓋然性**があることです。**蓋然性要件**は、差止訴訟の定義規定(3条7項)において、一定の処分・裁決が「されようとしている場合」とされる箇所から読み取れます。文理上、客観的にみて相当程度の蓋然性が必要なことは明らかですが、国民の権利利益の実効的救済の確保という立法趣旨を踏まえ、具体的事例において救済が必要な場合に差止訴訟(さらに仮の差止め)を機能させるという観点からの解釈運用が望まれます。

次に、②「一定の処分又は裁決がされることにより重大な損害を生ずるおそれがある場合」という積極要件(**重大な損害**)、③「損害を避けるため他に適当な方法があるとき」はこの限りでないとする消極要件(**補充性**)が定められています(37条の4第1項)。同条2項には、②の解釈指針が定められています。

上記②の**重大損害要件**は、処分がなされる前に差止訴訟を提起するか、具体的な処分が行われるのをまって取消訴訟等を提起して執行停止を申し立てるか、という救済ルート選択において、後者が原則的(優先的)であることを意味しています。すなわち、事後的な取消訴訟・執行停止というルートでは原告の権利利益を容易に救済できない「重大な損害を生ずるおそれ」が認められてはじめて、事前救済である差止訴訟を用いることができるという趣旨と考えられます。

なお、最高裁は、自衛隊機の運航差止めが争われた差止訴訟において、基地周辺住民の被害が反復継続的に軽視し難い程度の被害を受けており、被害は自衛隊機の離着陸の都度発生し、反復継続的に受けることにより蓄積してゆくおそれがあるもので、事後的に違法性を争う取消訴訟等による救済になじまないとして、「重大な損害」要件を認めています(最判平成28年12月8日民集70巻8号1833頁)。

上記③の**補充性要件**は、条文の本文ではなく、ただし書きに記されています(非申請型義務付け訴訟に係る37条の2第1項と比べてみてください)。これは、上記②の「重大な損害」要件を満たせば、通常は差止訴訟による救済の必要が認められるのであり、補充性要件は例外として扱うべきことを示しています。

原告適格については、「行政庁が一定の処分又は裁決をしてはならない旨を命ずることを求めるにつき法律上の利益を有する者」とされ(37条の4第3項)、処分の相手方以外の者につき「法律上の利益」の有無を判断する場合の考慮事由が定められています(同条4項)。差止訴訟では、原告以外の者に対する授益的処分の事前差止めを求めるという紛争パターン(周辺住民型)が想定されますから、取消訴訟の原告適格と同様の規定が置かれています。

判例　教職員国旗国歌訴訟――懲戒処分の事前差止め

最高裁は、職務命令違反を理由とする教職員の懲戒処分の差止訴訟について、将来の減給処分・停職処分の差止請求を適法としました(請求は棄却)。

東京都では、教育長から各校長に宛てた通達に基づき、都立学校の入学式・卒業式で教職員に国歌の起立斉唱等を求める職務命令が繰り返し発せられ、年2回の式典の都度、それに従わない教職員が懲戒処分を受け、1回目は戒告、2・3回目は減給、4回目以降は停職というかたちで量定が重くされる状況が生じていました。判決は、差止訴訟の「重大な損害」要件について、裁判所が事前差止めを命じるには「国民の権利利益の実効的な救済及び司法と行政の権能の適切な均衡の双方の観点」から救済の必要性を要するものととらえた上で、「処分がされることにより生ずるおそれのある損害が、処分がされた後に取消訴訟等を提起して執行停止の決定を受けることなどにより容易に救済を受けることができるものではなく、処分がされる前に差止めを命ずる方法によるのでなければ救済を受けることが困難なもの」と敷衍します。さらに、判決は、「通達を踏まえて懲戒処分が反復継続的かつ累積加重的にされる危険が現に存在する状況」においては、ある懲戒処分について取消訴訟・執行停止のルートで争っても、その間に「事後的な損害の回復が著しく困難」になることを指摘し、差止判決による事前救済の必要性を認めています。

判決は、国民の内心の自由を間接的に制約する通達が存在し、それに基づく不利益処分が反復継続・累積加重する状況下で、不利益処分に関する事前救済(差止訴訟)の必要性と紛争解決可能性に照らし、「重大な損害」要件を肯定したものと考えられます。

(最判平成24年2月9日民集66巻2号183頁)

（3）本案勝訴要件

差止訴訟の本案勝訴要件は、「その差止めの訴えに係る処分又は裁決につき、行政庁がその処分若しくは裁決をすべきでないことがその処分若しくは裁決の根拠となる法令の規定から明らかであると認められ又は行政庁がその処分若しくは裁決をすることがその裁量権の範囲を超え若しくはその濫用となると認められるとき」と定められています(37条の4第5項)。義務付け訴訟の本案勝訴要件と基本的に同一です。

＊差止判決の効力

差止判決について、取消判決の拘束力(33条)の規定が準用される一方、取消判決の第三者効(32条1項)の規定が準用されないのは、義務付け判決と同じです。したがって、差止判決は、処分・裁決をすべき行政庁その他関係行政庁を拘束し、また、既判力により当事者を拘束するものの、それ以外の者には効力が及びません。

5　仮の義務付け・仮の差止め

（1）仮の義務付け

義務付け訴訟の本案判決前における仮の救済制度として、**仮の義務付け**の制度が置かれています(37条の5第1項)。

仮の義務付けは、義務付け訴訟(申請型・非申請型を問いません)において、原告側が、裁判所に対して、行政庁が義務付けに係る処分・裁決を仮にすべき旨を命ずる決定をするよう申し立てる、という仕組みです。義務付け訴訟は、そもそも事前救済が必要な場面で利用される訴訟類型ですから、時間をかけて終局判決を待つのではなく、仮の義務付けによる迅速な権利利益救済が求められるのは当然と考えられます。

(2) 仮の義務付けの要件

仮の義務付けの要件は、手続要件として、①「義務付けの訴えの提起があつた場合」、積極要件として、②「その義務付けの訴えに係る処分又は裁決がされないことにより生ずる償うことのできない損害を避けるため緊急の必要があ」ること、③「本案について理由があるとみえる」ことです(37条の5第1項)。また、同条3項は、消極要件として、④「公共の福祉に重大な影響を及ぼすおそれがあるとき」に仮の義務付けをすることはできないことを定めます。

上記②の「償うことのできない損害を避けるため緊急の必要があ」るという文言は、一定程度厳格なものと解されます。行政庁が未だ処分を行っていない段階で裁判所が仮の処分を命じる、あるいは、行政庁がした処分とは異なる内容の処分を裁判所が仮に命じるのですから、行政権と司法権の機能分担に配慮が必要であり、厳格な要件のもとでこれを運用しようとする立法者意思がうかがえます。仮の義務付けは、本案判決で義務付けを命じるのと同等の法的地位を暫定的に認めるものですから、現状維持的な執行停止を命じるための要件より重くなっています。

上記③は、本案判決と同等の地位を仮の救済によって実現することから、本案訴訟において勝訴する見込みを要件としています。積極要件として定められており、申立人が要件を満たすことを疎明しなければなりません。

上記④の消極要件については、あくまで例外的なケースに限って該当すると解釈されるべきです。②③の積極要件を満たしていれば、原則として仮の義務付けが必要と考えられるからです。

＊「償うことのできない損害」の解釈

仮の義務付けに係る「償うことのできない損害」について、事後的な金銭賠償が可能な損害はすべて除外すると解釈すべきではなく、社会通念上、金銭賠償のみで救済することが不相当と認められるような場合も含まれると解する必要があります。保育園入所処分、通学校指定処分など、即時に仮の義務付けをしないと原告が必要なタイミングで入園・入学できないケース、特定の日時につき公共施設の使用許可を得ないと意味がないケース、給付行政の領域で原告の生活を維持するため即時の仮の給付決定が必要不可欠なケースなどについて、この要件を満たすと考えられます。そうでなければ、行政事件訴訟法において事前救済型抗告訴訟を設けた意味(国民の権利利益の実効的救済)が失われるからです。

（3）仮の差止め

差止訴訟の本案判決前における仮の救済制度として、**仮の差止め**の制度が置かれています(37 条の 5 第 2 項)。

仮の差止めの要件は、手続要件として、①「差止めの訴えの提起があつた場合」、積極要件として、②「差止めの訴えに係る処分又は裁決がされることにより生ずる償うことのできない損害を避けるため緊急の必要があ」ること、③「本案について理由があるとみえるとき」、消極要件として、④「公共の福祉に重大な影響を及ぼすおそれがあるとき」、と定められています(37 条の 5 第 2 項・3 項)。仮の義務付けに関する要件と、基本的に同一です。

差止訴訟は、行政処分がなされると直ちに重大な損害が生じるケースの事前救済方法ですから、仮の差止めの必要度も高いと考えられます。上記の要件については、国民の権利利益を実効的に救済するという観点から、柔軟に解釈すべきです。

（4）仮の義務付け・仮の差止めの手続

仮の義務付け・仮の差止めについては、執行停止に関する規定が準用され、基本的に執行停止と同様な手続によります。裁判所は、申立てを受け、決定をもって仮の義務付け・仮の差止めを行います。決定は、疎明に基づき、口頭弁論を経ないですることができます。

仮の義務付け・仮の差止め決定には、取消判決の拘束力の規定が準用されます。また、仮の義務付けの決定が取り消されたときは、仮の義務付けを命じられていた行政庁は、その仮の義務付けの決定に基づいてした処分・裁決を取り消す義務を負います。

第14章　当事者訴訟・民衆訴訟・機関訴訟

1　当事者訴訟

（1）当事者訴訟の定義

1　行政事件訴訟法の定義

行政事件訴訟のうち、法律上の争訟に含まれ、憲法32条の保障する裁判を受ける権利と直接関わるのは、抗告訴訟と当事者訴訟です。**当事者訴訟**は、抗告訴訟と並ぶ行政事件訴訟のもうひとつの柱です。

行政事件訴訟法4条は、当事者訴訟について、次のように定義します。

> **4条**　この法律において「当事者訴訟」とは、①当事者間の法律関係を確認し又は形成する処分又は裁決に関する訴訟で法令の規定によりその法律関係の当事者の一方を被告とするもの及び②公法上の法律関係に関する確認の訴えその他の公法上の法律関係に関する訴訟をいう。

当事者訴訟は、公法上の法律関係について、その直接の当事者間で争う訴訟という意味を持っています。条文では、下線①②の2種類が定義されています。

2　形式的当事者訴訟

4条前段(下線①)は、処分・裁決に関する訴訟のうち、法令の規定により特に当事者訴訟として扱うものを指しています。処分・裁決を争うのですから本来は抗告訴訟になるところ、特に当事者訴訟の形式をとるという意味で、**形式的当事者訴訟**と呼ばれます。行政処分を行政側と国民側で争うのではなく、行政処分に直接の利害関係のある者同士で争わせることが合理的であるという立法政策によるものです。

＊形式的当事者訴訟の例

土地収用法は、収用委員会の裁決による損失補償額に争いがある場合、土地所有者と起業者の間で当事者訴訟を提起させる仕組みを定めています(133条)。土地収用をする場合、収用委員会が裁決(権利取得裁決)をすると、事業を行う起業者が土地所有権を取得する一方で、土地所有者には定められた金額の損失補償が支払われます。ここで、損失補償の金額に争いがあれば、起業者・土地所有者のいずれか(両方という可能性もあります)が、裁決につき抗告訴訟を提起することが考えられます。しかし、金額についての紛争である以上、起業者と土地所有者の間で、当事者訴訟の形式で争わせた方が合理的であるという趣旨で、形式的当事者訴訟が法定されているのです。

なお、収用委員会の裁決であっても、損失の補償以外の不服(土地収用の対象にならないという不服など)であれば、抗告訴訟によります。

形式的当事者訴訟は、上記の土地収用法の他、行政処分を前提として当事者間の法的紛争が生じる領域(知的財産法など)に例が見られます。

3　実質的当事者訴訟

4条後段(下線②)は、訴訟物が「公法上の法律関係」であることにより民事訴訟と区別されるもので、**実質的当事者訴訟**と呼ばれます。実質的当事者訴訟の定義規定に含まれる「公法上の法律関係」には、通常、行政処分によって形成される法律関係や、直接法令により形成される法律関係が含まれます。

実質的当事者訴訟は、行政処分(公権力の行使)を直接争うものでないという観点から抗告訴訟と区別され、訴訟物が「公法上の法律関係」であるという観点から民事訴訟と区別されます。しかし、「公法上の法律関係」は公権力の行使と何らかのかかわりがあるのが通常ですし、公法と私法の峻別は行政法学説が長年にわたり批判してきたものです。何をもって実質的当事者訴訟とするか、その線引きに曖昧な部分が残るのも事実です。

他方、平成16年の行政事件訴訟法改正では、実質的当事者訴訟の定義規定である4条後段に、「**公法上の法律関係に関する確認の訴え**」の例示を付け加えました。このことは、行政処分との性質決定(処分性の肯定)が難しい行為、あるいは、行政処分をとらえて争ったのでは実効的な権利利益救済が難しい事案について、当事者訴訟としての確認訴訟を受け皿として活用しようとする立法者意思のあらわれと考えられます。行政と国民の法的紛争について、抗告訴訟という特別な訴訟類型のみに押し込めるという発想を転換し、国民の権利利益の側に着目して実質的当事者訴訟を柔軟に使おう、という趣旨です。実質的当事者訴訟の定義が曖昧だから使わないのではなく、紛争処理の受け皿として柔軟さを活かそうとする姿勢が求められます。

＊処分性拡大論と確認訴訟活用論

処分性を柔軟に拡大すれば、抗告訴訟の対象が広がります。これに対して、処分性を無理に拡大せず、確認の利益の柔軟な解釈によって当事者訴訟としての確認訴訟を活用し、国民の権利利益の救済を図るという考え方もあり得ます。処分性の有無を解釈する際に、当該紛争の受け皿を抗告訴訟とするか、当事者訴訟(確認訴訟)を拡大するか、どちらが合理的か問題になるケースがあります。

通常、処分性の有無は、紛争ごとに決まるのではなく、根拠法令の解釈により定性的に定まると解されています(もっとも、一部学説は、紛争ごとに処分性を判定する相対的行政処分論を主張しています)。したがって、処分性を肯定して抗告訴訟を受け皿にすると、抗告訴訟の制度的メリット(処分を遡って取り消すことによる原状回復機能、取消判決・執行停止決定の第三者効により紛争が一律に解決する機能など)が生じる反面で、抗告訴訟の利用強制が働く(出訴期間の制約、後続処分を争う際の違法性主張の遮断など)ことに留意が必要です。処分性を認めると、原則として行政手続法の規律が及ぶことも、見逃せません。

他方で、**確認の利益**の有無は、個別の事案ごとに判定されます。処分性を認めることが困難であったり、処分性が認められる行為をとらえて抗告訴訟で争うことが紛争解決につながらないケースであっても、個別の事案において原告の救済が必要であれば、確認訴訟を活用することが有力な手段となります。確認訴訟の活用については、実質的に原告の権利利益救済を図るという機能面に着目して、確認の利益を柔軟に解釈することが求められます。

（2）確認訴訟の活用

1　給付訴訟と確認訴訟

実質的当事者訴訟の類型について、行政事件訴訟法には特別な定めがなく、民事訴訟と同様に、給付訴訟と確認訴訟が想定されます。

当事者訴訟としての給付訴訟の例は、個別法の規定や憲法29条3項を根拠として損失補償を請求する訴え、公務員に対する懲戒免職処分の無効を前提として俸給・手当等を請求する訴え、課税処分の無効を前提として過誤納金につき不当利得返還を請求する訴えなどです(なお、国家賠償請求訴訟は民事訴訟と解されています)。

当事者訴訟としての確認訴訟には、①公法上の地位を確認する訴訟、②公的義務の存在・不存在を確認する訴訟が考えられます。①の例として、原告に選挙権や選挙で投票する地位があること、原告に日本国籍があること、原告が営業活動を行う地位にあること等を確認する訴え等が想定されます。②の例として、公務員たる原告が職務命令に従う義務のないことを争う訴え等が想定されます(職務命令には処分性が認められず、職務命令を争う抗告訴訟は提起できないことが前提となります)。

2　確認の利益

平成16年の法改正は、国民の権利利益の実効的救済という観点から、**公法上の法律関係に関する確認訴訟の活用**という方向性を示しました。他方、確認訴訟を提起するためには、確認の利益が認められる必要があります。行政上の法律関係において、原告(国民)側の確認の利益を柔軟に認めることが、確認訴訟を活用する鍵になります。

確認の利益は、一般に、①**即時確定の現実的必要性**(**紛争の成熟性**)、②**確認対象選択の適切性**、③**確認訴訟という方法選択の適切性**(**補充性**)を基準として判定されます。

上記①について、最高裁は、確認訴訟が「有効適切な手段」である(最大判平成17年9月14日民集59巻7号2087頁)、あるいは「目的に即した有効適切な争訟方法」である(最判平成24年2月9日民集66巻2号183頁)という理由付けによって確認の利益を肯定しており、紛争の成熟性を柔軟に認める方向性が示されています。個別の紛争において、原告の権利利益を実効的に救済する手段・方法と認められるのであれば、確認の利益も認められるべきでしょう。

上記②は、処分性の認められない行政の行為(行政指導、通達など)の違法(ないし無効)を確認の対象とする訴えについて、確認の利益が認められるか、という問題と関わります。確認訴訟は、原告の権利義務関係に引き直して請求を立てるのが通常ですが、行政の行為が連鎖して進行する行政過程の特質に照らして、行為の違法(ないし無効)を確認するタイプの請求についても、確認の利益を認める余地はあると思われます。

上記③は、他の訴訟類型(とりわけ抗告訴訟)による救済が可能な場合には、確認の利益が認められないことを意味します。確認訴訟は、行政過程の中で将来の不利益を防ぐ予防訴訟として機能することが多くありますが、不利益をもたらす措置に処分性が認められない場合や、不利益が刑事制裁である場合には、確認の利益が認められるべきでしょう。将来の行政処分により不利益がもたらされる場合であっても、行政処分の内容が十分に特定できないために事前救済型抗告訴訟がうまく使えない、あるいは、行政処分による不利益とは異なる法的不利益を防ぐ必要があるときには、確認の利益が肯定されると解されます。

＊行政指導、通達と当事者訴訟

行政指導や通達について、抗告訴訟が提起されて処分性の有無が問題となるケースがあります。当事者訴訟としての確認訴訟を視野に入れると、行政指導の違法を確認する訴えや、通達に起因する法的義務の不存在を確認する訴えという救済ルートを想定することができます。

たとえば、墓地、埋葬等に関する法律に係る通達の処分性を否定した判例(最判昭和 43 年 12 月 24 日民集 22 巻 13 号 3147 頁)を前提にすると、通達の変更により異宗徒の埋葬の受忍を強制されることになる寺院が、信教の自由の侵害、墓地所有権の侵害等を予防するため、通達が違法・無効であることを前提に、埋葬受忍義務の不存在を確認する訴えを提起することが考えられます。通達に従わずに埋葬を拒否すれば、寺院側は刑事罰を受ける、あるいは、墓地経営の許可を取り消されることが予想されますが、それらを待って争うのでは、寺院側の重要な権利侵害を争う方法として迂遠であると思われます。

3　確認訴訟の活用例

平成16年の行政事件訴訟法改正の後、法令に基づく権利の存在や法的地位の確認を求めるタイプの確認訴訟について、確認の利益が認められる例が増えています。

在外国民選挙権訴訟(最大判平成17年9月14日民集59巻7号2087頁)では、国外に居住する日本国民である原告が、次回の衆議院小選挙区選挙・参議院選挙区選挙において投票することができる地位にあることの確認を求める訴えについて、選挙権の性質とその重要性にかんがみ、それが有効適切な手段であると認められる限り確認の利益が認められるとされました。その上で、在外選挙制度の対象を両議院の比例代表選挙に限定した公職選挙法附則の条項を違憲無効として、原告の請求を認容しました。

国籍法違憲訴訟(最大判平成20年6月4日民集62巻6号1367頁)では、届出による日本国籍取得の要件を定めた国籍法3条1項の一部を違憲・無効として、原告が日本国籍を有することを確認する判断が示されました。

下級審でも、成年被後見人に対する選挙権の制限を定めた公職選挙法11条1項1号を違憲・無効とした上で、原告が選挙権を有することを確認した裁判例があります(東京地判平成25年3月14日判時2178号3頁)。

さらに、医薬品ネット販売事件(最判平成25年1月11日民集67巻1号1頁)では、一部医薬品につきインターネット販売を禁止した法規命令(厚生労働省令)について、法の委任の範囲を超えた違法・無効なものであるとして、原告にインターネット販売を行うことができる法的地位があることを確認する判断がなされています。

これらの判例は、国民への権利付与を制約する法律・法規命令を無効(違憲ないし違法により無効)と解した上で、国民の権利ないし法的地位があることを確認しています。行政処分を介在させることなく、法令がダイレクトに国民の法的地位を制約しているケースにおいて、法的地位を確認する実質的当事者訴訟が裁判的救済の受け皿になることが示されています。

＊公的義務不存在確認訴訟

公的義務不存在確認訴訟についても、教職員国旗国歌訴訟(最判平成24年2月9日民集66巻2号183頁)において、最高裁は確認の利益を肯定しました。この事案では、教育長から学校長への通達に基づき、式典での国歌起立斉唱等を命じる職務命令と、職務命令違反による懲戒処分が繰り返されるという状況下で、職務命令に基づく公的義務の不存在の確認を求める訴えについて、確認の利益が肯定されています。判決は、「行政処分以外の処遇上の不利益の予防を目的とする訴訟」であることに着目し、行政処分(将来の懲戒処分)を争う抗告訴訟との切り分けをしています。判決は、上記の「処遇上の不利益」が反復継続・累積加重することから、公的義務不存在確認訴訟が、「行政処分以外の処遇上の不利益の予防を目的とする」確認訴訟として目的に即した有効適切な争訟方法である、と述べています。

＊争点訴訟

争点訴訟とは、民事訴訟(私法上の法律関係に関する訴え)において、行政庁の処分・裁決の効力・存否が前提問題として争われるものをいいます(45条)。その典型は、行政処分の無効を前提として、現在の法律関係(通常の民事法上の法律関係)を争う訴訟です。争点訴訟は、あくまでも民事訴訟ですが、行政処分の無効・不存在が争点になることから、取消訴訟に関する規定の一部が準用される仕組みになっています。

2　民衆訴訟

(1) 民衆訴訟の定義

民衆訴訟について、行政事件訴訟法5条は、次のように定義します。

> **5条**　この法律において「民衆訴訟」とは、国又は公共団体の機関の法規に適合しない行為の是正を求める訴訟で、選挙人たる資格その他自己の法律上の利益にかかわらない資格で提起するものをいう。

民衆訴訟は、原告の個人的権利利益の救済を直接の目的とせず、行政活動の適法性維持を目的とした訴訟類型です。誰でも自由に訴えを提起できるのではなく、法律に特別の定めのある場合に限り、法律に定められた者のみが訴えを提起できる仕組みとなっています(42条)。具体例として、**選挙に関する訴訟**(公職選挙法203条・204条・207条・208条)、**住民訴訟**(地方自治法242条の2)があります。

（2）住民訴訟

民衆訴訟の代表的なものが、地方自治法の規定する**住民訴訟**です。住民訴訟は、地方公共団体の住民が、自分の属する地方公共団体の執行機関・職員による財務会計上の行為を適正に保つため、特に法定された訴訟です。この制度は、アメリカ法に見られる納税者訴訟を参考に導入されたもので、①地方自治の本旨に基づく住民の直接参政、②地方公共団体を構成する住民全体の利益の擁護、③地方財務行政の適正な運営の確保、を制度趣旨とします(最判昭和53年3月30日民集32巻2号485頁)。

さらに、住民訴訟は、客観訴訟として原告適格等の訴訟要件が緩やかであるため、訴訟要件が厳格な抗告訴訟に代替して地方行政活動の司法的チェックを図る道具として機能してきました。しかし、度重なる制度改正や、住民訴訟の結果を地方議会の債権放棄議決により減殺できるとする判例(最判平成24年4月20日民集66巻6号2583頁)により、住民訴訟の役割は減殺されつつあります(平成29年の法改正については、後述します)。

住民訴訟を提起するためには、まず、**住民監査請求**を経由する必要があります(地方自治法242条の2第1項)。住民監査請求とは、地方公共団体の住民が、監査委員に対して、財務会計上の行為または怠る事実について監査を求めるものです。監査請求の対象は、公金の支出、財産の取得・管理・処分、契約の締結・履行、債務その他の義務の負担、公金の賦課・徴収を怠る事実、財産の管理を怠る事実です(同法242条1項)。

住民訴訟は、上記の住民監査請求において、①監査の結果・勧告に不服があるとき、②地方公共団体の執行機関または職員の措置に不服があるとき、③監査請求があった日から60日以内に監査委員が監査・勧告を行わないとき、④地方公共団体の執行機関または職員が措置を講じないとき、に提起できます

(同法242条の2第1項)。

住民訴訟の対象は、住民監査請求に係る行為または怠る事実ですから、上記の住民監査請求の対象に限定されます。基本的に、地方公共団体の財務会計処理と関わらない行為について、住民訴訟で争うことはできません。

住民訴訟の原告となるのは、当該地方公共団体の住民で、住民監査請求をした者です(同法242条1項)。納税は要件でなく、自然人・法人を問わず、外国人についても制限はありません。なお、住民訴訟が係属している場合、別の住民が同一の請求に係る住民訴訟を提起することは禁止されています(同法242条の2第4項)。

住民訴訟は、その請求対象により、4つの類型に分けられます。すなわち、①執行機関または職員に対する当該行為の全部または一部の差止めの請求、②行政処分たる当該行為の取消しまたは無効確認の請求、③執行機関または職員に対する当該怠る事実の違法確認の請求、④当該職員または当該行為・怠る事実に係る相手方に損害賠償または不当利得返還請求をすることを地方公共団体の執行機関または職員に対して求める請求、の4つです(同法242条の2第1項)。

上記④の請求は、住民が、地方公共団体の執行機関等(通常は機関としての長)を被告として、地方公共団体に損害・損失を与えた職員等に対し、損害賠償または不当利得返還を請求することを求める義務付けを内容とします。この訴訟において、原告である住民側が勝訴する判決(執行機関等に損害賠償・不当利得返還を請求するよう命じる判決)が確定した場合、執行機関等は60日以内に当該職員等に支払請求をしなければならず、支払いがされない場合には、第2段階の訴訟として、当該地方公共団体は、当該損害賠償・不当利得返還の請求を目的とする訴えを提起しなければなりません(同法242条の3)。このように、上記④の住民訴訟は、2段構えの複雑な構造になっています。また、第2段階の訴訟それ自体は、民事訴訟と解されます。

＊住民訴訟の制度改正

平成29年の地方自治法改正により、住民訴訟制度に関して、①長・職員等の地方公共団体に対する損害賠償責任について、その職務を行うにつき善意でかつ重大な過失がないとき、条例により賠償責任額に上限を設けることを可能にする(243条の2)、②住民監査請求があった後に、議会がその請求に関する損害賠償請求権等の放棄議決をしようとするときは、あらかじめ監査委員から意見を聴取する(242条10項)、という見直しがされました。

上記①は、住民訴訟による長等の損害賠償責任の上限を設定できることとし、具体的な上限額等を条例に委ねます(免責に関する参酌基準・責任の下限は国が政令により定めます)。政令・条例の内容によっては、住民訴訟が果たしてきた財務会計行為に関する違法行為を防ぐ機能が大きく減殺されかねず、注目する必要があります。

上記②は、住民訴訟の結果、住民側が勝訴して地方公共団体が得た損害賠償請求権等について、議会が放棄議決をする場合等に監査委員からの意見聴取を求めるものです。議会による損害賠償請求権等の放棄議決について、客観性・合理性を担保することを趣旨としますが、そもそも長から任命される監査委員が財務会計行為の統制の点で十分な役割を果たし得るか、監査委員によるチェックのあり方が問われます。

3　機関訴訟

（1）機関訴訟の定義

行政事件訴訟法6条は、**機関訴訟**について、次のように定義します。

> **6条**　この法律において「機関訴訟」とは、国又は公共団体の機関相互間における権限の存否又はその行使に関する紛争についての訴訟をいう。

行政権内部の権限に係る紛争は、法律関係の当事者同士の紛争ではなく、法律上の争訟にあたりません。機関訴訟も、民衆訴訟と同じく、法律に特別に定められた場合に、法律に定める者に限り、訴えを提起することができます(42条)。具体例として、地方公共団体の長と議会の紛争(地方自治法176条7項)、代執行訴訟(同法245条の8第3項以下)、国の関与に関する訴訟(同法251条の5)、国等による違法確認訴訟(同251条の7)があります。

機関訴訟は、立法政策上特に裁判所の判断が必要とされる場合に設けられます。逆に、行政機関相互の争いと解釈されると、法律で特に許容されていない限り、当該訴えの争訟性が否定されます。

（2）国等による違法確認訴訟

機関訴訟の例として、国等による違法確認訴訟(地方自治法251条の7第1項)があります。この訴訟は、国の各大臣が地方公共団体に対する関与として是正の要求等をしたにもかかわらず、当該地方公共団体がこれに従わないケースを念頭に、各大臣が、地方公共団体の行政庁を被告として、不作為の違法確認訴訟を提起するものです。第一審は、高等裁判所とされます。これとパラレルなかたちで、「市町村の不作為に関する都道府県の訴えの提起」の仕組みも設けられています(同法252条)。

もともと、国地方係争処理委員会の審査の結果または勧告に不服がある場合に、地方公共団体の執行機関の側から機関訴訟を提起できる(同法251条の5)反面、国の側から裁判に訴える仕組みは用意されていませんでした。国等による違法確認訴訟は、関与に対する地方公共団体の不作為を国側から争う仕組みとして、平成24年に新設されました。

判例　辺野古訴訟

国による違法確認訴訟(地方自治法251条の7第1項)の例として、いわゆる辺野古訴訟があります。同訴訟については、沖縄県において、米軍基地を新設するため前知事が国に対して行った公有水面埋立承認を現職の知事が取り消したことにつき、国側(国土交通大臣)が取消しを求める是正の指示をしたにもかかわらず同知事が従わなかった不作為が争われ、同知事の不作為を違法とする最高裁判決が出されています。

国等による違法確認訴訟は、法定受託事務につき国等から是正の要求等をしても地方公共団体側が従わず、国地方係争処理委員会への審査の申出もしない場合に、国側から裁判所で争う手段であるとの立法趣旨が説明されてきました。しかし、辺野古訴訟では、県が同委員会に審査の申出を行い、同委員会は国と県が「真摯に協議」することを求めたにもかかわらず、国側が同訴訟を提起して紛争を決着させました。

同判決については、行政処分の職権取消しの違法について、取消処分(現職知事の処分)の違法ではなく、もっぱら取り消された行政処分(前知事の処分)が違法でないことの審査がされるなど、多くの問題が指摘されます。
(最判平成 28 年 12 月 20 日民集 70 巻 9 号 2281 頁)

第15章 国家賠償

1 国家賠償制度

（1）明治憲法――公権力無責任原則

国家賠償とは、違法な行政活動によって生じた損害を、金銭により賠償することをいいます。国家賠償は、行政救済に関する法制度の中でも、歴史的に新しいものです。日本で国家賠償制度が成立するのは第二次大戦後であり、それ以前の明治憲法下では、「公権力無責任原則」が通用していました。明治憲法下のような近代国家の行政法では、国家による「違法」な活動は観念し難いものでした。国家権力は「法律」の執行であると考えた場合、法律に従わない違法な活動は、もはや国家の活動ではなく、その活動を行った公務員の恣意的行為として、公務員個人の民法上の損害賠償責任に転換するとされたのです。

明治憲法は、国家の権力的作用について、行政裁判所が管轄を持つことを定めていました。他方、当時の行政裁判法は、損害賠償請求訴訟の管轄を否定しました。したがって、国家の権力的作用に関する損害賠償を裁判で争う手段自体が存在せず、公権力無責任原則が制度化されていたのです。もっとも、行政の非権力的活動であれば、司法裁判所で民法を適用して賠償責任を追及する余地が残されていました。しかし、行政主体に対する民法の適用範囲は必ずしも広いものでなく、加えて、第二次大戦前の日本では、公務員個人の民事責任も極めて限定的に解釈されていました。

（2）日本国憲法――国家賠償制度の成立

日本国憲法は、国家賠償制度という点でも、画期的な転換をもたらしました。憲法17条は、国・公共団体の損害賠償責任を明確に規定し、公権力無責任原則を排除しました。この結果、権力作用・非権力作用を問うことなく、国家賠償責任が認められることになりました。「国家」という用語が使われますが、国だけでなく、地方公共団体を始めとする行政主体の損害賠償責任が含意されます。

そして、日本国憲法を受ける形で国家賠償法が制定されます。国家賠償法は、全体が6条という法律ですが、行政救済の場面で広く活用されています。国家賠償を求める裁判は、通常の民事訴訟として扱われます。国家賠償を求める国民は、行政事件訴訟のように厳密に枠付けされた訴訟類型を問題にすることなく、損害賠償請求というシンプルな法律構成によって出訴できます。このため、国家賠償訴訟は、行政事件訴訟の機能不全を補うものとして、行政活動の司法統制の場面で重要な役割を果たしています。国家賠償訴訟は、第一義的には行政活動に起因する損害の賠償によって金銭面での救済を図るものですが、行政活動のあり方につき司法的チェックをかけるという機能があることを見落としてはなりません。国家賠償法の解釈をする際には、被害者である国民に対する金銭的救済という観点はもちろん、違法な行政活動を排除する、さらに、将来的に違法な行政活動を抑止するという観点が不可欠です。

2　公権力行使による国家賠償責任

（1）国家賠償法1条

国家賠償法1条は、行政主体の公権力の行使に基づく損害賠償責任を規定します。ゆえに、この条文は、明治憲法下には存在していなかった国家賠償制度を正面から認める重要な意味を持ちます。

国家賠償法1条は、本来は担当公務員が負うべき責任を、国・公共団体が代位して負担することを規定したものと理解されています(**代位責任説**)。代位責任説の根拠として、①同条1項において公務員個人の主観的要件(故意・過失)が定められている、②同条2項において国・公共団体から公務員に対する求償権が規定されている、③同条が立法される際にモデルとされたドイツは代位責任説である、等が挙げられます。要するに、条文の構造上、まず公務員の損害賠償責任が前提となり、被害者である国民の確実な救済という趣旨から、その責任を国・公共団体が代わって負担すると解釈するのです。

代位責任説に立つと、**加害公務員の特定・加害行為の特定**という論点が生じます。国家賠償請求の前提となる公務員の責任について、どの程度厳格に要求するか、という問題です。現在の判例法は、これらの特定につき、国民の救済の観点から、相当程度柔軟に解釈しています。加害者たる公務員については、個人が特定できなくても、一定の部署に所属する集団(たとえば、警視庁の機動隊員であること)まで解明されれば十分とした裁判例があります(東京地判昭和39年6月19日下民集15巻6号1438頁)。加害行為の特定についても、役所内の健康診断のミスが争われたケースで、具体的にどの公務員のどのような違法行為により損害が生じたのか特定される必要はないとされています(最判昭和57年4月1日民集36巻4号519頁。ただし、同判決は、一連の行政活動の中で別の法主体が介在している場合には、上記の法理は適用されないとします)。

＊自己責任説

代位責任説に対抗する学説として、自己責任説があります。自己責任説は、国家賠償法1条を、公務員個人の責任とは独立して端的に国・公共団体の責任を定めたものと理解するもので、公権力活動には本来的に損害発生のリスクがあり、リスクが発現した場合には国・公共団体が直接責任を負うべきこと(**危険責任論**)を根拠とします。自己責任説によれば、加害行為(加害公務員)の特定は不要となります。代位責任説の側は、この批判を受け止めるかたちで、加害行為の厳密な特定を要求しないという解釈論に至ります。

もっとも、自己責任説のねらいは、より本質的に、国家賠償法を危険責任論の立場からとらえ直すことにあったと考えられます。行政活動にはリスクがあり、担当公務員は潜在的にリスクを負って公権力を行使していると考えるのであれば、国家賠償請求権が生じる要件として担当公務員の落ち度を厳密に求めることは不適切ということになります。国家賠償請求訴訟による国民の救済機能を高めるためには、自己責任説が提起した国家賠償制度の実質的根拠論・本質論に改めて目を向ける必要があると思われます。

(2) 賠償の要件

国家賠償法1条1項は、次のようなものです。そこに定められた主要な要件は、下線①から下線⑦のとおりです。以下、順に説明します。

1条1項　①国又は公共団体の②公権力の行使に当る③公務員が、その④職務を行うについて、⑤故意又は過失によつて⑥違法に他人に⑦損害を加えたときは、国又は公共団体が、これを賠償する責に任ずる。

1 国・公共団体

国家賠償法にいう国・公共団体は、基本的には「公権力の行使」の解釈に従属します。すなわち、ここでの国・公共団体とは、公権力の行使をした者が帰属する法主体を意味します。

後述するように、「公権力の行使」が広く解釈されるため、行政作用法の観点からは非権力的活動とされる領域について、国家賠償法の対象に含まれるケースがあります。このような場合には、国・公共団体の要件が、独立した意味を持ちます。たとえば、学校事故案件について、学校の設置主体が国・公共団体であれば国家賠償法、私立の学校であれば民法が適用されます。

2 公権力の行使

「公権力の行使」要件は、国家賠償法と民法との領域を分かつ機能を有します。他方で、国家賠償法１条１項にいう「公権力の行使」は、行政手続法２条２号・行政不服審査法２条１項・行政事件訴訟法３条１項にいう公権力の行使とは、異なるものと解釈されるのが通常です。すなわち、国家賠償法が被害者を救済する機能を有することを重視し、公権力の行使の範囲を柔軟に解釈する説(**広義説**)が有力です。広義説では、国・公共団体の活動のうち、私人の活動と同じ性質の活動(私経済活動。民法が適用されます)と、営造物の管理(国家賠償法２条１項が適用されます)を除いた全てを、国家賠償法１条１項の公権力の行使に含めて解釈します。この結果、国・公立学校での教育活動、行政指導、公表などに起因する損害について、国家賠償法が適用されます。

広義説に対して、公権力の行使を狭く解釈し、民法と国家賠償法の適用領域を厳格に画すべきとする学説(**狭義説**)も主張されています。しかし、民法と国家賠償法の内容面での差異は小さく、両者を峻別することは、もっぱら理論上の関心に過ぎません。そうであるなら、国民の救済を図るという観点から、国家賠償法の適用領域を柔軟に拡張する広義説が優れていると考えられます。

＊国家賠償法と民法の差異

国家賠償法を適用した場合には、加害公務員個人は損害賠償責任を負わないと解釈されます。国家賠償法1条2項による求償権の問題となり、公務員個人が被害者に対して損害賠償責任を負うことはないのです。これに対して、民法を適用すれば、民法715条に基づき使用者である国・公共団体の責任が生じることに加えて、加害公務員に対して民法709条に基づく損害賠償責任を追及することは当然に可能です。たとえば、学校事故につき国家賠償法を適用すれば、公務員(教職員等)個人の損害賠償責任は追及されません。他方で、医療事故であれば民法を適用するのが通常ですから、加害者である医師が公務員であったとしても、民法709条による損害賠償責任が生じ得るのです。

3　公務員

国家賠償法の要件としての「公務員」は、行政主体のため公権力の行使を委ねられた者を広く含むと解釈され、国家公務員法・地方公務員法等が規定する身分上の公務員に限定されません。民間人が公務を委託されている場合でも、国家賠償法は適用されます。国家賠償法は、行政主体の公権力の行使によって発生した損害を賠償するための制度であり、公権力を行使する権限のある者が損害を与えた場合を広く取り込むのは当然です。

【判例】私人による行政活動と国家賠償責任

県による入所措置(当時の児童福祉法に基づく)により社会福祉法人が設置運営する児童養護施設に入所した児童が、施設内で他の児童らから暴行を受けて傷害を負ったというケースについて、最高裁は、施設の職員による養育看護行為を「都道府県の公権力の行使に当たる公務員の職務行為」と認めました。社会福祉法人が、通常の意味で公共団体でないことは明らかですが、最高裁は、法律に基づく措置として県が社会福祉法人の施設に入所させた以上、入所後の養育監護は本来都道府県が行うべき事務であることを重視し、国家賠償法を適用して県の損害賠償責任を肯定したのです。行政主体が法律に基づいて私人に行政活動を委託するケースでは、委託元の行政主体の側が国家賠償責任を負うべきことが明らかにされた判例と評価することができます。

(最判平成 19 年 1 月 25 日民集 61 巻 1 号 1 頁)

4　職務行為

国家賠償法 1 条 1 項は、公務員による侵害行為が「職務」行為であることを要件としています。職務行為に含まれない不法行為は、民法が適用されます。しかし、そもそも他人に損害を与える行為は、公務としてあってはならないものなのですから、職務行為の範囲を厳密に解釈すると、国家賠償法による被害者の救済という意味で、問題が生じるおそれがあります。そこで、判例は、職務行為につき外形主義(**外形標準説**)という考え方を採っています。すなわち、職務行為を、客観的にみてその外形が職務執行行為と認められる場合と解釈します。これにより、警察官が職務質問を装って強盗殺人をしたというケースであっても、職務執行行為という外形を悪用した部分に着目し、国家賠償法を適用して被害者の救済を図ることができます(最判昭和 31 年 11 月 30 日民集 10 巻 11 号 1502 頁)。

5　故意・過失

一般に、故意とは、違法に損害を与えることを認識しながらあえて侵害行為を行ったこと、過失とは違法に損害を与えることを認識すべきであったのに不注意により侵害行為を行ってしまったことを、それぞれ意味します。故意・過失は、公務員の主観的要素(行為者の内心)に着目した要件として、客観的要素に着目した違法要件と区別されます。

国家賠償法の解釈では、故意が理論上問題とされることは少なく、もっぱら過失について議論されます。過失は、元々は上記のように行為者の内心の落ち度の問題を意味していましたが、人間の内心のありようを把握するのは困難です。そこで、過失について、客観的な注意義務違反(予見可能な結果に対する回避義務違反)ととらえ直す考え方(**過失の客観化**)が進展しました。たとえば、法令に基づき実施された予防接種により後遺症被害を受けた者らが国家賠償請求をしたケースにおいて、当時の予防接種行政のあり方全体に問題があったことを認定し、厚生大臣(当時)の過失を認めた裁判例があります(東京高判平成 4 年 12 月

18日判時1445号3頁⇒16章5(2))。ここでは、中央官庁の政策・体制の不十分さをもって過失とする考え方(組織過失)が示されており、客観化された過失概念を読み取ることができます。

6　違法

国家賠償法の「違法」要件について、**結果不法説**と**行為不法説**という、2つの見解があります。**結果不法説**は、行政活動によって生じた結果(被害)に着目し、法の許さない結果を発生させたことをもって違法ととらえます。これに対し、**行為不法説**は、公務員の加害行為に着目し、法に違反する行為をしたことをもって違法ととらえます。前者は、本来生じるべきでない他人への権利侵害をもって違法と評価しますが、後者は、行政活動は法令や法の一般原則などの行為規範に基づくものであることに着目し、行為規範(法)に反したことをもって国家賠償法上の違法と評価します。行政作用の基本原理(法律による行政)に忠実であることから、後者、すなわち行為不法説が有力です。

判例　**パトカー追跡事件**

道路交通法違反の車両Aをパトカーが追跡した結果、逃走する車両Aが交差点で事故を起こし、別の車両Bに乗車していた者が重傷を負ったため、被害者が国家賠償を求めたケースがあります。最高裁は、パトカーの追跡行為が違法となるのは、①追跡が職務目的に照らし不要、②追跡の開始・継続、追跡の方法が不相当、のどちらかと評価される場合であると判断しました。②については、a逃走車両の逃走の態様、b予測される被害発生の具体的危険性の有無・内容、に照らして判断されます。この判決では、国家賠償法の違法につき行為不法説を採ること、パトカーの追跡行為の違法は比例原則(目的と手段の合理的なバランス)に基づいて判定されることが、明らかにされました。
(最判昭和61年2月27日民集40巻1号124頁)

判例は、「違法」要件について、行為不法説を前提に、公務員が職務上通常尽くすべき注意義務を尽くしたか否かにより判断しています(**職務行為基準説**)。この説は、公務員が結果として行為規範に反することがあったとしても、行為当時の状況に照らして当該公務員がなすべきことをしていたか、という観点から違法を否定する余地を認めるものです。たとえば、課税処分(所得税に係る更正処分)の取消訴訟において、認定した所得額に誤りがあるとして当該処分を違法とする判決が確定していても、当該処分に起因する損害を求める国家賠償請求訴訟では、税務署長が職務上通常尽くすべき注意義務を尽くしていたと認定されれば、違法とは評価されないのです(最判平成5年3月11日民集47巻4号2863頁)。このように、職務行為基準説を採った場合に、国家賠償法にいう違法と、取消訴訟など行政訴訟で争われる違法とが、一致しないケースが生じます。職務行為基準説は、国家賠償法独自の「違法」概念を定立するという意味を持つのです(**違法相対論**)。国家賠償法について、国民に生じた損害の救済という制度趣旨を重視するなら、行政訴訟と異なる違法を観念することも合理的と考えられます。

これに対して、一部学説は、判例による職務行為基準説を厳しく批判し、公権力発動要件が欠如することをもって違法と解釈すべきと主張しています(**公権力発動要件欠如説**)。この説は、国家賠償法独自の違法概念を否定し、行政訴訟の違法と同一とすることにより、国家賠償を求める訴訟についても、法律による行政の原理を担保する機能を持たせることを意図します(**違法同一論**)。他方で、違法同一論を採ると、国家賠償法の要件のなかで、過失と違法の内容が乖離することになります。先ほどの例でいうと、課税処分につき違法と解釈する一方で、税務署長が職務上の義務を尽くしたか否かは、過失要件として改めて解釈されることになります。違法同一論は、結局のところ、過失要件の部分で担当公務員の義務違反を論じることになり、国民に生じた損害の救済という観点から実益が少ないと考えられます。違法同一論は、国家賠償を争う裁判において、行政活動が(行為規範である法に反するという意味で)違法と判断するだけでも司法によるチェックとして有効であると主張するのですが、このようなチェック機能の強化は、本来、行政事件訴訟法を使いやすくすることで対応すべきでしょう。

以上のような違法に関する学説を整理すると、次のようになります。

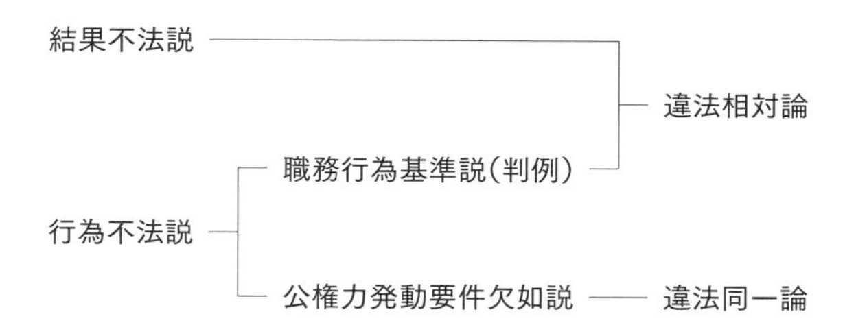

7　因果関係・損害

国家賠償も、損害賠償請求の問題であり、因果関係のある損害が要件となります。国家賠償法の解釈において、損害要件が理論的な問題とされることは少ないのですが、国民からの損害賠償請求について、法律上保護された利益の侵害を争うものでないとして斥けられるケースがあり、これを損害要件の問題ととらえる学説があります。

（3）違法の諸相

1　立法作用・司法作用の違法

国家賠償法 1 条は、立法作用・司法作用にも適用されます。立法の担い手である国会議員、裁判に関わる裁判官・検察官も、国家賠償法 1 条 1 項にいう公務員と解釈されます。その結果、これら特殊な公務員の行為について国家賠償法上の違法が問題となりますが、判例は、職務行為基準説を共通のベースにしつつ、それぞれに判断基準を設定しています。

国会議員による立法の作為・不作為を理由とする国家賠償請求について、判例は、立法内容の違憲性と立法行為の違法を区別し、立法内容が憲法の一義的な文言に違反しているにもかかわらず国会があえて当該立法を行うというような、容易に想定し難い例外的な場合でない限り、国家賠償法 1 条 1 項の適用上違法の評価を受けないとします(最判昭和 60 年 11 月 21 日民集 39 巻 7 号 1512 頁)。国会議員が憲法違反の法律を作ってはならないことは、個々の国民との関係での法的義務ではなく、ある法律が違憲と判断されたからといって、直ちに国家賠償法にいう違法とならない、と解釈したのです(国家賠償責任を認容した例として、最大判平成 17 年 9 月 14 日民集 59 巻 7 号 2087 頁)。

裁判官の職務行為についても、違法の判断基準は厳格な(狭い)ものとされています。裁判官が誤った判決を言い渡しても、当然に国家賠償法1条1項にいう違法とはならず、裁判官が与えられた権限の趣旨に明らかに背いたと評価されるような特別の事情がないと違法と解されません(最判昭和57年3月12日民集36巻3号329頁)。判決の誤りは上訴等の裁判上の仕組みにより救済されるべきことを踏まえた解釈論と考えられます。

検察官による起訴前の逮捕・勾留、公訴の提起・追行等の職務行為については、しばしば国家賠償責任が争われます。判例は、結果として無罪判決となったことから直ちに違法となることはなく、①逮捕・勾留の時点において犯罪の嫌疑につき相当な理由があり、かつその必要性がある場合、②起訴・公訴追行の時点において証拠資料を総合勘案して合理的に有罪と認められる嫌疑がある場合には適法と評価されるとします(最判昭和53年10月20日民集32巻7号1367頁)。結果不法説は明確に否定され、職務行為基準説が採られています。**司法警察員による捜査・逮捕勾留**についても、国家賠償法の要件としての違法は、職務行為基準説により判断されます。

2　規制権限不行使の違法

国家賠償法1条1項の定める「公権力の行使」には、公権力の不行使も含まれます。現代的な紛争のあり方として、行政が法律により与えられた規制権限を適切に行使しなかったために損害を被った国民が、国家賠償による救済を求めるタイプがあります。

規制権限不行使の問題が注目されるきっかけとなったのは、規制当局による権限不行使の結果、薬害が発生・拡大したケースです。もともと、行政機関に規制権限が与えられている場合に、具体的に権限を発動するか否かは、行政機関の自由裁量に委ねられるとの解釈(自由裁量論)が一般的でした。この解釈は、行政により規制を受ける国民(被規制者)から見て、規制権限発動は抑制的であるべきという考え方を前提とします。しかし、薬害事案のように、行政機関が被規制者に権限行使をしないことが、第三者の不利益を事実上放置することにつながるという三面関係では、自由裁量論は行政の怠慢を正当化することになってしまいます。そこで、自由裁量論にかわり、一定の場合に規制当局には権限を発動する法的義務が生じ、この法的義務の違反をもって違法と構成する解釈論が探求されることになります。

判例　スモン訴訟と裁量権収縮論

いわゆるスモン訴訟では、整腸剤であるキノホルム製剤による副作用による被害発生回避のため、厚生大臣(当時)が旧薬事法上の権限(医薬品承認の撤回など)を行使しなかった不作為の違法が争われました。東京地裁は、①国民の生命・身体・健康への危険の切迫、②予見可能性、③結果回避可能性、④補充性(他に適切な方法がなく、権限行使が容易)、⑤権限行使に対する国民の期待、という5つの要素が満たされる場合に、大臣の有する裁量権がゼロに収縮し、権限を行使しなければならないという作為義務に転換するとの解釈(**裁量権ゼロ収縮論**)を示しました。これにより、行政の不作為をもって義務違反により違法と構成することが可能になり、裁量権ゼロ収縮論は大いに注目を集めました。
(東京地判昭和53年8月3日判時899号48頁)

しかし、最高裁は、上記の裁量権ゼロ収縮論をそのまま採用することはありませんでした。最高裁は、警察官の不作為が損害を生じさせたケースにおいて、端的に職務上の義務違背をもって違法と判断しています(最判昭和57年1月19日民集36巻1号19頁、最判昭和59年3月23日民集38巻5号475頁)。また、薬害裁判であるクロロキン訴訟において、厚生大臣(当時)による権限(製造承認を取り消す権限)の不作為は、事件当時の医学的・薬学的知見に照らして「許容される限度を逸脱して著しく合理性を欠く」場合にのみ違法になるとの判断基準が示されます(最判平成7年6月23日民集49巻6号1600頁)。これらは、規制権限の不行使について、法の趣旨目的や権限の性質に照らし、著しく合理性を欠く場合に被害者との関係で違法になるという解釈(**裁量権消極的濫用論**)に依拠しています。

その後、規制権限不行使の事案において、裁量権消極的濫用論に依りつつ、国家賠償責任を認める判決が現れるようになります。筑豊じん肺訴訟では、通商産業大臣(当時)の省令改正権限を含む保安規制権限の不行使について、著しく合理性を欠き違法との判断がなされます(最判平成16年4月27日民集58巻4号1032頁)。また、アスベストを製造していた工場での被害が問題となった泉南アスベスト訴訟においても、労働大臣(当時)が法律に基づく省令制定権限を行使して罰則をもって排気装置の設置を義務付けなかった不作為につき、著しく合理性を欠き違法と判断されています(最判平成26年10月9日民集68巻8号799頁)。これらは、規制権限の根拠となる法の趣旨目的と当該規制権限の性質に着目し、権限不行使が著しく合理性を欠くか否かを判断しています。法の趣旨目的に国民の生命・健康を保護する要素が含まれること、権限行使の性質において適時適切に行使されるべきものであることが、規制権限不行使を違法とする決め手となっています。

判例　公害防止規制の不作為

水俣病に罹患したと主張する者らが、加害企業に対する損害賠償請求とともに、国・県が必要な規制権限を行使しなかったことによる国家賠償請求をした事案について、最高裁は、国について水質保全法・工場排水規制法に基づく権限の不行使、県について漁業調整規則に基づく権限の不行使をそれぞれ違法と認定し、賠償を認める判断をしています。ここでも、規制権限の不作為について、根拠となる法律・規則の趣旨目的、権限の性質等に照らして著しく合理性を欠くとの判断がされています。

県の漁業調整規則は、水産動植物の繁殖保護等を直接の目的とするものでしたが、判決では、「それを摂取する者の健康の保持等をもその究極の目的とする」と解し、規制権限不行使の違法を認めていることが注目されます。

(最判平成16年10月15日民集58巻7号1802頁)

3　営造物の設置・管理による国家賠償責任

(1) 国家賠償法2条の意義

国家賠償法2条は、公の営造物の設置・管理に瑕疵(欠陥)があった場合の国家賠償責任を定めています。まず、2条1項を参照しましょう。

> **2条1項**　道路、河川その他の公の営造物の設置又は管理に瑕疵があつたために他人に損害を生じたときは、国又は公共団体は、これを賠償する責に任ずる。

条文にいう「**公の営造物**」とは、国・公共団体により直接に公の目的に供されている有体物をいいます。道路のような人工物(人工公物)、河川のような自然に存在する物(自然公物)の両方を含みます。国・公共団体が法律上の管理権を有する物に限らず、事実上管理している物も含みます。他方で、国・公共団体が管理する物であっても、公の目的に供されていないものは除かれます。

物を設置・管理する活動は、行政主体の活動であっても、非権力的なものと解釈されます。したがって、仮に国家賠償法2条1項が存在しなくても、民法717条を適用して行政主体の責任を問うことが可能です。国家賠償法2条1項は、行政主体の非権力的活動につき民法の適用範囲が不明確であったのを解消するため、確認的な意味で定められたと考えられます。

国家賠償法2条1項は物的施設の設置・管理の欠陥による責任を定めるのですが、その施設を管理する公務員の手落ち(管理行為の懈怠)とみるなら、同じことが同法1条1項の問題としてとらえ直されることになります。この点については、国家賠償法2条1項の要件が「**瑕疵**」というシンプルなものであることから(公務員の故意・過失、違法などの要件はありません)、物的施設の設置・管理と構成できる事案であれば、特に1条1項の適用領域を切り出して法律構成する必要はなく、2条1項を適用すればよいと考えられます。

（2）設置・管理の瑕疵

1　瑕疵のとらえ方

国家賠償法2条1項の要件は、設置・管理の瑕疵に集約されます。この瑕疵の意義について、安全確保義務違反と理解する**主観説**と、安全性の客観的な欠如と理解する**客観説**が対立していました。一方、判例は、営造物の設置・管理の瑕疵につき「通常有すべき安全性を欠いていること」と定式化して(高知落石事件。最判昭和45年8月20日民集24巻9号1268頁)、客観説を採用しました。これにより、論争はほぼ収束するのですが、設置・管理の瑕疵に関する解釈論は、客観説を土台にしつつも、主観説的な要素を一定程度取り込むかたちで展開してゆきます。

営造物の設置・管理の瑕疵という要件を、「営造物が通常有すべき安全性を欠いていること」と言い換えただけでは、国家賠償責任の有無を判定する解釈論にはつながりません。判例は、設置・管理の瑕疵の有無について、「当該営造物の構造、用法、場所的環境及び利用状況等諸般の事情を総合考慮して具体的個別的に判断すべき」と敷衍します(最判昭和53年7月4日民集32巻5号809頁)。これを前提にするならば、設置・管理の瑕疵に関する判例を理解するには、具体的事例につき営造物の種類や被害の性質などから一定の類型化を行い、そこで蓄積された思考枠組みを明らかにすることが有効と思われます。

2　道路の瑕疵

道路の欠陥に起因する事故に対する国家賠償は、国家賠償法2条が適用される典型のひとつです。道路事案のリーディング・ケースが、上述した高知落石事件判決です。高知県の国道を走行中のトラックに岩石が落下した死亡事故に関する裁判で、最高裁は、道路の瑕疵を認め、国家賠償法2条1項に基づく損害賠償責任を肯定しました。判決は、まず、「瑕疵」について「営造物が通常有すべき安全性を欠いていること」と述べた上で、国家賠償法2条1項に基づく責任が無過失責任であることを明示します。さらに判決は、①防護柵の設置や岩石の除去、事前の通行止めの措置等々が行われなかったこと、②予算不足が免責事項とならないこと、③本件事故が「不可抗力」ないし「回避可能性のない場合」にあたらないこと、を述べます。上記①では、瑕疵の認定にあたり道路の管理状況まで問題にされること、②では、予算制約の抗弁は退けられること、③では、結果責任を課すものではなく不可抗力等により免責されること、が判示されています。

その後、判例は、国道に大型車両が長時間放置されていたところ、夜間に追突事故が生じたという事案において、道路管理者の義務違反を指摘しつつ「道路の安全性を著しく欠如する状態」であるとして瑕疵を認めます(最判昭和50年7月25日民集29巻6号1136頁)。他方で、夜間に道路上の工事箇所に設置されていた赤色灯を他車が倒し、直後に現場を通行した自動車が事故を起こした事案では、時間的に対応不可能であったとして瑕疵を否定する判例も現れました(最判昭和 50 年 6 月 26 日民集 29 巻 6 号 851 頁)。最近でも、高速道路に野生動物が侵入する対策が採られていなかったことについて、対策を講ずるには多額の費用がかかること、運転者に適切な注意喚起がされていたこと等から、瑕疵を否定した判決が見られます(最判平成 22 年 3 月 2 日判時 2076 号 44 頁)。これらからは、道路の物理的欠陥を問題とする基本的立場を維持しつつも、道路管理者による措置のあり方まで視野に収めるという方向性がうかがわれます。「通常有すべき安全性を欠いている」か否かの判定にあたり、予測可能性・結果回避可能性という観点から道路管理者の義務違反の要素が取り込まれていることがわかります。

＊利用者の異常な行動

利用者の異常な行動が原因となった事故では、営造物の安全性欠如に起因しないとして賠償責任が否定されることがあります。たとえば、道路のガードレール上で遊んでいた子供が道路と反対側に転落した事案について、ガードレールは道路通行時の転落防止という点でその安全性に欠けるところはなく、道路管理者が通常予測することのできない行動に起因するとして、賠償責任は否定されます(最判昭和 53 年 7 月 4 日民集 32 巻 5 号 809 頁)。また、公立中学校に設置されたテニス審判台にのぼっていた 5 歳の幼児が、審判台の転倒により下敷きとなって死亡した事案について、本件幼児の行動は極めて異常なものであり、設置管理者が通常予測し得ないものとした判例もあります(最判平成 5 年 3 月 30 日民集 47 巻 4 号 3226 頁)。後者の判決は、「幼児がいかなる行動に出ても不測の結果が生じないようにせよというのは、設置管理者に不能を強いる」と述べており、利用者側(幼児の保護者側)の注意義務とのバランスに配慮を示しています。

3　水害訴訟

国家賠償法 2 条 1 項が適用される事案として、**河川管理瑕疵**が争われる**水害訴訟**があります。道路が人工公物の典型であるのに対して、河川は自然公物の典型であり、水害訴訟は独特の判例法理を形成しています。

日本では、台風や集中豪雨による水害が多発するため、数多くの水害訴訟が争われてきました。当初の裁判例は、河川の設置・管理瑕疵について、道路事案と区別せず類似の判断基準を採用したため、水害が発生したことをもって河川に通常要求される安全性欠如を認定する判断が多く見られました。しかし、後述の大東水害訴訟判決により、それ以前の原告勝訴の流れが劇的に変化し、水害訴訟で瑕疵を認めることは著しく困難になります。

【判例】 大東水害訴訟

大東水害訴訟では、市街地の未改修河川が豪雨により溢水したケースで、河川管理瑕疵の有無が争われました。判決は、人工公物である道路と自然公物である河川との相違をとらえ、道路管理との関係での河川管理の特殊性、河川管理に内在する諸制約を強調します。そして、未改修河川の安全性は「過渡的な安全性」で足りるのであり、瑕疵の有無は、河川管理の特質に由来する財政的・技術的・社会的諸制約のもと、諸般の事情を総合的に考慮し、同種・同規模の河川の管理の一般水準と社会通念に照らして肯認しうる安全性を備えているかを基準とするという考え方を提示します。

判決によると、未改修河川は、特段の事情がない限り、未改修であるというだけでは瑕疵は認められません。行政側が計画を立てて河川改修を進めているのであれば、改修が不十分であることから水害が生じてしまっても、瑕疵を認めないことになります。瑕疵の有無の判断において、河川改修の性質を踏まえた結果回避可能性の要素が取り込まれたものと評することができます。他方で、水害の被害者は、わが国の河川管理政策全体を争っているのではなく、ピンポイントで水害の原因箇所の瑕疵を問題にしているのであり、上記判例の立場は、問題のすり替えを行ったものという見方もできるでしょう。

（最判昭和 59 年 1 月 26 日民集 38 巻 2 号 53 頁）

その後、河川改修済みの河川で堤防が決壊した事案である、多摩川水害訴訟判決（最判平成 2 年 12 月 13 日民集 44 巻 9 号 1186 頁）が現れます。最高裁は、大東水害訴訟判決の基本的な判断枠組みを維持しつつも、法律上は改修済みの河川について、改修計画の範囲内の洪水により通常予測できる災害であるにもかかわらず水害が生じれば瑕疵が認められる、という判断を示しました。すなわち、改修済み河川の瑕疵の有無は、事案(多摩川水害は、河川に設置された堰が破堤の原因でした)に即して予測可能性・結果回避可能性を具体的に検証して判断されるべきことになります。

そもそも、水害訴訟では、河川そのものの安全性というより、堤防・ダム・水門など洪水を防御するための施設(河川管理施設)の機能や操作のあり方が問われていると考えられます。大東水害訴訟判決は、水害訴訟を、わが国の治水行政のあり方というマクロの問題に置き換えることによって責任を否定しました。これを前提にすると、水害の被害者を救済するという観点からは、河川の瑕疵ではなく、河川管理者の管理行為の落ち度を国家賠償法 1 条 1 項の問題として争うことも考えられます。水害訴訟において、国家賠償法 1 条 1 項を適用して国家賠償責任を認めたものとして、沙流川水害訴訟(札幌高判平成 24 年 9 月 21 日裁判所 HP)があります。

判例　点字ブロックのないホームの瑕疵

国家賠償法 2 条の解釈では、国民に生じる危険を防止・防御する施設の瑕疵という問題類型が指摘できます。たとえば、国鉄(当時)の駅ホームから視力障害者が転落した事故について、ホームに点字ブロックが設置されていなかったことが瑕疵にあたるか争点になった判例があります。事件当時、すでに点字ブロックは開発されていましたが、全国に普及する途上という状況でした。この場合、点字ブロックの無い駅ホームには欠陥があったとも言えるし、事故のあった駅に点字ブロックが設置されないことはやむを得ないとも考えられます。最高裁は、新たに開発された安全施設が普及するまでのタイム・ラグ等の事情を総合考慮すべきであるとして、この駅ホームの瑕疵を認めませんでした。「守備ミス」型の国家賠償事件では、行政の「守備範囲」がどこまでか、具体的に問われるのです。
(最判昭和 61 年 3 月 25 日民集 40 巻 2 号 472 頁)

4　供用関連瑕疵

営造物の設置・管理の瑕疵について、営造物の利用者以外の第三者との関係での瑕疵という問題があります。ここで、瑕疵の概念は、物理的安全性という枠組みから離れ、営造物が正しく供用された(機能した)結果、周辺住民の健康や生活環境に悪影響を与えるものに拡張されています。これは、**供用関連瑕疵**、あるいは**機能的瑕疵**と呼ばれます。

供用関連瑕疵による国家賠償責任を肯定したのが、大阪空港訴訟判決(最大判昭和56年12月16日民集35巻10号1369頁)です。同判決は、瑕疵について、物的施設自体に存する物理的・外形的な欠陥・不備だけでなく、営造物が供用目的に沿って利用されることとの関連で、利用者以外の第三者に危害を生じさせる危険性がある場合を含むとの解釈を示して、騒音・振動等の被害者に損害賠償を認める判断をします。同様の考え方は、新幹線、自衛隊基地などからの公害事例に適用領域が拡大され、道路からの騒音・振動・大気汚染等についても、供用関連瑕疵による賠償責任が肯定されるに至ります(最判平成7年7月7日民集49巻7号1870頁・同2599頁)。これらの判例は、営造物の設置管理者に対し周辺環境に配慮した適切な管理行為を要求することにより、当該営造物が有する公共性の反面で特別の不利益を受ける周辺住民を金銭的に救済したものと評されるでしょう。

4　賠償責任者

(1) 原因者に対する求償

国家賠償法1条・2条とも、賠償責任が肯定されれば、国・公共団体が損害賠償義務を履行することになります。他方、1条1項による賠償責任では加害公務員に故意または重過失がある場合は加害公務員に、2条2項では損害の原因について責めに任ずべき者に、それぞれ国・公共団体が求償権を有すると定められています(1条2項、2条2項)。

国家賠償法1条について、被害者から直接加害公務員の損害賠償責任を求めることは許されないと解されていますが、2条について、被害者から原因者たる公務員に損害賠償を求めることが可能か否かは解釈が分かれています。

(2) 費用負担者と責任主体

国家賠償法3条1項は、賠償責任者について、1条・2条により国・公共団体が損害賠償責任を有する場合で、公務員の選任・監督または公の営造物の設置・管理にあたる者と、公務員の俸給、給与その他の費用または公の営造物の設置・管理の費用を負担する者とが異なるときは、費用負担者もまた損害賠償責任を負うと定めています。賠償義務者について、事務処理者だけでなく費用負担者もまた賠償義務を負う旨を明らかにすることで、被害者が被告の選択につき誤らないよう配慮する趣旨です。

また、国家賠償法3条2項は、費用負担者が国家賠償責任を負った場合に、「内部関係でその損害を賠償する責任ある者に対して求償権を有する」と定めています。ここで、「内部関係でその損害を賠償する責任ある者」とは、法令上、損害を賠償するための費用をその事務を行うための経費として負担すべきとされている者であるとされます(最判平成21年10月23日民集63巻8号1849頁)。たとえば、市立中学校で県費負担教職員による国家賠償事件が起こった場合に、人件費を負担している県が賠償を支払った後、県は、中学校の事務経費全般を負担する市に対して、求償できることになります。

第16章　損失補償

1　損失補償制度

（1）損失補償の概念

損失補償とは、適法な公権力の行使により、特定の者に財産上の特別の犠牲が生じた場合に、公平の理念に基づいて、その損失を補填することをいいます。たとえば、道路を建設するために私人の所有する土地を強制的に収用した場合、公共の利益のため土地所有権を失った者には、その土地の価格分を公金から補填することが、社会全体の負担の公平という観点から必要と考えられます。

15章で取り上げた国家賠償法1条は、行政の違法な活動に起因する損害を賠償するもので、同じ金銭の補填であっても、損失補償とはよって立つ理念を異にします。しかし、抽象的な理論構成としてはともかく、行政活動によって特定の者に生じた財産的なマイナス分を補填するという実際上の機能から、国家賠償と損失補償には共通するものがあります。そこで、多くの学説は、国家賠償と損失補償の全体を「**国家補償**」という上位概念でくくり、両者の谷間と扱われて救済が手薄になるケースが生じないよう、解釈論を工夫しています。

（2）憲法29条3項の意義

憲法29条3項は、「私有財産は、正当な補償の下に、これを公共のために用ひることができる」と定め、損失補償制度を明文化しています。同項は、いわゆるプログラム規定(国政の指針を述べた条文)ではありませんから、国民は同項に基づく補償を請求することができます。他方で、損失補償について、一般法は存在せず、個別法の中に補償を根拠付ける規定が置かれるにとどまっています。そこで、損失補償の要否・内容に関する解釈論は、個別法に具体的な規定があればその解釈によることになる一方で、憲法レベルの解釈も要求される場合があることに注意が必要です。

＊憲法に基づく直接請求

憲法上は損失補償が必要と解釈されるにもかかわらず、個別法上は補償規定がない、という問題状況が考えられます。解決策として、①本来必要な補償規定を欠く法律を違憲無効とした上で、その法律に基づく財産権の収用・制限を無効とする説(**違憲無効説**)と、②収用・制限は有効とした上で、直接、憲法に基づく補償請求を認める説(**直接請求権発生説**)があり得ます。最高裁は、傍論ではありますが、砂利採取の既得権益を有する者について、その損失を具体的に主張立証して、直接憲法29条3項を根拠に補償請求し得る余地を認めました(最判昭和43年11月27日刑集22巻12号1402頁)。

補償不要という立法者の判断について、補償が必要なら財産権に対する規制そのものが不合理との立法者意思が前提と解釈されるのであれば上記①説が合理的ですし、補償不要という判断が立法者のミスであると解釈されるのであれば上記②説が合理的と考えられます。

2　損失補償の要否

(1)　補償の要否の判断基準

損失補償制度の趣旨が、特定の私人が受ける財産的損失について社会的公平の観点からの救済であるとすれば、財産権の侵害に対する補償の要否は、ある私人の被った不利益を「**特別の犠牲**」と見ることが妥当かにより決まると考えられます。次に、特別の犠牲にあたるか否かの判定は、①侵害行為の対象が一般的か(広く一般人を対象とするか)個別的か(特定人のみを対象とするか)という**形式的基準**、②侵害行為が財産権の本質的内容を侵害するほどに強度なものか(社会通念上受忍すべき限度内か)という**実質的基準**、の両者に照らして総合的に決する、と説明されてきました。しかし、①の形式的基準(一般か個別かという基準)は相対的で線引きが困難である一方、財産権の本質が侵されるのであれば一般的侵害でも補償が必要と考えられることから、②の実質的基準に重きを置くべきです。

以上から、損失補償の要否の判断基準は、財産権侵害の強度に着目する実質的基準により特別の犠牲の有無を判定することをベースにしつつ、侵害の程度が比較的弱いケースでは、下記に示した諸要素を加味した総合的判断(社会通念に照らした具体的な判断)によることが妥当と考えられます。

	要		否
侵害行為の特殊性	個別的	⟺	一般的
侵害行為の強度	本質を侵すほど強い	⟺	内在的制約の範囲内
侵害行為の目的	積極的	⟺	消極的
規制行為の態様	現状変更	⟺	現状凍結

（2）消極規制と積極規制

損失補償の要否の判断にあたっては、規制目的の相違が、重要な意味をもちます。財産権に対する規制は、社会公共の秩序を維持し、国民の安全を守り、危険を防止する目的(消極目的)による**消極規制**と、公共の福祉を増進する目的(積極目的)で行われる**積極規制**があり得ます。消極規制について補償は原則不要、積極規制について補償が原則必要、と考えられています。

消極規制の典型は、危険物に関する法的規制です。最高裁は、ため池の堤とう部分での耕作等を条例で禁止したケースで、「災害を防止し公共の福祉を保持する上に社会生活上已むを得ないものであり、そのような制約は、ため池の堤とうを使用し得る財産権を有する者が当然受忍しなければならない責務」であるとして、損失補償は不要としました(最判昭和38年6月26日刑集17巻5号521頁)。上記には、災害防止のための土地利用規制は、所有権の内在的制約のあらわれとして、補償不要というロジックが示されています。もっとも、長年にわたる耕作の権利の剝奪と見るなら、財産権の本質的制約に該当し、補償が必要ともいえそうです。補償の要否について結論を出すためには、土地利用の実態を具体的に評価する必要があると考えられます。

〚判例〛 **状態責任論**

ガソリンタンクは、その施設自体に火災の内在的危険性があることから消防法の規制を受け、政令に定める技術基準により、道路と一定の離隔距離を保持する必要があります。道路の拡幅工事にともない、以前は適法であったガソリンタンクが事後的に距離制限に抵触することとなった場合、ガソリンタンクの移設費用が損失補償の対象になるか、争われた事案があります。最高裁は、「道路工事の施行によつて警察規制に基づく損失がたまたま現実化するに至つたものにすぎ」ないとして、補償を不要としました。これは、財産それ自体が社会に対する危険性を有している場合には、財産権の側に規制を受ける原因があり、危険防止の目的による規制は甘受すべしという考え方(状態責任論)に基づいています。

(最判昭和 58 年 2 月 18 日民集 37 巻 1 号 59 頁)

(3) 公用制限の場合

財産権の規制には、公共の利用のために財産権を移転してしまう**公用収用**と、財産権に制限を課す**公用制限**が区別されます。公用収用では、収用の結果、財産権はゼロになってしまいますから、侵害の強度に照らして補償は必要と解されます。補償の要否が問題になるのは、多くの場合、公用制限についてということになります。

(2)で述べたように消極目的の公用制限は補償不要とされる一方、積極目的による公用制限であれば、特別の犠牲として補償が必要と一応考えられます。しかし、消極目的か積極目的かという区分は、簡単に割り切れるものではありません。たとえば、都市計画法上の市街化区域・市街化調整区域の区分による開発規制や、地域地区制による土地利用制限について、損失補償は認められていません。これらの規制は、都市の秩序ある発展のための内在的制約の顕在化とみれば消極規制と言えますが、良好な都市環境創造を目的とする規制とみれば積極規制と考えることもできます。結局のところ、公用制限について、規制目的の相違は、補償の要否に関する重要な着眼点であるということはできても、決定的な基準とはなりません。上述した都市計画法上の土地利用制限について補償が不要とされるのは、現状での財産の利用を固定するだけであること(現状凍結型。財産を現状のままで利用することは妨げられません)、加えて、都市計画事業の円滑な遂行や事業費抑制などの複合的判断の結果です。

判例　長期にわたる土地利用制限

都市計画制限が長期にわたった場合に、特別の犠牲として補償が必要になるのではないか、という問題があります。最高裁は、都市計画決定により道路予定地とされた状態が60年以上続いたケースについて、「一般的に当然に受忍すべきものとされる制限の範囲を超えて特別の犠牲を課せられたものということがいまだ困難」として、補償は不要と判断しました。この判決は、都市計画法による土地利用制限につき補償不要との法理を確認すると同時に、長期間の放置が例外的に「特別の犠牲」に該当し得る可能性を示唆しています。
(最判平成17年11月1日判時1928号25頁)

3　損失補償の内容

損失補償の内容(金銭補償であれば補塡額の問題)について、憲法29条3項は、「正当な補償」が必要と規定します。正当な補償には、①財産の客観的価値の全部が補償されるとする**完全補償説**と、②公正な算定基礎に基づいて算出した合理的金額が補償されるとする**相当補償説**があります。

判例は、第二次大戦後の農地改革における補償について、相当補償説をとりました(最大判昭和28年12月23日民集7巻13号1523頁)。他方で、判例は、土地収用法における損失補償について、完全補償説に基づく判断を示しています(最判昭和48年10月18日民集27巻9号1210頁)。判例の態度は矛盾するようにも見えますが、ここでの問題は、①説と②説の対立ではなく、何をもって「完全な補償」ないし「相当な価格」と言い得るか、という点にあるのです。

その後、最高裁は、損失補償の算定方法を定めた土地収用法71条の合憲性が争われたケースにおいて、憲法29条3項にいう「正当な補償」の解釈につき相当補償説を採ることを確認した上で、土地収用法71条の規定については「収用の前後を通じて被収用者の有する財産価値を等しくさせるような補償を受けられる」として、その合理性を認めました(最判平成14年6月11日民集56巻

5号953頁)。結局のところ、同判決は、土地収用法の定める補償金の算定方法の合理性を論じる限りで、学説上の完全補償説とほぼ同じ考え方に立っていると評されます。

＊土地収用法と補償

公共事業のために土地を収用する場合、早い段階で収用に応じず、時間を稼ぐと補償金額が高騰してしまうという「ごね得」を防ぐ必要があります。土地収用法は、大臣・知事等が収用事業の公益性を認定する事業認定の時点での市場価値(近傍類地の取引価格)を基準として、その後は物価変動率等を考慮して補償金額を決定するという仕組み(事業認定時主義、価格固定主義等と呼ばれます)を採用しました。上記の平成14年判決で合憲性が争われたのも、この事業認定時主義の仕組みについてでした。

4　損失補償の限界

損失補償は、あくまでも財産権の侵害を対象とするものであり、しかも、当該財産権の交換価値につき金銭をもって支払われることを前提とします。しかし、実際に土地が収用された場合に、それでは救済が不十分であると感じられるケースも考えられます。

まず、直接収用の対象となる土地等の対価のみでは不十分と思われるものとして、土地収用に伴う**付随的損失の補償**があります。たとえば、土地収用法上、補償項目として、残地補償(74条)、工事費用の補償(75条)、移転料補償(77条)、通常損失の補償(88条)等が定められています。これらは、収用の結果当然に発生する損失(収用損失)とは異なる、収用された財産に基づく事業との関係で発生する損失(事業損失)と整理されます。

精神的損失(先祖伝来の住み慣れた土地を失うことの苦痛など)に対する補償については、これを認めないのが一般的です。しかし、民事法では不法行為における慰謝料の算定が通常のこととして行われているのですから、精神的損失についておよそ財産的損失になり得ないという議論は疑問です。立法論として、精神的損失の補償も許容されてしかるべきでしょう。

ダム建設によって村落全体が水没するなど、大規模な公共事業によって地域社会全体が消失するような場合、住民は従来そこで営んでいた生業手段を失い、生活共同体も破壊されるのですから、単に土地や家屋の価額分の補償では足りないことは明らかです。山間の土地の市場価格分を金銭で補償されても、都市部に移り住むことを考えれば不十分であるのも当然です。そこで、いくつかの法律は、公共事業の施行者に対して、**生活再建のために必要な措置**(土地・建物の取得、職業の紹介など)のあっせんを努力義務として規定しています。これらは、重要な機能を果たすものですが、あくまでも行政側の努力義務であって、住民の補償請求権として位置付けられるものではありません。憲法29条3項に基づく補償の範囲は、財産権に対する金銭補償を超えないのです。

5　国家賠償と損失補償の谷間

（1）問題の所在

行政活動に起因する損害・損失について、国家賠償と損失補償のどちらによっても理論上救済が困難という谷間の問題があります。

たとえば、国家賠償法1条1項では公務員の故意・過失が要件であるため、行政活動が違法であるけれども過失がないケースでは、国家賠償・損失補償のどちらで理論構成しても救済されません。また、国家賠償法2条1項の要件である営造物の設置・管理の瑕疵があるとはいえないが、営造物に起因する損害を被ったケース、あるいは、適法な国家行為(法によって認められた権力的国家行為)によって生命・身体など財産権以外の損失が生じたケースについても、救済の谷間にあたります。戦争災害など、包括的な危険状況に由来する損害・損失の補塡についても、国家賠償・損失補償の谷間の問題といえるでしょう。

上記のような国家賠償・損失補償の谷間を埋めるため、解釈論上の工夫が必要になります。たとえば、問題の典型である違法・無過失による谷間を埋めるためには、①国家賠償の側から問題をとらえ、過失を柔軟に認定する工夫をする、②損失補償の側から問題をとらえ、憲法29条3項の射程を拡大する工夫をする、③立法により無過失責任を規定する、というアプローチが考えられます。これらを組み合わせて、柔軟に解決策を探る必要があります。

（2）予防接種禍訴訟

国家賠償と損失補償の谷間の具体例として、予防接種禍訴訟があります。かつては、法律に基づく強制・勧奨により集団で予防接種を実施することが盛んに行われていました。このような集団予防接種は、疾病の予防という重要な公益を背景とする一方、担当医が注意義務を尽くしても一定の確率で被害者が発生することが知られています。予防接種禍訴訟では、問題となる法益が人の生命・身体であり、財産権ではないので、単純に適法行為による損失補償と理論構成することはできません。また、担当医は相応の注意義務を果たしているのが通常ですから、行為者の過失を認定することも困難です。

そこで、予防接種による被害を、生命・身体に課せられた特別の犠牲と見て、憲法29条3項を適用して損失補償を認めることにより救済を図る判決があります(東京地判昭和59年5月18日判時1118号28頁)。この判決は、財産権に対する侵害でさえ補償が認められるのであるから、それよりも手厚く保障される生命・身体の侵害はなおのこと補償が必要であるという、「勿論解釈」の技法を用いています。しかし、損失補償で理論構成することには、補償と引き換えであれば、生命・身体につき公権力による侵害を可とする立法を正面から認めることになるのではないか、という批判があります。

その後、最高裁は、損失補償構成を否定し、国家賠償法を適用した上で、予防接種により後遺障害が発生した場合には、特段の事情がない限り、被接種者は禁忌者に該当していたと推定する、という法理を示しました(最判平成3年4月19日民集45巻4号367頁)。これにより、後遺症が生じてしまったケースでは、禁忌者(予防接種してはいけない者)に接種してしまったことが推定されるため、過失の認定が容易になります。

この最高裁判決を前提に、東京高判平成4年12月18日判時1445号3頁は、被害発生を予防接種行政のありかた全体がもたらした結果ととらえ、厚生大臣(当時)の過失(結果回避義務違反)を認定して国の責任を認めました。東京高裁は、実際に予防接種をした医師の過失ではなく、政策全体を組み立てていた組織としての厚生行政全体の過誤ととらえ、大臣の過失(**組織過失**)と構成して被害者救済を実現しました(⇒15章2(2)5)。これにより、予防接種禍訴訟において、国家賠償法により救済を図ることが定着しました。

補 章　行政組織法

1　行政組織と法

（1）行政組織法の意義

行政法は、行政組織・行政作用・行政救済という3つの柱で構築されます(⇒1章2)。これらのうち、本書では、行政作用・行政救済に関する領域を扱ってきました。本書は、法治主義に基づき、国民の側から行政活動を十分に規律・統制する道具として行政法をとらえることを主旨としており、行政作用・行政救済がその主要なフィールドと考えられるからです。

これに対して、行政組織法は、行政主体の側に着目して、その内部組織のあり方を法的に論じます。中央政府・地方政府を合理的・効率的に機能させるためには、さまざまな内部規律が必要になりますから、行政組織法は、それ自体豊かな内容を持ちます。本書では、その詳細に立ち入ることは避け、行政法の思考方法を理解するために必要となる行政組織法の基礎概念について、そのアウトラインを説明します。その際、行政組織法について、単に行政機構を効率的に動かす法的技術ととらえるのではなく、国民・住民からの規律・統制を十分に機能させ、公正性・透明性・公開性を確保するための法的道具となっているか、検証する姿勢が大切です。

＊行政組織と法律の規律

行政組織の編成について、そもそも法律で定める必要があるか、問題になります。明治憲法下では、行政組織の編成は天皇の大権(官制大権)とされており、行政権が自ら組織編成を決める(行政の自己組織権)という考え方がとられていました。他方、日本国憲法は、行政組織の編成に関する規範の定立権について、明確な規定はありません。学説上は、憲法41条の定める国会中心主義を根拠に、行政組織の編成権は国会にあり、組織規範についても原則として法律によるとする説(**民主的統治構造説**)が有力です。また、実際に、行政組織を規律する法律として、内閣法、内閣府設置法、国家行政組織法、各省設置法(財務省設置法など)、地方自治法などが制定されています。

なお、民主的統治構造説によっても、行政組織の編成を全て法律事項とするのではなく、細部について行政の自己決定に委ねることは肯定されます。行政組織編成について、どのレベルまで法律で縛るか、ひとつの論点といえます。

（2）行政主体

行政主体とは、行政活動をする法主体(行政上の権利義務を負い、自己の名と責任で行政活動を行う法人)です。行政主体は、国や地方公共団体という組織体を法人としてとらえ、国民と対置する行政法の理論モデルの中心となる概念です(⇒1章1(2))。

行政組織法は、広義では、①行政主体の内部組織、②行政主体の人的手段(公務員法)、③行政主体の物的手段(公物法)の3つの領域から構成されます。通常、行政組織法という場合には、上記①を指します(行政主体相互の法関係についても含みます)。

行政主体には、次のようなものがあります。

- **統治団体としての行政主体＝国・地方公共団体**
- **統治団体以外の行政主体＝公共組合・特殊法人・独立行政法人・国立大学法人**

上記のうち、**公共組合**とは、行政主体たる社団(一定の組合員により組織される法人)をいい、地域的な土木事業を行う組合(土地改良区・土地区画整理組合など)、社会保険事業を行う組合(健康保険組合・各種の共済団体・厚生年金基金など)があります。強制加入、公権力の付与など、行政主体としての特色が認められます。

特殊法人とは、法律により直接設立される法人、あるいは、特別の法律により特別の設立行為をもって設立すべきとされる法人のうち、独立行政法人を除いたものの総称です。かつては公社・公団等の名称で多数存在していましたが、現在では、日本年金機構、日本放送協会(NHK)、日本中央競馬会などに限られ、それらの法的性格は様々です。

独立行政法人とは、国が直接実施する必要がない事務を行う機関(研究所など)を、法律の定めるところにより独立の法人としたものです。独立行政法人については、法人ごとの根拠法とは別に、独立行政法人通則法が定められており、中期目標管理法人・国立研究開発法人・行政執行法人の3タイプに分けた上で組織・運営に関して規律されます。

＊政府周辺法人

行政主体ではなく、民間(私法上)の法主体であるけれども、行政事務の一端を担う法人の類型(政府周辺法人)があります。**認可法人**(個別法により設立の際に行政庁の認可を受けたもの)、**指定法人**(個別法により特定の業務を行うものとして行政庁の指定を受けたもの)、**登録法人**(個別法により行政庁の登録を受けたもの)があり、一定の行政活動を行っています。これらの法人は、行政主体ではないが、公共的要素の強い業務を行うわけですから、行政主体との関係の公正性・透明性が特に求められます。また、行政の側も、民間主体に行政事務を委ねるのみでなく、行政事務が正しく遂行されることに対する法的責任を負う必要があります(⇒15章2(2)3)。

(3) 行政機関

行政機関とは、行政組織(行政主体の内部組織)を構成する基礎単位です。行政機関は、一定の権限を割り当てられ、行政主体のためにその権限を行使します。行政機関がその権限の範囲内で行為をすると、その法的効果は行政主体に帰属します。

行政機関は、①**行政庁**、②**補助機関**、③**諮問機関**、④**執行機関**に分類されます。

行政庁とは、行政主体のために意思を決定し、外部に表示する権限をもつ行政機関です。行政庁は、行政処分などの法律行為を行い、法律関係の形成・変動にかかわる機関ですから、行政法では非常に重要です(いわば、行政主体の「頭脳」にあたります)。行政庁の典型は、各省大臣、知事、市町村長などです。

補助機関とは、行政庁の意思決定の補助をする行政機関です。中央省庁や県庁、市役所などで働く事務官の多くは、補助機関の職にあります。

諮問機関とは、審議会・調査会など、行政庁の諮問によって意見を述べる機関です。諮問機関の意見は、法的に行政庁を拘束しません。行政庁を法的に拘束する場合は、**参与機関**とよばれます。

執行機関とは、行政主体のために実力行使をする機関です(いわば、行政主体の「手足」にあたります)。警察官、収税官、自衛官などの職がこれに該当します。

＊行政機関と公務員

上記のように、行政機関は、行政主体が法的に活動するために権限・役割を分担する「単位」を意味します。行政主体とは抽象的な存在(法人)ですから、実際に法的に活動する際の「頭脳」や「手足」となるのが行政組織、というイメージです。他方で、実際に仕事をしているのは生身の人間(自然人)の公務員です。公務員は、行政機関としての地位(職)を与えられ、行政主体のために仕事をするのです。

（４）行政機関の相互関係

1　上級・下級の階層関係

行政機関は、原則として、上級・下級のあるピラミッド構造にあります(**行政機関の階層性**)。上級行政機関は、下級行政機関に対して、**指揮監督権**をもちます(**上命・下服の関係**)。この指揮監督権の内容として、上級行政機関は、下級行政機関に対して、①**監視権**(下級行政機関に対する調査権)、②**同意・承認権**(下級行政機関の権限行使について許可・認可等をするもの)、③**訓令権**(下級行政機関の権限行使について訓令・通達という形で命令・指示をするもの)、④**取消停止権**(下級行政機関が行った行為を取消し・停止するもの)、⑤**権限争議裁定権**(下級行政機関相互の権限に関する争いを裁定するもの)、⑥**代行権**(下級行政機関がなすべき行為をしない場合に代わって執行するもの)をもつとされます。

上記のうち、④の取消停止権、⑥の代行権(代替執行権ともよばれます)は、特別な法律の根拠がある場合にのみ認められるとする説が有力です。④⑥は、法律が行政機関に配分した権限を実質的に変更するものであり、上級行政機関であることから当然に認められるものではない(法律を軽視すべきでない)からです。

2　対等機関の関係

*1*は、行政機関の上級・下級の関係(タテの関係)ですが、行政主体の内部において、対等な位置にある行政機関相互の調整・協力関係(ヨコの関係)も問題となります。

対等機関の関係として、①複数の行政機関が共同でひとつの意思決定をする関係(**共管**)、②権限を有する行政機関が、他の行政機関と協議した上で、その権限を行使する関係(**協議**)、③権限を有する行政機関が、他の行政機関の同意・承認を得た上で、その権限を行使する関係(**同意**)、④行政機関が権限を行使する際に、対等または独立した行政機関相互の援助・協力がなされる関係(**共助**)、⑤行政機関が権限を行使する際に、他の行政機関による勧告・要請等がなされる関係(**勧告・要請**)などがあります。

現代行政法においては、複数の行政機関が、相互に情報を共有し、政策調整を行う組織法的仕組みが重視されるようになり、「タテ割り」のピラミッド構造の弱点を埋め合わせる工夫が要請されています。

3　権限の移動

行政機関が法律による分配された本来の権限を行使するのではなく、別の行政機関が代わってその権限を行使することがあります(**権限の代行**)。権限の代行には、代理と委任の2種類の方法があります。

①　権限の代理

権限の代理とは、ある行政機関の権限を、別の行政機関が代理機関として行使することをいいます。代理機関は、もとの行政機関の名で事務を処理し、その行為はもとの行政機関の行為として法的効力を生じます。この権限の代理には、**法定代理**と**授権代理**が区別されます。**法定代理**とは、法律で定められた場合に代理関係が生じるもので、法律により自動的に代理関係が生じる場合(狭義の法定代理)と、法定された要件が生じた場合にもとの行政機関による指定行為により代理関係が生じる場合(指定代理)があります。**授権代理**は、本来の権限を有する行政機関が代理権限を授権することによってなされます。授権代理は、もとの行政庁の指揮監督権が残るため、法律の根拠は不要と解されます。

② 権限の委任

権限の委任とは、ある行政機関の権限の一部を、別の行政機関に委任して行使させることをいいます。法律によって与えられた権限の一部が移動し、委任機関はその権限を失う一方、受任機関は自己の名と責任においてその権限を行使します。法律に定められた権限が移動しますから、特別の法律の根拠が必要です。

＊専決・代決

専決・代決とは、法律により権限を与えられた行政機関(通常は行政庁)の権限を、補助機関が決裁することをいいます。行政主体の外部関係(国民との関係)では、法律で定められた行政庁の名で処分が行われる一方、行政主体内部では補助機関レベルで案件が処理されます。要するに、補助機関が行政庁の印を公文書に押印する事務処理の方法を、専決・代決と呼んでいるのです(行政組織の内部規則等に基づいて恒常的に行われるものが専決、原則として本来の決裁権者が不在の場合に行われるものが代決です)。

専決・代決は、法定された行政機関の権限が変動するものではありませんが、行政機関に権限を配分するという法的な「建前」が、わが国の「役所」の実態に合わないことを示すものとなっています。

（5）もうひとつの行政機関概念

ここまで説明してきた「行政機関」概念は、行政主体が国民との関係で法的な働きかけ(行政作用)を行うことに着目したものです(**作用法的行政機関概念**)。これは、行政主体の意思決定・意思表示をする機関である行政庁を中心に行政組織をとらえる理論(行政官庁理論)に由来するもので、行政法において広く用いられています。

しかし、わが国の実定法上、これとは異なる趣旨で「行政機関」という表現が用いられることがあります。たとえば、国家行政組織法３条２項は、省・委員会・庁を「国の行政機関」と呼び、個々の職(○○大臣など)を行政機関としていません(各省大臣は行政機関の長とされます。同法５条１項)。同法では、行政組織を、行政上の事務配分の単位となる組織体としてとらえているのです(**事**

務配分的行政機関概念)。

事務配分的行政機関概念は、行政事務を行う単位としての組織体(人の集合体)に注目しているので、現実の行政組織のイメージに近いものがあります。逆に言えば、作用法的行政機関概念は、法律関係の発生・変動・消滅に着目する法的概念であるため、抽象的・技術的でわかりにくいともいえます。事務配分的行政機関概念は、行政手続法２条５号、公文書管理法２条１項、情報公開法２条１項などでも使用されており、こちらの方が実際の組織の運営・管理になじみやすいことを示しています。

2　国の行政組織

（1）内閣

行政権の最高機関は内閣です(憲法65条)。内閣は、憲法90条により独立した地位にある会計検査院を除いて、国の行政組織の最上位にあります。国家行政組織法１条・２条１項、内閣府設置法５条２項は、内閣による国家行政組織の統轄(行政の各分野の総合調整と指揮監督)を規定します。

内閣は、内閣総理大臣と国務大臣によって構成される合議体です(憲法66条１項、内閣法２条１項)。内閣総理大臣は、国会議員の中から国会の議決によって指名され(憲法67条１項)、この指名に基づいて天皇が任命します(同６条１項)。国務大臣は内閣総理大臣によって任免されます(同68条１項・２項)。国務大臣の数は原則として14人以内であり、特別に必要がある場合は17人まで増やすことができます(内閣法２条２項)。

内閣の意思決定は、閣議によります(内閣法４条１項)。閣議は内閣総理大臣が主宰し、内閣総理大臣は「内閣の重要政策に関する基本的な方針」その他の案件を発議することができます。慣行上、内閣の決定(閣議決定・閣議了解)は、内閣の連帯責任(憲法66条３項)から、全員一致とされます。

（2）内閣総理大臣

内閣総理大臣は、①内閣の首長、②行政組織の最高機関、③内閣府の長、という３つの法的地位を兼ね備えます。

上記①の内閣の首長としての地位は、憲法66条１項に明記されるほか、国務大臣を任命・罷免すること(憲法68条1項・2項)、閣議を主宰し、内閣の重要政策に関する基本的な方針について発議権をもつこと(内閣法4条2項)、内閣を代表して法律案等を提出すること(同5条)などに示されます。

上記②は、行政各部の指揮監督権(憲法72条、内閣法6条)、主任大臣間の権限の争いの裁定権(内閣法7条)、行政各部の処分・命令の中止権(同8条)となって現れています。もっとも、内閣法6条・7条による内閣総理大臣の権限は閣議を経ることが必要であり、合議体としての内閣が行政権の最高機関であること、および行政事務については各大臣が分担管理すること(分担管理原則)と、均衡が図られています。

上記③は、内閣総理大臣が、内閣府の主任大臣として内閣府の事務を分担管理することです(内閣府設置法6条)。なお、内閣総理大臣は、その他の各省大臣になることもできます(国家行政組織法5条3項)。

(3) 大臣

大臣には、国務大臣と行政大臣という2つの法的性格があり、大半の大臣がこの両方を兼ねています。国務大臣は、内閣の構成員であり、内閣総理大臣によって任命されます(憲法66条1項・68条)。他方、国務大臣は、原則として、行政機関の長として行政事務を分担管理する行政大臣としての地位を兼ねます(内閣法3条1項、国家行政組織法5条1項)。内閣の構成員たる国務大臣が、各行政機関の主任の大臣(行政大臣)を兼任することにより、政治と行政の結合が図られているのです。もっとも、例外的に、行政機関の長でない国務大臣(無任所大臣)もあり得ます(内閣法3条2項)。

(4) 内閣の補助部局

内閣には、内閣官房がおかれます(内閣法12条1項)。国務大臣である内閣官房長官が、内閣官房の事務を統轄し職員の服務を統督します(同13条)。その他、内閣には、内閣府、内閣法制局(法制度を管理)、安全保障会議(国防問題を審議)、人事院が置かれています。

上記のうち、内閣府は、内閣総理大臣を長として(内閣府設置法6条1項)、内閣の重要政策に関する事務を助けることを任務とします。内閣府には、特に必要がある場合に、国務大臣たる特命担当大臣が置かれます(同9条1項)。また、内閣府には、重要政策に関する会議(経済財政諮問会議など)が設置されます(同18条)。

人事院は、内閣の「統轄」は及びませんが、内閣の「所轄」下で人事行政を担当します(国家公務員法3条1項)。

(5) 行政各部

内閣の統轄下にある国の行政機関のうち、内閣府以外は、国家行政組織法によって規律されます。同法3条2項は、国の行政機関として省・委員会・庁の3種類を定め、これらは同法別表第一に掲げられています(3条機関と呼ばれます)。この別表第一に載っていないものは、国家行政組織法上の行政機関ではありません。たとえば、検察庁は法務省の附属機関であり、国家行政組織法8条の3に基づく特別の機関です。

省は、内閣の統轄下で行政事務をつかさどる機関であり(国家行政組織法3条3項)、省の長は大臣です。省の内部部局としては、官房・局⇒部⇒課・室という単位でピラミッド状の組織が編成されています。

委員会・庁は、各省または内閣府に置かれ(国家行政組織法3条3項、内閣府設置法49条1項)、主任大臣の統轄下にありながら、独立性を有しています(そのため、外局とも呼ばれます)。委員会・庁は、それぞれ委員長・長官を長とする行政機関として位置付けられます。内閣府に置かれる外局の長には、国務大臣をあてることができますが(大臣庁)、各省の外局の長には行政職の公務員が任命されます。

3　地方公共団体の行政組織

(1) 地方自治

地方自治とは、地方公共団体が、国の公権力から独立し、住民みずからの意思に基づいて、自主的・自立的に行う行政活動を意味します。この地方自治の基本原理として、①**住民自治**(地域住民がみずからの意思と責任によって行政活動を行うこと)、②**団体自治**(国から独立した地方公共団体がみずからの事務をみずからの責任で行うこと)があるとされます。日本国憲法は、その第8章で地方自治について規定していますが、憲法の保障する地方自治は、上記の住民自治と団体自治を基本要素(地方自治の本旨)としていると解されます。

憲法92条は、「地方公共団体の組織及び運営に関する事項は、地方自治の本旨に基いて、法律でこれを定める」と規定します。地方公共団体は、国の法律に規律される一方で、住民自治と団体自治を基本要素とする「地方自治の本旨」に適合しない法律は、違憲・無効と解釈されます。

(2) 地方公共団体

地方自治法は、地方公共団体として、普通地方公共団体(都道府県・市町村)と特別地方公共団体(特別区・地方公共団体の組合・財産区)を定めます(1条の3)。これらのうち、特別区とは、東京23区のことを指し、指定都市の区(行政区)は含んでいません(行政区は地方公共団体ではなく、法人格もありません)。

都道府県と市町村は、地方公共団体として法律的には対等・同格の法人です。都道府県は市町村を包括する広域の地方公共団体ですが、両者は上位・下位の関係にはありません。都道府県は、広域にわたる事務、市町村の連絡調整に関する事務、規模や性質において市町村が処理することが適当でない事務を処理するというかたちで、市町村と役割分担をしているのです。

普通地方公共団体(都道府県・市町村)には、議決機関(議会)と執行機関(長・委員会・委員)が置かれます。地方自治法にいう「執行機関」は、地方公共団体(行政主体)が対外的な意思決定・意思表示をする機関を意味しており、本章1(3)にいう「行政庁」に相当することに注意してください。執行機関の中心である長は、住民の直接選挙によって選ばれます(首長制)。地方公共団体は、議会と長とが互いの抑制と均衡を図ることにより、民主的行政を遂行する仕組みになっており(憲法93条)、国が議院内閣制であるのとは大きく異なります。

普通地方公共団体の執行機関のうち、長(都道府県知事・市町村長)は、地方公共団体を統轄・代表し(地方自治法147条)、地方公共団体の事務を管理・執行します(同148条)。国の行政組織が分担管理原則によるのに対して、普通地方公共団体では、選挙により直接住民に対して責任を負う長に、権限が集中する仕組みになっています。そこで、長に権限が過度に集中しないように、委員会(例として公安委員会、選挙管理委員会、教育委員会など)・委員(例として監査委員など)

が設けられ、執行機関の多元性が確保されています。

また、地方公共団体では、長と議会の均衡を図る仕組みも設けられています。具体的には、長による再議(長が議会の議決について異議がある場合、議会に対して再議に付す仕組み。地方自治法176条・177条)、議会の長に対する不信任決議と、それに対抗する長の議会解散権(同178条)などがあります。

4　地方公共団体の事務

(1) 地方公共団体の権能と事務

憲法94条は、「地方公共団体は、その財産を管理し、事務を処理し、及び①行政を執行する権能を有し、②法律の範囲内で条例を制定することができる」と規定しています。下線①は、権力的・統治的作用を行う権能を意味しており、下線②により、条例制定という立法作用を行う権能が付与されています。他方で、地方公共団体に関する組織編成、各種の権能の詳細は、国の法律である地方自治法によって詳細に規律されています。また、地方自治法2条2項は、普通地方公共団体の事務について、「地域における事務及びその他の事務で法律又はこれに基づく政令により処理することとされるものを処理する」と定めます。普通地方公共団体は、「地域における事務」につき幅広く処理する権能があることに加えて、法律＋政令に基づく事務を処理することになります。

国と地方公共団体の役割分担について、地方自治法1条の2第1項において、「地方公共団体は、住民の福祉の増進を図ることを基本として、地域における行政を自主的かつ総合的に実施する役割を広く担うものとする」という基本原則が規定されています。他方で、同条2項は、国の役割として、①国際社会における国家としての存立にかかわる事務、②全国的に統一して定めることが望ましい国民の諸活動に関する事務、③地方自治に関する基本的な準則に関する事務、④全国的な規模・視点で行われれるべき施策・事業の実施等を重点的に担う一方、住民に身近な行政はできる限り地方公共団体に委ねることを基本とする旨、定めています。

(2) 自治事務と法定受託事務

地方自治法は、地方公共団体の事務を、①**自治事務**、②**法定受託事務**に区分します。地方自治法2条8項は、①は②以外のものと定義しており、①が本来的な地方公共団体の事務であることを示しています。②の法定受託事務は、法律・政令により都道府県・市町村・特別区が処理する事務のうち、国が本来果たすべき役割に係るもので、特別に法律・政令に定められたものをいいます(同条9項1号。なお、都道府県が本来果たすべき役割に係るものを、市町村・特別区が処理するタイプの事務もあります。同項2号)。要するに、法定受託事務とは、国(または都道府県)の役割に属する事務の中でも、住民に身近な行政として地方公共団体に委ねるべきであるとの立法政策に基づき、地方公共団体の事務とされたものということになるでしょう。

法定受託事務は、あくまでも地方公共団体の事務ですから、地方公共団体が法律・政令を解釈適用して行います。国の行政機関が通達等で縛りをかけようとしても、通達等の組織法的効力は及びません。もっとも、法律・政令は国レベルで定められるものですから、国が地方公共団体の活動を縛るためには、法律・政令に基づいて関与すればよいということになります。

(3) 国の関与と紛争処理

地方公共団体は、自主的・自立的に行政活動を行うことが望まれるし、それが憲法上の要請です。しかし、地方公共団体の活動について、国が法的に関与することがあり得ます。同様に、都道府県が市町村・特別区に関与する必要性も残ります。

地方自治法245条は、上記のような関与の行為類型として、①助言・勧告、②資料の提出の要求、③是正の要求、④同意、⑤許可・認可・承認、⑥指示、⑦代執行(以上1号)、⑧協議(2号)、⑨その他一定の行政目的を実現するため具体的個別的に関わる行為(3号)という類型を定めています。関与をする場合、法定された方法のみが可能(**関与法定主義**)であり、関与の基本原則として、①目的を達成するために必要最小限度のものとすること、②普通地方公共団体の自主性・自立性に配慮すること、③手続的な公正性・透明性を確保すること等が法的に仕組まれています。

さらに、関与について、国(都道府県)と地方公共団体の間で紛争が生じることも考えられます。とりわけ、上記の9類型のうち、関与により法的義務を生じさせる③〜⑦については、国(都道府県)と地方公共団体の間の法的紛争となるのですから、これを解決する仕組みが必要です。

上記③〜⑥の関与(是正の要求、許可の拒否その他の処分その他公権力の行使に当たるもの)について、地方公共団体の長その他の執行機関に不服があれば、**国地方係争処理委員会**に対して、「審査の申出」をすることができます(地方自治法250条の13)。地方公共団体側は、同委員会の審査結果または勧告に不服があれば、高等裁判所に出訴して争うことができます(国の関与に関する訴え。同法251条の5)。都道府県と市町村の間で、都道府県による関与につき争いが生じた場合には、**自治紛争処理委員**に対する「審査の申出」を経て、裁判所に出訴することができます(同法251条の6)。

上記⑦の関与については、国の大臣(都道府県知事)から都道府県知事(市町村長)に対する勧告⇒指示⇒訴訟の提起、という流れによる処理が法定されています(同法245条の8)。

以上は、国(または都道府県)が地方公共団体に関与し、地方公共団体の側からこれを争う方法に関するものです。これとは逆方向の、関与をする国(または都道府県)の側から提起する**違法確認訴訟**制度も法定されています(⇒14章3(2))。是正の要求等をされた地方公共団体がこれに従わず、国地方係争処理委員会(または自治紛争処理委員)に審査の申出もしないケースで、国(都道府県)側から当該地方公共団体の不作為につき裁判所で違法の確認を求める仕組みとなっています。

（４）条例

条例は、地方公共団体が制定する自主法です。条例の制定は、憲法94条により認められた、地方公共団体による立法作用です。

地方自治法は、普通地方公共団体が、自らの事務について、法令に違反しない限りで条例を制定できることを定めます(14条1項)。また、普通地方公共団体は、義務を課し、権利を制限するには、法令による場合を除いて条例を定めなければなりません(同条2項)。条例の効力は、地方公共団体の区域内に限定されますが、区域内であれば住民以外のすべての人に適用可能です。条例には、一定範囲の刑罰・5万円以下の過料を定めることもできます(同条3項)。

また、地方公共団体の自主法として、長・委員会が制定する**規則**があります(地方自治法15条1項・138条の4第2項)。憲法94条にいう「条例」とは、一般に地方公共団体の自主法を意味していますから、地方自治法上の「規則」も含まれます。

＊自主条例(独自条例)と委任条例

条例には、地方公共団体の自主法である自主条例(独自条例)と、法律の規定を実施・執行するため、法律の委任を受けて制定される委任条例が区別されます。委任条例は、法律の委任を受けた下位法令という位置付けになることに、特に注意が必要です。以下で説明する条例と法令の抵触関係が問題となるのは、もっぱら自主条例についてであり、委任条例については、法律の委任の範囲(⇒3章2(3))の問題になります。

条例は、「法律の範囲内で」(憲法94条)、「法令に違反しない限りにおいて」(地方自治法14条1項)制定できます。他方で、法定受託事務はもちろん、自治事務についても、法令による規律は幅広く及んでいます。したがって、法令と条例の抵触関係は、しばしば重要な解釈問題となります。この点、判例は、法令の趣旨・目的・内容・効果の詳細な検討から、条例との抵触の有無につき結論を導く方向性を示しています(最大判昭和50年9月10日刑集29巻8号489頁)。判例は、同一事項を対象とする法令と条例が並存していても、①条例と法令の目的が異なる場合で、条例の適用により法令の規定の目的・効果を阻害しないとき、②法令と条例の目的が同一の場合で、法令が地方の実情に応じて別段の規制をすることを容認する趣旨である(ナショナル・ミニマムを定めるものである)ときに、法令と条例は抵触しないという基準を示しています。上記①は、条例と法律の目的が異なれば、条例の側が法令の規制を阻害するかを審査する(阻害しなければ条例は適法)、上記②は、条例と法律の目的が同一であれば、法律の側が条例の個別規制を許すかを審査する(許していれば条例は適法)、ということになります。

比較的最近も、神奈川県の臨時特例企業税条例について地方税法の関係規定の効果を阻害し違法・無効とした判例(最判平成25年3月21日民集67巻3号438

頁)は、上記の判断基準に依拠したものと考えられます。他方で、上記の判断基準は、法令・条例それぞれの対象・目的に着眼する部分で、必ずしも明快なものではありません(たとえば、同一の目的かどうか、一義的には判定できないケースを想起してください)。また、国の法律が全国一律の規制・基準を求める趣旨であれば、それと異なる条例は違法・無効になってしまいます。そこで、現在の地方分権改革では、国のレベルで、条例により地方の実情に応じた規制・基準を定めることを認める法律の改正を一括して進める作業が行われています。

＊上乗せ条例・横出し条例

国の法令による規制がある場合に、①その法令と同一の目的で、法令が規制の対象とする事項について、法令より厳しい内容の規制を定める条例を上乗せ条例、②その法令と同一の目的で、法令が規制していない事項について規制を定める条例を横出し条例、とよびます。判例の判断規準に照らすと、①の上乗せ条例では、法令が地域において規制内容を上乗せすることを許容する趣旨か、②の横出し条例では、法令が規制していない対象を横出しで規制することを許容する趣旨か、それぞれ判断することになります。

読書案内・参考文献

行政法に知的関心を持たれた方への「読書案内」として、学術書の中から、基礎理論に関わる5つのテーマについて2冊ずつ(計10冊)、紹介しておきます。図書館等で手に取られるとよいと思います。また、行政法の勉強を深めたい方のための「参考文献」として、行政法の代表的な概説書を掲げておきます(本書の執筆にあたり、常に参照した文献でもあります)。

読書案内

「法治国」を基盤とする行政法学の解析

◉塩野宏『オットー・マイヤー行政法学の構造』(有斐閣・1962)

わが国の行政法学に決定的な影響を与えたオットー・マイヤーの行政法学について、ドイツの学説史の中で全体像を明らかにした、画期的著作です。近代自由主義的「法治国」思想を基盤とし、法律の支配、公法と私法、行政行為論、公権論などの基礎概念から構築される伝統的行政法学とは何であったか、明快な叙述により描き出されます。

◉高田敏『法治国家観の展開』(有斐閣・2013)

ドイツおよびわが国の行政法学における「法治国」概念を丁寧に分析・検討した学術的著作であり、形式的法治国から実質的法治国への流れ、現代における普遍化した法治国概念の構築が語られます。法治国観という切り口から学説史を読み解き、行政法学の根幹がどのようにあるべきか、考察されます。

「法の支配」に基づく行政法学の提示

◉杉村敏正『法の支配と行政法』(有斐閣・1970)

英米法的「法の支配」の観点から、(当時の)わが国の法治主義論を批判するとともに、行政法学上の重要論点を検討した論文集です。いち早く行政手続の適正化を主張するなど、伝統的行政法学に転換を迫ったマイルストーンたる基本文献です。

◉高柳信一『行政法理論の再構成』(岩波書店・1985)

「法の支配」原理を参照しつつ、伝統的行政法学の内包する権威主義的・官憲的要素を逐一摘出した上で、新しい公法・行政法のあり方を論じた作品です。伝統的行政法学に対する理論的批判の鋭さもさることながら、そこから権威主義的要素をどのように取り除くか、取り除いた後の理論構成はどうあるべきか、緻密な論理は強い説得力を持っています。

権威主義的行政法学の理論的克服

◉兼子仁『行政行為の公定力の理論』(東京大学出版会・1960)
公定力は、行政行為が違法であっても一応有効として通用させるという、行政の権威に由来する特殊な効力とされてきました。本書は、公定力がいかなる理論構成により認められてきたか、どのように克服されるべきかを解明した記念碑的作品です。制度本質論を「理論史」として解明するという研究方法は、学界に大きな影響を与えました。
◉広岡隆『行政上の強制執行の研究』(法律文化社・1961)
行政上の強制執行に関する分厚い比較法研究と、わが国の行政執行法・行政代執行法の解釈運用の実態分析を踏まえて、行政行為の執行力の観念を検討した研究書です。行政の権力性を過剰に認める法理が否定され、執行力について、それ自体を特に根拠づける法規によりはじめて生じるという考え方が提示されます。

「公権力」概念の理論的解明

◉岡田雅夫『行政法学と公権力の観念』(弘文堂・2007)
一貫して「公権力」概念に着目しつつ、行政主体、行政行為、法律の留保など基本論点を幅広く考察する書物です。わが国の行政法学上のさまざまな議論の場面において、法的根拠の薄弱な「公権力」観が伏在していることを指摘し、その解釈論的克服が必要であることについて、わかりやすく叙述されます。
◉仲野武志『公権力の行使概念の研究』(有斐閣・2007)
比較法的素材を駆使しつつ、国家と私人の対置を前提とする「主観的権利」を軸に構築される行政法のあり方を批判し、「制度」ないし「法秩序」という視座から行政法の構造をとらえ直そうとする意欲作です。行政法の根幹をなす思考方法とは何か、それはどうあるべきか、徹底的に考え抜こうとする著者の姿勢を読み取ることができます。

新たな理論体系構築の試み

◉遠藤博也『計画行政法』(学陽書房・1976)
行政過程論を唱える著者が、行政法をめぐる諸現象について、計画行政という理論枠組みで分析することを試みる斬新な書物です。行政法学が政策実現過程とどのように向き合うべきか、訴訟過程を手続的参加の手段としてとらえられないかなど、著者の問題意識の鋭さと、これを新たな思考枠組みの中で処理する手際の見事さに圧倒されます。
◉成田頼明『行政法序説』(有斐閣・1984)
美濃部・田中理論の延長線上に踏みとどまりつつ、新たな行政法学のあり方を追究する著作です。①行政と行政法、②行政上の法律関係、③行政手続、の3部構成の下、行政実務・立法過程に精通した著者ならではの含蓄に富んだ分析が随所にちりばめられます。

参考文献

阿部泰隆『行政法解釈学Ⅰ』(有斐閣・2008)
阿部泰隆『行政法解釈学Ⅱ』(有斐閣・2009)
宇賀克也『行政法概説Ⅰ〔第5版〕』(有斐閣・2013)
宇賀克也『行政法概説Ⅱ〔第5版〕』(有斐閣・2015)
大浜啓吉『行政法総論〔第3版〕』(岩波書店・2012)
大浜啓吉『行政裁判法』(岩波書店・2011)
兼子仁『行政法学』(岩波書店・1997)
小早川光郎『行政法　上』(弘文堂・1999)
櫻井敬子・橋本博之『行政法〔第5版〕』(弘文堂・2016)
塩野宏『行政法Ⅰ〔第6版〕』(有斐閣・2015)
塩野宏『行政法Ⅱ〔第5版補訂版〕』(有斐閣・2013)
芝池義一『行政法読本〔第4版〕』(有斐閣・2016)
高木光『行政法』(有斐閣・2015)
高橋滋『行政法』(弘文堂・2016)
原田尚彦『行政法要論〔全訂第7版補訂2版〕』(学陽書房・2012)
藤田宙靖『行政法総論』(青林書院・2013)

事 項 索 引

あ 行

か 行

さ 行

た 行

な 行

は 行

ま 行

や 行

ら 行

判 例 索 引

橋本博之
1960年生．現在，慶應義塾大学教授．行政法．
主要著作：『行政法学と行政判例』(有斐閣)，『行政訴訟改革』(弘文堂)，『行政判例と仕組み解釈』(弘文堂)，『行政判例ノート〔第3版〕』(弘文堂)，『行政法解釈の基礎』(日本評論社)，『行政法〔第5版〕』(共著)(弘文堂)等多数．

現代行政法

2017年9月14日　第1刷発行

著　者　橋本博之（はしもとひろゆき）

発行者　岡本　厚

発行所　株式会社 岩波書店
〒101-8002 東京都千代田区一ツ橋2-5-5
電話案内 03-5210-4000
http://www.iwanami.co.jp/

印刷 製本・法令印刷

ISBN 978-4-00-061216-6　　Printed in Japan